文明的历程

商朝

THE COURSE OF CIVILIZATION

李学勤 主编

孟世凯 著

上海科学技术文献出版社
Shanghai Scientific and Technological Literature Press

图书在版编目（CIP）数据

商朝 / 孟世凯著．—上海：上海科学技术文献出版社，2020（2023.11 重印）

（文明的历程丛书 / 李学勤主编）

ISBN 978-7-5439-8130-0

Ⅰ．①商… Ⅱ．①孟… Ⅲ．①文化史—中国—商代 Ⅳ．① K223.03

中国版本图书馆 CIP 数据核字 (2020) 第 061334 号

策划编辑：张　树
责任编辑：王　珺
封面设计：留白文化

商　朝

SHANG CHAO

李学勤　主编　孟世凯　著

出版发行：上海科学技术文献出版社
地　　址：上海市长乐路 746 号
邮政编码：200040
经　　销：全国新华书店
印　　刷：常熟市人民印刷有限公司
开　　本：650×900　1/16
印　　张：20.25
字　　数：225 000
版　　次：2020 年 6 月第 1 版　2023 年 11 月第 4 次印刷
书　　号：ISBN 978-7-5439-8130-0
定　　价：68.00 元

http://www.sstlp.com

序

这套书的诞生，有着时代的背景和特定的机缘。

近年间，随着中国国势走向振兴，中国历史文化越来越受到世人关注。这对于中国这样深厚悠久历史基础的国家来说，应该说是必然的。绵延连续，从未断绝，乃是中国传统的特性，因此要深入理解中国，不能不求诸历史，而且必须上溯其历史长河，以追寻其形成奠基的根本，也便是上古的先秦时期。自从二十几年前的"文化热"，直到最近盛兴的"国学热"，其间贯穿着对中国传统的反思和探究，也总离不开对先秦时期种种问题的讨论。

1996 年，作为国家"九五"重点科技攻关计划项目的"夏商周断代工程"启动。这一自然科学与人文社会科学交叉结合的大型科研项目，总目标是使作为先秦时期重要部分的夏、商、西周的年代学进一步量化，为更好地研究古代历史文化、探索中国文明的起源及早期发展打下良好基础。2000 年新世纪降临之际,"夏商周断代工程"阶段性成果通过验收,公布了"夏商周年表"。中国先秦史学会不少同仁参加了有关工作,颇有启发,一些出版界友人也受到激励。经过再三酝酿,于是拟定编写这套书的计划。这个计划幸能得到先秦史各分段多位专家的支持,终能将这系列呈献给读者。

中国久远的历史究竟如何分期,是学术界长期探讨的问题,学者们见仁见智,各持己见,但是无论如何,先秦时期和秦汉以后之间总是有一条明显的分界线,在历史的研究方法上也有着较大的差异。先秦史研究有其本身的特殊性,由于传世文献的限制,不能如秦汉以后那样以载籍为主体,而是年代越古,越需要依靠考古学等学科的成就。

具体来说,先秦史大致划分两大阶段:从远古以至唐、虞,是所谓传说时期,与后来的夏、商、周三代有所不同。这只是根据现有研究情况来讲的,两阶段间并没有很清楚的界限。比如唐、虞有没有可能划下来,和三代合为"四代",如《大戴礼记》说的,便很值得斟酌。

不管是传说时期,还是后来的夏、商、周三代,在研究途径上都需要多学科的交叉,主要是历史学与考古学(还有与考古学密切关联的古文字学)的结合。夏鼐先生曾在《什么是考古学》一文中讲道:"考古学研究的对象只是物质的遗存,这包括遗物和遗迹。所以它和利用文献记载进行历史研究的狭义历史学不同。虽然二者同是以恢复人类历史的本来面目为目标,是历史科学（广义历史学）的两个主要的组成部分，犹如车子的两轮、飞鸟的两翼，不可偏废，但是二者是历史科学中两个关系密切而各自独立的部门。"我个人的体会是，夏鼐先生不仅讲了考古学作为学科的独立性，也非常生动地说明了它和历史学（狭义）相辅相成的关系。多年来先秦史研究的前进，正是靠着这"两轮""两翼"。

即使是传说时期，情形也是如此。应该特别强调的是，古史传说也是古史的一部分，而且是相当重要的一部分。2006年我有机会去河北省作一次演讲，谈及炎帝、黄帝传说和文明起源研究，曾引述王国维、徐炳昶、尹达等先生的观点。大家熟悉，王国维先生1925年在清华国学研究院讲授《古史新证》，他针对当时关于古史的讨论，指出世界各民族的古史总是史实和神话交综在一起，其间固然不免有后人增加的成分，但一定有史实的"素地"，即历史的背景。他在《古史新证》中，还专门提出文献与地下材料互相印证的"二重证据法"。到1936年，出版了两种有关这一问题的书，即徐炳昶先生的《中国古史的传说时代》和尹达先生的《中国原始社会》，两者都接续和发展了《古史新证》的观点，主张将古史传说的研究与考古学成果互相结合融会。

撰著本丛书的各位先生，对于各卷涉及的学术问题都能抒发多年心得，立足最新前沿，视野弘阔，精义纷呈。如果说有什么共同点的话，我想就在于把历史学和考古学紧密结合起来，努力为先秦史的进展开拓一个新境界。在这里，我谨代表中国先秦史学会，向各位作者表示衷心的感激，同时也要感谢策划和出版这套系列图书的出版社各位先生给予的大力帮助。

李学勤

2007 年 3 月 12 日于北京

目　录

引　言

　　夏、商、周三代的历史经过两千多年的探讨，目前已取得空前的研究成果。因为19世纪末在"殷墟"出土商代后半期的甲骨文以及20世纪初期以发掘"殷墟"为标志的中国考古学诞生后，发掘和发现了大量的历史文化遗存，给研究工作提供了实地、实物证据。夏、商、周（西周共和元年前）三代史年代的研究历来有异说，20世纪90年代由国家组织实施了一项"夏商周断代工程"，主要对西周共和元年（公元前841年）前的夏、商、西周的断代提出一个基准的意见。经过先秦史、古文字、考古、天文学史等二百余位学者的共同努力，在2000年公布了《夏商周断代工程1996—2000年阶段成果报告》（以下简称《报告》）。将夏王朝定为公元前2070年至前1600年；将商王朝定为公元前1600年至前1046年；将周武王伐商约定在公元前1046年，即周灭商之年，也是周王朝建立之年。此前对周武王伐纣王灭商之年国内外有近五十种说法，大多各有所据，因此《报告》向全世界公布以后，在国内外引起极大反响，虽有学者仍持异议，但我认为比之过去的近五十种说法，甚至有的相差一二百年来说，总算有一个根据较多的基准（有学者称为标准或刻度）供研究者使用或参考。

商代史的研究在 20 世纪收获最大，完全是得益于 19 世纪末在"殷墟"发现的甲骨文，最初的甲骨虽是民间私挖乱掘出土，但正如甲骨文第一部著录书《铁云藏龟》的编者刘鹗在自序中所说："不意二千余年后，转得目睹殷人刀笔文字，非大幸与。"从"殷墟"甲骨文的初期研究到 1928 年 10 月开始对"殷墟"的考古发掘，虽在 1937 年 6 月因抗日战争开始被迫中止，然已发掘出三万多片有字甲骨，在发掘中还发现了宫殿、宗庙、居住、祭祀所、作坊和王陵区等遗址，出土了许多器物，证明河南安阳小屯村一带就是史书上所说"盘庚迁殷"的商王都。如此，就以三千年前的文字和考古发掘的遗存证明我国商王朝的存在，使这个尘封了三千年的王朝重见于世。同时向国内外持有怀疑论的学者证明，司马迁的《史记·殷本纪》是可信之记载，我国夏王朝之后实实在在有一个近六百年历史的商王朝，同时也证明《史记·夏本纪》是可信的，商王朝之前也存在过有近五百年历史的夏王朝。

20 世纪 50 年代以来，全国各地先后发现商代遗存近千处，其中有都城、方国城邑、居住区、祭祀所、墓葬、作坊和车马坑等遗址。1977 年春天，在陕西岐山县与扶风县交界处的"周原"一地，发掘出甲骨近万片，其中有字的三百余片，虽是周先人祭祀占卜时之物，但有商王"文武帝乙宗"祭祀成汤、"册周方伯"等内容，证明时代为商末，这就从周人这方面增加了对商后期商周关系研究的资料。国内外的历史、考古、古文字、甲骨学、天文史、历史地理、民族史、气象、医疗、动植物、农学史、宗教史、司法史等学者，都先后投入到对甲骨文和商史的研究。他们大多都能以古文献、甲骨文和考古发现的资料互证对商代历史文化做综合研究，当然，有的专业性较强的学科对某一问题的探讨也仅依据甲骨文资料。因此一百年来，尤其是后五十年取得了空前的研究成果。虽然目前还不能说对商代史中所有的谜团都能一一解释清楚，比起《史记·殷本纪》和其他有关的记载来说，对尘封了三千年王朝的认识要全面、深入得多。殷墟出土的甲骨文是商王朝祭祀占卜时的卜辞和与甲骨有关的记事刻辞，涉及商代社会生活多个方面。如司马迁在《史记·殷本纪》中所排的商王室世序，除上甲微以上的先公远祖，未完全与甲骨卜辞中所载吻合外，自成汤以下至文丁的二十九位商王，只有沃丁、廪辛二王的庙号未见于卜辞。又如《礼记·表记》中谓"殷人尊神，率民以事神，先鬼而后礼"，在甲骨卜辞中体现得淋漓尽致。因商王们迷信鬼神，也以此来统一人们的思想，巩固王室的统治地位，几乎天天都有祭祀，事事都必占卜，因此才能在三千年后使人们对商王朝所作所为有了较为完整的认识。

尽管一百年来对商代甲骨文和商史的研究取得很大成果，但在研究的进程中仍存在一些不足和问题。

殷墟、周原以及其他地方商和西周甲骨文的发现，无疑是丰富了研究商代史的资料，但对于殷墟甲骨文的分期断代，自董作宾于 1933 年提出"五期"断代来，是否就无修订的可能？如能再加细化的划分，则对商代史的研究就会更准确。曾有甲骨学者认为甲骨文是"商代的百科全书"，虽有些过头，但甲骨文中确实反映出商代社会生活中诸多层面。同时也应看到反映社会生活主要是甲骨卜辞，这是祭祀时占卜的记录，反映出的事物都很具体，并非包罗万象，而且对鬼神迷信很深，所反映出的许多事物都带有宗教色彩，只有透过这层面纱后才见真相，这就需要下功夫去分析，使用时才能得出正确的结论。目前发现的甲骨文单字约有五千个，考释过的虽有二千二百多个，无大争议的只有一千多个，即认识者还不到三分之一，如许多人名、族名、地名大多未能释出。在农、牧和田猎方面释出的多一些，但有的农作物、动物、植物仍不能准确知道是何名。涉及的天象、气候、疾病等也存在许多不解的问题，这些都是今后还要结合新的资料、避免望文生义而做一些艰苦的综合研究的。急于求成、急功近利的自称能全译是不可取的，应像老一辈学者一样，考释出的甲骨文单字者能证明商史中某一具体问题，能取得学术界大多数学者的认可。

商代史的研究运用甲骨文资料只是一个对史书重要的互证，考古资料也是重要的一环。传世的古文献中对商代的记载本来就不多，以甲骨文资料作补充，证以考古资料就显得更重要。除对商王室世序在原有基础上继续探讨外，对古文献中有关商代社会生活的记载，还需以新的理念去认识和深入研究。甲骨文和考古资料中都有自然科学的资料，虽 20 世纪已有这方面的论著，但仍感到有的不是太准确，或有欠缺之处。如对生态环境的探讨，似是 20 世纪 80 年代才提上日程，其实老一辈学者已探讨过，只不过是未用"生态环境"作主题。我国生态环境可以说在商王朝时期变化很大，田猎活动，农田开垦，对氏族、部落的长期征伐，自然灾害等等，都与生态有极大关系，都是有意义的研究课题。总之，对商代史的研究不仅限于王位更替、祭祀与征伐，应对商代社会生活做更全面、更深层次的探讨。在前辈学者研究成果的基础上，不希望再把一个有高度文明、社会生活多样的商代写成天天杀人、血淋淋的一部历史。

　　本卷是商代史，但对商代历史不做系统描写，而以专题来表述，以别于已有的商代通史。我在选定编写题目时也考虑到商代史的完整性，在大部分专题中力图做到照顾纵横的关系，因本套书共有六卷而字数又有限，不可能照顾周全。其中一些问题是近二十年来在商代史研究中新的认识，虽然有的还不是太成熟，但纳入此书中供同行去评判。编写商史离不开甲骨文资料，而引用太多又显得太枯燥，故只选用了一些较为常用的；解释是按我的理解所作，是否准确只得由读者来鉴定。

孟世凯

一　甲骨文与商代史

人类社会发展长河中，前代人有意无意地都会给后代人留下不少谜团。在无文字记录的时代是如此，有文字记录的时代仍然存在。我国是个具有几千年文明史的大国，有文字可考的历史有五千年，记录这五千年历史资料主要是汉文字。用汉字所记录下来的历史资料有多少，未见过有关的统计，只能用"浩如烟海"来表述。《二十四史》记录了我国始自黄帝终于明朝的历史，被世人称之为世界上仅有的"史料宝库"。但是在此宝库中找不出"甲骨""甲骨文""甲骨卜辞"等等名词。因这些词是清朝末年在"殷墟"发现商王朝后半期刻在乌龟甲壳和牛骨上的文字以后，经过研究者们三

后母戊大鼎

十多年的研究才给予的名称。在商代叫什么文或什么名，目前根本不知道，但有一点是清楚的，即这种文字是商王朝在祭祀时占卜（预测）和占卜结果的记录，是一种卜卦之辞。《礼记·表记》中说："殷人尊神，率民以事神。先鬼而后礼，先罚而后赏。"可知商王朝的统治者们对于鬼神有很深的崇拜和迷信，从甲骨卜辞中看得出商王朝几乎是天天有祭祀，事事必占卜。我国社会发展到商王朝时期，已经是一个在各方面都较发达的社会。正因如此才会留下大量占卜后的文字资料，这种资料无疑是包含着不少的迷信成分，也正是凡事必占卜而后决，才反映了当时社会生活各个方面。只要从卜辞中剔除迷信的成分就可以得到商王朝的不少史料，故才能在三千年后对商代社会的了解要比夏代具体得多，才能与古文献记载的相关考古资料结合研究，较为全面地来叙述商代历史文化。用龟甲、牛骨作占卜材料不是始于商代，早在新石器时代就有。从目前新石器时代遗址中出土用作占卜的龟甲、兽骨上来看，距今七八千年的原始社会中的宗教就是如此（只是未刻有文字）。《史记·龟策列传》（褚少孙补）中说："三代"以上的占卜不可记，夏、商、周三代皆以卜筮以决疑。所谓"王者决定诸疑，参与卜筮，断以蓍龟，不易之道也"。又"略闻夏殷欲卜者，乃取蓍龟，已则弃去之"。认为乌龟

牛肩胛骨刻辞

能通神灵，还说据记载龟分为北斗龟、南辰龟、五星龟、八风龟、二十八宿龟、日月龟、九州龟、玉龟等八种，用作占卜之龟有尺寸大小，出产地也不同。我国自上古至王朝建立及其后历朝都用龟甲作过占卜，而在少数民族中用骨、木、竹等作占卜延至近现代。用牛骨的问题似无什么神秘之说，从卜辞中反映出祭祀时用了大量的"六畜"作牺牲，其中以牛羊最多，因为畜牧业发达，牛骨易得，故才用牛骨（当然也用少量其他兽骨，甚至也在人的头盖骨上刻辞，这里从略）。

根据 1928 年 10 月至 1937 年 6 月，中央研究院历史语言研究所考古组对殷墟发掘来看，甲骨占卜记事后并未如《龟策列传》中所说是"已则弃去之"，即使用后就废弃，而是有意保存或埋藏的祭祀文档。甲骨学创建者董作宾据他参加和主持殷墟十五次发掘中十三次出土有甲骨的情形，总结甲骨保存或埋藏的状况，认为：

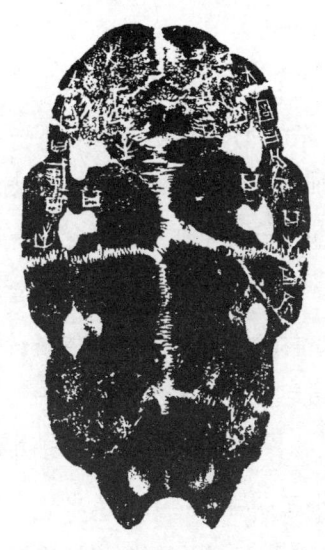

龟腹甲反

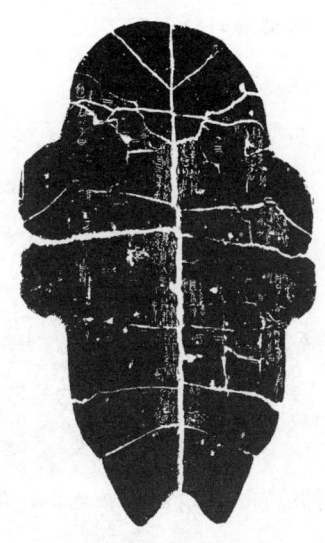

龟腹甲正

综合来说，十年发掘给我们的经验，对于甲骨文字在殷墟地下情形，可得而言的是以下四种：第一种是"存储"。存，是有意的保存着；储，是有意的储藏起来。每一个王，常常有巡守、征伐、田猎、游观等等活动，这些活动都有贞卜，又都不在殷都。又凡是卜夕的文字，多属于王在外面的时候。因此卜夕之文，常记有"在某地卜"的字样，田猎、征伐、游观也记所在之地。这些甲骨，必是用车载去而又载来的，不然就不会出现在殷代的都城（小屯村）。很明白的例子，像帝辛征人方，从十年九月到十一年七月，向东南部兜了一个大圈子，南至淮，东到海滨又到齐。返京之后，所卜用的甲骨，都完全带回来了。我们现在用以作"帝辛征人方日谱"的材料，全部都是这次旅行中作品。第一次发掘的第九坑，包含着一、二、五期；第三次发掘的"大连坑"包含着一、二、三、五期。这很明白的，这种坑乃是地下的复穴而兼有窨窖，专供存储甲骨之处。武丁时期用它（一），祖甲时用它（二），廪辛、康丁时期用它（三），直到帝乙、帝辛时期还在用它（五）。又如第四次发掘的 E 六坑，只存在过武丁到祖甲的卜辞，以后就不再使用了。第九次发掘侯家庄南地，有六块康丁时代卜用过的完整龟腹甲，半块背，叠在一起，存于复穴中，也许那时是要带回宫廷（小屯）而又被忘却了。当然，如果不是殷代王室加意保存着所有贞卜用过的神迹，把它储藏起来，就不会有今天的甲骨学。

第二种是"埋藏"。这一种应该是很少的。如果龟骨每版用完，应该埋藏在地下，那就到处可以埋藏，不必集中埋在一处。如十三次的 H 一二七坑，确实是埋藏的一例，何故埋藏虽不可知，但是在埋入以前，已存储于他处，经过了从武丁到文武丁七个王的年代了……

第三种是"散佚"。这是偶然的散失遗落，不是有意的。在许多复穴、窖版筑基中，基上偶然发现几片甲骨文字，应属这一类……

第四种是"废弃"。与其说是废弃，不如说是"废物利用"；这也占着少数。有时史官们在教授他们的弟子，随手把用过的龟骨取过来，给学生练习书写同契刻。最多的例子就是临摹甲子表，其次是仿作卜辞……①

从 1973 年 3 月至 12 月，中国科学院考古研究所（今属中国社会科学院）在殷墟的小屯村南两次发掘出土甲骨文字情形证明是"有意贮存"②。殷墟埋藏的甲骨和甲骨上的文字是如何发现和辨认出是商代文字？首先应明确两个概念，即发现和辨认（或说鉴定）。甲骨及上面刻的文字是地下出土，是一种文物。今天常见报道，某地发现遗址，出土什么器物，经过考证或鉴定是什么时期的，经过研究后认为是作什么用的等等，概念很明确，发现和辨认（或鉴定）是两个不同的概念，使人们一看便知其一物定性之两步。过去由于时代的原因，人们认识的局限，将二者未加明确之区别，故一直以发现来"表述"③。1956 年 7 月，陈梦家在其出版的《殷虚卜

① 《甲骨学五十年》第一章第一节，台北：艺文印书馆，1955 年。
② 考古研究所安阳工作队：《1973 年小屯南地发掘报告》1995 年第九集。
③ 《甲骨学一百年》第二章，北京：社会科学文献出版社，1999 年 9 月。
读者注意：《甲骨文一百年》第二、三章中，我的观点被自封主编、编纂改过，应以本书为准。

辞综述》第一章总论的第一节标题就是"甲骨的发现、鉴定与搜集"。他认为:是小屯村农民发现。而鉴定从来就有两说:一说是由天津的两位秀才,孟定生、王襄于清朝光绪二十四年(1898年),古董商人将有字甲骨带至天津向他们出售时被认出,他们称为"古简"(但二人出不起高价购来进一步研究)。另说是光绪二十五年,古董商人将有字甲骨带到北京出售,为时任京师团练大臣的王懿荣所购得,王之好友刘鹗时在京师候补,于王懿荣家中得见甲骨上之文字,两人都很惊讶。经他们辨认后,鉴定为"殷人刀笔文字"(见刘鹗《铁云藏龟·自序》)。

甲骨文第一部著录书的编者刘鹗的孙子刘蕙孙,于1992年2月出版的《老残游记补编》中认为:鉴定出甲骨上刻划是殷代文字第一人是其祖父(引文见该书《后记》)[①]。如此,目前关于甲骨上所刻文字第一时间鉴定人,则有三种说法。这三种说法各有所据,在无新证据之情况下只好存疑。至于社会上出现许多无科学根据的各种猜测式的传说,如打摆子抓中药发现的(天津人化名"汐翁",于1931年编造王懿荣打摆子抓中药发现甲骨文的故事。此人生于清朝光绪年间,民国初期靠在小报上编造故事得点稿费为生,除编造发现甲骨文外,还编造过围棋的发明等);一老农睡在西瓜地中用手一摸发现的等等就更不足为据(这些无稽之杂说,刘蕙孙称之为"齐东野语")。著录甲骨文的第一人刘鹗(字铁云,著名小说《老残游记》的作者)在编著第一部书《铁云藏龟·自序》中只说王懿荣是第一个收购甲骨文的人,鉴定出是"殷人刀笔文字"到底

① 《老残游记补编》,北京:文化艺术出版社,1992年2月。

是他或王，或者只是他一人，因在《自序》中难以看出，故我认为目前（或许在很长的时期内）只能依据最早的文字资料，即刘鹗的《铁云藏龟·自序》来表述才是最可信的。

殷墟甲骨上所刻文字自鉴定出是商代的文字后，光绪二十九年（1903 年），刘鹗著录的《铁云藏龟》由抱残守缺斋石印出版，著录有字甲骨 1 058 片（掺入伪刻 5 片、自重 3 片）。次年，孙诒让著《名原》自刻本出版，因书中多以甲骨文论证其他古文字，是考释甲骨文的第一部书。此后经王国维的研究、考证，罗振玉的尽力搜集，先后出版了《殷虚书契》（即简称"前编"，1912 年）等五部著录书，在国内外有关学者中引起了搜集、著录、研究甲骨文的热潮。同时，以河南安阳小屯村为中心的"殷墟"，遭到更加严重的私挖滥掘，不少有字甲骨也通过各种渠道流往国外。经过王国维、罗振玉、叶玉森、王襄、郭沫若、商承祚、容庚、明义士（加拿大人）、林泰辅（日本人）等中外学者们前期的研究，人们对甲骨卜辞和刻辞中诸多内容和商代史上一些问题有了初步的认识。这约三十年就是对甲骨文与商代史研究的第一个时期。民国十七年（1928 年）十月，中央研究院历史语言研究所考古组，对殷墟开始正式考古发掘，结果出土了七百七十余片有字甲骨。其后又进行了第十四次发掘，至 1937 年 6 月，因抗击日本侵略而中断。十五次发掘中除第十、十一、十二次是在侯家庄西北岗发掘商代皇陵，未出土有字甲骨外，其他十三次都有出土，又以民国二十五年（1936 年）3月至 6 月的第十三次发掘收获最丰，共出土有字甲骨一万七千八百余片。

对殷墟的考古发掘，不仅出土了二万四千九百多片（其中有完整或较完整的龟腹甲和改制背甲），还是我国考古学诞生的标志。同时，也是甲骨学（古史、考古、古文字的分支学科）诞生的标志。因为甲骨学的创建者董作宾不仅主持过殷墟的多次发掘，还对殷墟、甲骨、甲骨文作全面的研究，建立了对甲骨文时代的五个时期之分期和分类研究的"分期断代研究法"。至今虽已过去七十年，董氏的"五期断代法"尽管有不足和过时之处，在新分期出台之前，他所定的原则仍为研究者们所遵守。对甲骨文和商代史的研究，从对殷墟考古发掘到新中国建立前（1949年）这二十年为第二个时期。这一时段因处于抗日战争和解放战争的大环境下，主要是出版一些著录书。继郭沫若用甲骨文资料研究商代史之后，董作宾也是将二者结合起来研究的学者之一，其他如唐兰、容庚、陈梦家、于省吾、胡厚宣、曾毅公等人也进行过研究。自1949年10月1日新中国建立以后的五十年为第三个时期。中国科学院考古研究所（筹备组）在"殷墟"四盘磨自1950年春发掘出一片有字牛骨始，至1971年先后发掘出21片有字甲骨。1973年3月，中国科学院考古研究所（今属中国社会科学院）在小屯村南发掘出5 335片有字甲骨，这是近五十年中出土最多的一次，1989年和1991年又分别出土294片和579片，至20世纪末在殷墟仍有零星出土。除发掘出土的甲骨文外，国内外著录出版的书有六十余种（部分为重著）。其中以1982年出版，郭沫若主编、历史研究所先秦史研究室部分研究人员具体编纂的《甲骨文合集》收入的资料最多。全书共十三册，编为41956号，约占自清朝末年出土甲骨文的80%以上。1999年8月，由谢济、彭邦炯、马季凡编纂的《甲骨文合集补编》出版，共编13450号。加上1980年8月考古研究所编纂出版的《小屯南地甲骨》，所收入新资料 4589 号，可以说一百年中出土的约十万片有字甲骨（过去有学者统计为十六万多片，是夸大之数不足信，可参见《甲骨学一百年》第 55 页）的 95％。至于国内外的其他著录书中所收入之甲骨文资料大多重复，这里从略。

郭沫若曾经说："靠着殷墟的发现，我们得到一大批研究殷代的第一手资料，是我们现代考古者的最幸福的一件事。这一发现，中国古代的真面目才强半表露了出来①。"利用商代甲骨文资料结合古文献、考古、其他古文字来研究商代史，有一个发展过程。自甲骨文被鉴定出以后的前三十年，国内外的学者主要以考释文字为主，同时也考证商代的卜法、礼制等。王国维则以他的天才和科学眼光作出了不少的贡献，如民国四年（1915 年），他发表《殷卜辞中所现地名考》，六年（1917 年）发表《殷人卜辞中所见先公先王考》和《续考》，考证了殷的先公先王夋、相土、季、王亥、王恒、上甲、报乙、报丙、报丁、主壬、主癸、唐、羊甲、祖、父、兄、多后、大示、二示、三示、四示、中宗祖乙等。尤其是纠正了《史记·殷本纪》中自上甲以下六世先公次序之误，同时证明了《殷本纪》的可靠性。同年又写出了《殷周制度论》，十四年（1925 年）发表《古史新证》，十六年（1927 年）发表《殷礼征文》等。《古史新证》是根据甲骨文资料讲述商代史（发表前是在清华学校研究院讲授国学的讲义），在第一章《总论》中他提出利用"地下之新材料（即甲骨文和金文）"以证"纸上之材料"（即古文献）的"二重证据法"。虽当时出土的甲骨文资料还不多，但是，能第一个依

---

① 《十批判书·古代研究的自我批判》。

据甲骨文来研究商代史,尤其是"二重证据法"对以后学术研究影响很大,也为以后研究商代历史文化奠定了良好的基础。

用甲骨文资料研究商代历史另一位有突出贡献的是郭沫若,他所著《中国古代社会研究》(写于1929年,次年出版),其中《卜辞中之古代社会》一篇,是用辩证唯物主义史观,运用甲骨文资料来研究商代社会生活,对当时古史学界影响很大(以后作者出版的《青铜时代》《十批判书》等著述中对有的看法有所修正)。他所著的《甲骨文字研究》(1931年),著录的《卜辞通纂》(1933年)、《殷契粹编》(1937年)和《考释》是后辈学者学习和研究甲骨文和商代史的必读入门书。

甲骨学的创建者董作宾于民国二十一年(1932年)写出、次年发表的《甲骨文断代研究例》,将殷墟出土的甲骨文分出五个时期。他在此前对殷墟的研究证明了殷墟是商王盘庚迁殷后的都城,甲骨是其遗物,所刻是当时王室遗留的遗文。"五期断代法",即将第二十代商王盘庚至三十一代商王帝辛(即纣王)的甲骨文,按商王在位的时期区别开。一期为武丁及以前的盘庚、小辛、小乙二代四王,二期为祖庚、祖甲一代二王,三期为廪辛、康丁一代二王,四期为武乙、文丁二代二王,五期为帝乙、帝辛二代二王。此后逐渐为研究甲骨文和商代史的大多数学者所采用,而且沿袭至目前仍然是按"五期断代法"的框架来使用甲骨文资料研究商代史。所以在三四十年代虽然处于战争的大环境中,但在学术界,尤其是研究先秦史的学者仍然是克服种种困难使用甲骨文资料对商代史作了较多的研究。因为商朝的统治者们深深地迷信鬼神,故凡事必举行祭祀祈求鬼神,占卜而后决。所以几乎天天有祭祀和占卜、甲骨卜辞就是祭祀时祈祷和占卜后的记录。如此就给后人留下当时社会生活状况的各种资料，成为研究商代史最可靠的史料。如商代的天象和历法，过去是一无所知，或者知之甚少。刘朝阳、董作宾等人就对"殷历"作了不少的研究。刘朝阳的三论《殷历》、董作宾的《殷历谱》，都是从甲骨文资料中研究殷代的历法之作。商代的世序、祭法、礼制、官制、卜法、地名、征伐、农耕、田猎、气象等等，都是当时研究的课题。因这样丰富的内容在相关商史文献中是缺乏记载的，也是在此前对商代史研究从未有过，也不可能办到的事。国内外的学者在近二十年中，可以说是进入使用甲骨文资料研究商代史较全面的初期时段（详细情形参见拙著《殷墟甲骨文简述》《甲骨学一百年》第二章[①]）。

20 世纪的 50、60 年代由于众所周知的原因的干扰，虽然自 50 年代初起，国内外著录书在不断出版，但甲骨文著录书、研究论著的售价高，一般学者又不易获得，可以说商代史的研究几乎停滞。郭沫若主编的《甲骨文合集》，原是历史研究所一所 1956 年"十二年科学远景规划"之项目，最初定名为《全集》，到 50 年代末开始筹备，1961 年正式启动，但因各种原因延迟到 1977 年才开始陆续出版。70 年代末，社会发展到改革开放时代，一些束缚人们的框框被突破，尤其给知识分子创造了一个宽松的大环境。过去在古史研究中要以"阶级斗争为纲"、要"厚今薄古"、要"为政治服务"等等约束被突破，我国学术探讨的传统"稷下学风"又重新恢复，"双百方针"又得以执行。于是，伴随《甲骨文合集》陆续出齐，

---

① 《殷墟甲骨文简述》，文物出版社，1980 年 11 月出版。《甲骨学一百年》，北京：社会科学文献出版社，1999 年 9 月。

《小屯南地甲骨》的新资料出版，国内外一些甲骨文的著录重新问世，一批研究甲骨文和殷商史的年轻人应运而起，对商代史的研究呈现出前所未有的新局面。当然，这种新局面不仅仅是因甲骨文资料的集中面世，还因商文化考古资料增多。自50年代以来考古工作者在许多地方都发现有商文化遗存，如河南偃师的"二里头文化遗址"，一般认为有先商文化；河南"郑州商代遗址"，为商代中期都城遗址；湖北黄陂县（属武汉市郊县）"盘龙城遗址"，为商代中期大居邑（相当于后代城市）遗址；山东济南市"大辛庄遗址"，为商代中晚期居住遗址；河北藁城"台西遗址"，为商代中晚期居住和墓葬遗址；江西清江吴城村"吴城遗址"，为商代中晚期居住遗址；山东桓台史家村"史家遗址"，为商代早中期居住和祭祀遗址。至于商代的墓葬在许多地方都有发现，如：河南辉县疏璃阁商代中晚期墓葬群，山东益都（今青州市）苏埠屯村商代晚期大墓，北京平谷刘家河村商代中期大墓，江西新干县大洋洲镇商代后期大墓，殷墟西区墓葬地、妇好墓等等。其他商文化遗址还有不少，如：江苏铜山县（今为徐州市泉山区）檀山集丘湾的"丘湾祭祀遗址"，为商代晚期一处杀人祭祀遗存；河南安阳市西北侯家庄商王陵区内的"西北冈祭祀坑"，为商代晚期杀人祭祀的遗存；江西鹰潭东郊童家镇角山的"角山馒头烧窑遗址"，是目前发现的商代最大一处的窑场遗存。总之，最近五十年在全国不少地区陆续发现商代不同时期的历史文化遗存，出土了大量的文物。在这些文化遗物中虽没有发现更多的文字，但有助于结合甲骨文资料研究商代史。

在全国不少地区都发现了商文化遗存，这给研究商王朝疆域增加了不少依据。我在参加《甲骨文合集》编纂过程中，对甲骨文中地名作过统计，比前辈学者统计的要多，总数已逾千个（有的氏族、方国名也即是地名）。以甲骨文中的地名，结合有关文献、考古资料来研究商王朝的王畿、氏族、方国所在地和统治势力范围，就可以基本上了解商代的疆域及其变化。从甲骨文中研究商代地理比较早，自王国维、董作宾、丁山、陈梦家、曾毅公和日本林泰辅，到50年代及以后的李学勤、日本岛邦男、钟柏生（台湾省）、宋新朝、郑杰祥等学者进行过较全面的研究并发表过论著。从20世纪最后20年探讨商代研究的情形来看，商王朝后半期（即盘庚迁殷以后）的疆域已经超过古书中的记载范围。

商代的社会生活是了解商代历史的主要部分，过去由于种种因素限制研究得不多，自20世纪末的80、90年代便日渐增多，并向更深层次发展。我国自古以农立国，农耕是社会主要的经济，标志着国家兴衰。甲骨文中反映了大量农业资料，是不见于古文献中的记载。过去由于资料分散，前人只作过一些初步研究。50年代以来对商代农业的研究日益向全面、深入发展，如陈梦家、于省吾、张秉权、万国鼎、游修龄、胡厚宣、裘锡圭、徐云峰、王贵民、彭邦炯和日本天野元之助等先后有数十人，研究论著有百余篇（种）。对商王朝的田制、耕作人身份、耕作方式、农作物种类、水旱灾害等都做了探讨。彭邦炯的《甲骨文农业资料考辨与研究》（吉林文史出版社，1997年12月出版）一书根据90年代初所见的资料编著，可以说基本上将甲骨文中可知的、有关商王朝农业资料全面反映出来，并在前人研究基础上作了新的探讨。

商王朝的田猎也是社会生活中重要的一个部分。它并非是商王单一游田活动，而是一种集练兵、开辟农田、获取禽兽补充生活所需为一体的社会生产。甲骨文中田猎的卜辞所占比重甚大，自 30 年代董作宾、徐中舒、杨钟健等就对卜辞中田猎动物和殷墟出土的动物遗骸作过研究。20 世纪末的 20 年中对商代田猎的研究比过去更全面，田猎的性质、方式，猎获物的种类、用途等都进行过探讨。畜牧业也是商王朝社会生活中不可缺的一个组成部分。我国自古以来的传统家畜：马、牛、羊、鸡、犬、豕六畜，皆见于甲骨文中。从卜辞中所反映的资料看，商王朝几乎天天祭祀所用的牺牲以牛、羊、豕、犬为主，一次祭祀少则用一头牛或一头羊，多则十至数百头，甚至常备千头牛羊为牺牲。除单牲外还有牢牲，牢是几头牛、羊、豕，目前无共识。甲骨文的"牢"字还有从羊的牢（"宰"），祭祀用牢牲也是少则一牢，多至五百牢（有从羊之牢）。可知商代不仅农业发达，畜牧业也很发达，否则不可能经常提供如此多的牛、羊、豕供牺牲。犬用作牺牲相对少一些，可能与犬能用作守护和参与田猎有关系，商王派驻各地的田猎情报官就叫"犬"。

对商代社会性质的研究，自 30 年代的社会史大论战以来就存在分歧，到 50 年代古史分期讨论中仍然是分歧较大的课题。后来受到限制只能以奴隶社会来表述，甚至有的甲骨学家为了迎合当时形势之需要，从卜辞中统计出大奴隶主商王祭祀时都要杀人若干之材料，似乎商代这样一个在古代社会中有高度发达文化的王朝，是一个血淋淋的社会。这些与商代社会史实不合的说法，近 20 年来也被学者们予以纠正。奴隶制的存在并不等于是奴隶社会；有分封诸侯的制度也并不等于是封建社会。还有军事民主制、联邦制、部落联盟、家族奴隶制、分封制、处于氏族制的发展阶段等等说法都还在进一步的探讨中。相关的社会生产者（被统治者中下层）身份问题也是各执一词，这些课题的探讨是不能靠现有的甲骨文和考古的其他资料所能解决的。

商代的历法、天象、气候、疾病和治疗、建筑、交通等等属于古代科技方面的情况在甲骨文中或多或少都有所反映。近 20 年来的研究比过去全面和深入，对历法、天象的研究为《夏商周断代工程》提供不少的参考资料。温少峰、袁庭栋著的《殷墟卜辞研究——科学技术篇》（四川社科出版社，1985 年 12 月出版），虽然其中一些结论不完全被认同，但是，在甲骨文研究中还是较完整涉及此领域的第一部著作。其他如商王世系、礼制等等的研究，也在日渐深入。总之，用甲骨文（包括周原甲骨文）中反映商代社会生活的资料来研究商代历史，可以说还是处于初期发展阶段，不少课题还需时日深入研究。

二　艰辛铸就《甲骨文合集》

从清朝末年在殷墟农田中的甲骨文被农民发现，到光绪二十四年或是二十五年（1898 或 1899）辨认出是"殷人刀笔文字"以后，王懿荣、端方等按一字一两至一两五钱银子的高价搜求，于是促使当地农民和地主们大肆私挖滥掘。这些刻有文字的甲骨由古董商人收购后转运到京津沪等城市出售。至中央研究院史语所考古发掘殷墟前的三十年间，约有五至六万片都是私挖滥掘出土的（在负贩过程中难免有破碎，甲骨学家在著录中又时有拼兑、缀合，此数只能是一个估计）。这几万片甲骨文从刘鹗著录《铁云藏龟》之后，七十余年来先后被国内外学者著录出版了八十余种，有的学者还将已经著录过的原骨、拓本或照片转手出售，收购者又再著录出版，造成不少的重复著录，如有的著书中未注明材料来源之重著和自重片多达上千片[①]。加之限于时代性和当时印制水准不高，这种书籍不仅印数很少售价也很高，一般有志的研究者不易获得。甲骨文虽然

---

① 如《殷墟书契续编》自重 89 片，重著已著录过的 1 430 片。《战后京津新获甲骨集》自重 111 片，重著已著录过的 1 138 片。

不是一种普及的文字，但它是记录商代社会历史的文字资料，也是研究夏、商、周三代历史的原始资料。故有学者称之为是商王朝的"百科全书"，或商代的"历史档案"。在殷墟甲骨文未出土之前，有关商代史的文献很少，最完整的只有《史记·殷本纪》。但一个具有五百五十余年历史的王朝（根据《夏商周断代工程1996—2000年阶段成果报告》），《殷本纪》只用2 808个字（根据中华书局标点本）就叙述完。加上先秦、两汉及其后各种古文献中有关商代史的记载，总字数也不会超过五千，而涉及商王朝的社会生活也不多。而甲骨文目前已出土约十万片，虽然卜辞是祭占卜的祈求之辞和占卜后的一部分验辞，有迷信成分，但它涉及面很广，几乎是包括商王朝社会生活的各方面。相关的问题在前文中已述及，不再重复。

众所周知，研究任何历史问题首先要有资料，而搜集资料所费的精力和时间要比写作多出若干倍。如果所需的原始资料能够集中在一个图书馆，或在一部书中，则会给作者带来极大的方便，有利于尽快地出成果。然而在过去的社会条件下甲骨文这种著录书和研究著述，在一般的图书馆和一般的知识分子家中很难见到，即使有的人有一些也很不全，不能满足研究之需要。我国自古就有修史和编纂历史资料的优良传统，如各种"类书"就是将各种历史资料分类后集于一体之综合型书籍，这种将某一类或某几类集于一体的分类书给世人提供了查阅方便、使用快捷的条件，很受研究者的欢迎。甲骨文、金文、刻石文字等古文字资料是一种特殊的文字资料，尤其是甲骨文的数量从目前出土的来说，比其他古文字的数量要多一些，如果任其分散著录，使用起来的确很不方便，这就势必阻碍对商代史的全面、深入研究。老一辈的甲骨文和古史学家早就有将甲骨文的资料集中著录的愿望，如董作宾早在民国二十一年（1932年）撰写《甲骨文断代研究例》时就说过：

> 　　大体的轮廓是有了，一个研究甲骨文字的新方案，我已提供在这里。希望治此学者，平心静气来批评这方案是否可用，是否完备。既然甲文字有断代研究的需要，那我们先决问题就是如何断代？以何者为断代的标准？标准有了，方法定了，我们就可以把所有出土的材料统统荟萃起来，然后应用这标准，这方法，去整理研究它，以完成殷代的一部信史①。

董作宾的断代研究是受到刘鹗、王国维、罗振玉对甲骨卜辞中商的世序和称谓的启发，在殷墟考古发掘进行到第五次后的1932年写出的。他所根据的不仅仅是殷墟考古发掘出土的甲骨文资料，而是自《铁云藏龟》以来他所能见到的著录资料，可以说是对有刻辞的甲骨进行过全面的研究后，才提出"分期断代"的标准。董氏的"五期断代"是根据"十个标准"来划分五个时期（见第一节），即：一、世系：1.见于卜辞的殷人世次；2.见于卜辞的殷先公先王。二、称谓：1.祀典中祖、妣、父、母、兄的称谓例；2.祖与妣的合祀；3.主祭者与被祭者的称谓图。三、贞人：1.贞人即史官；2.贞人集团；3.不录的时期；4.王亲自贞卜的时期。四、坑位：（这一标准只有科学的考古发掘才有坑位的记录，董氏是根据对殷墟前五次

---

① 《中央研究院历史语言研究所集刊》外编《庆祝蔡元培先生六十五岁论文集》上册，1933年1月。又《董作宾先生全集》甲编第二册，台北：艺文印书馆，1977年11月。

的发掘，将其分为五个区的坑位来定）1.第一区；2.第二区；3.第三区；4.第四区；5.第五区；6.三个"五"的关系（即坑位分为"五区"、卜辞分为"五期"、发掘了"五次"）。五、方国：1.武丁时期的几个方国；2.帝辛时期的"正人方"。六、人物：1.各时期人物的不同；2.武丁时代的人物。七、事类：1.《无逸》篇中所见的殷人田游；2.关于武乙、帝辛好田游的记载；3.卜辞中所纪武乙的游田；4.卜辞中所纪帝辛的游田。八、文法：1.篇段；2.词句。九、字形：1.甲子表；2.习见字的演变。十、书体：1.工具；2.款式；3.作风。

董作宾的"五期断代法"发表以后，得到研究甲骨文的学者的认可，但在具体运用的实践中还不是人人都会用，从1933年以后出版的一些著录书中可以看出在编排上仍然不是按五期的顺序（参见拙著《甲骨学小词典》有关著录书各条)[①]。至于董氏"把所有出土的材料统统荟萃起来"，按五期标准去研究编写商代史的愿望，由于社会的原因在三四十年代是无法实现的。加之对殷墟考古出土的甲骨文尚未著录出版，到抗日战争胜利后，董作宾将发掘殷墟所获的甲骨文编辑成《殷虚文字甲编》和《殷虚文字乙编》出版（自1948年4月至1953年12月出齐）。新中国建立前，由于中央研究院史语所迁去台湾省，董作宾无法实现其愿望。而抗日战争胜利前后私人著录书已陆续出版，虽然过去失散于私人手中的甲骨文，在这些书中得以面世，但有的著录书中重片也不少。而大陆在解放初期处于"抗美援朝"、各种政治运动和国民经济调整阶段中，一时

① 《甲骨学小词典》，上海：上海辞书出版社，1986年12月。

间也不可能对甲骨文资料作全面整理。

新中国建立后的 1949 年 11 月，中国科学院成立，郭沫若就任院长。1954 年 4 月，中国科学院设立各学科的学部，哲学社会科学部由郭沫若兼任主任。同年建立历史研究三个所，第一、二两所为古代史研究所，第三所为近代史研究所，郭沫若兼任第一所所长。1956 年 1 月，遵照中央的计划各部门都要制定"十二年远景计划"。中国科学院哲学社会科学部历史研究第一、二所制定的"十二年远景计划纲要（草案）"，报学部列入哲学社会料学部备案。两所于当年 1 月 17 日拟定的《发展历史科学和培养历史科学人才的十二年远景计划纲要草案（初稿）》，其中将整理甲骨文和金文资料列入。在第（四）"历史科学论著的编辑和出版"的第二项"关于历史资料的编纂出版计划"有：

> 1. 甲骨文字和铜器铭文为研究我国古代社会的极其宝贵的资料，于五年内作全面搜集、整理、编纂注释工作，于一九六一年分别出版"全集"；一九六一年后续出新的发现，于一九六七年付印①。

这是最早所见关于编纂甲骨文"全集"的正式文件。可见这是由国家科研单位正式列入计划的科研项目，不是私人的计划，更不是如有人吹捧的是将上海某高校个人的什么项目纳入国家科研单位的计划中。在这个"计划纲要"的第三部分"历史科学人材的使用与培

---

① 中国社科院历史所《学术档案》《1957—1967 年哲学社会科学计划纲要（草案）》。

养"中的第二项还有：

> 历史科学人材的调整，为了有领导、有计划地充分发挥现有人材的潜力，我们应在全国高等学校历史系内选调十位左右具有培养博士生能力的史学家，同时聘请十位左右苏联及其他国家的史学家，以加强科学院历史研究所和北京大学历史系……①

历史研究第一所按照此计划向哲学社会科学部分党组做了汇报，并通过院长郭沫若请当时的高教部部长杨秀峰支援解决调人问题，经历史研究一所与高教部协商后，将北京大学的张政烺、复旦大学的胡厚宣、山东大学的杨向奎，分别于 1956 年 12 月和次年初调入历史所（原拟调入的还有四川大学的蒙文通，因蒙文通不愿到北方生活未果）②。胡厚宣参加过中央研究院历史语言研究所在殷墟的发掘，一直从事甲骨文的搜集整理、流传统计，调入历史所第一所第一研究组（即今历史研究所先秦史研究室的前身）任组长，负责先秦史的科研工作。历史研究第一所在 1957 年 1 月制定了《研究计划》，在 2 月制定了《工作计划》。第一研究组在两个《计划》中，胡厚宣的《甲骨续存补编》被列入，在《工作计划·附表栏目》中有"《甲骨文合编》"。说明为：

---

① 中国社科院历史所《学术档案》《1957—1967 年哲学社会科学计划纲要（草案）》。
② 杨向奎先生调入历史研究所后，兼任全所学术秘书组组长（即今历史研究所科研处处长的前身）。1998 年 9 月 28 日，我在杨先生家问及当年他们四位教授调入历史所和《甲骨文合集》定为今名的情况时，他向我详谈了当时调他们四位详细的情形，在《甲骨学一百年》第三章我已写入。

在已著录出版之甲骨文中，选其重要者万片左右，按时代事类合编，并附释文、索引。完成日期是本年内，指导人桂琼英①。

将《甲骨文全集》改名为《甲骨文合编》，是在向郭沫若汇报工作后根据郭沫若的意见改的。原计划此项目由第一研究组全体成员参加，集中时间去完成。因为本年政治形势发生变化，"反右斗争"开始后被搁置。1958 年，因"反右斗争取得伟大胜利"，全国进入"大跃进"的神话时期。在"大跃进"精神鼓舞下，全研究所从个人到各研究组都制订了"跃进科研计划"。第一研究组订了《先秦史资料汇编》《甲骨文资料汇编》等跃进项目。个人的跃进计划在甲骨文方面有：胡厚宣的《甲骨续存补编》、桂琼英的《甲骨文缀合汇编》。当年已将《先秦史资料汇编》剪了一部分线装书贴为几大本，《甲骨文资料汇编》也搜集了一部分的著录书和照片。但是，和全国其他的科研项目一样，"跃而不进"，因为任何大型科研项目在两年内不可能完成。虽然在当年未完成"跃进计划"，但参加这项工作的学者们仍然在坚持踏踏实实做未完的工作。1959 年 3 月中，郭沫若在一次听取《中国史稿》（郭沫若主编）编写组的汇报工作后，问及编纂甲骨文工作。尹达（当时任常务副所长）、杨向奎（当时任全所学术秘书组组长）等所领导作了简略汇报。郭老建议："不要用《甲骨文资料汇编》，将原来订的《全集》改为《合集》。"又说："一定要集思广益，取得全国古文字学家及有关单位

---

① 中国社科院历史所《学术档案》《1957—1967 年哲学社会科学计划纲要（草案）》。

的支持。"又表示：有什么事需要他做，可随时向他说①。于是历史研究所（此时第一、二两所已合并）在第一研究组建立以胡厚宣为组长的《甲骨文合集》编辑工作组，并开始进一步做筹备工作。4月17日拟出了《〈甲骨文合集〉编辑计划要点草案（提供讨论）》。同月27日又拟出《编辑计划草案》。其中第2条为"组织编委会"："由郭沫若任主编，于省吾、尹达、王襄、王献唐、李亚农、胡厚宣、容庚、唐兰、夏鼐、徐中舒、商承祚、张政烺、曾昭燏、曾毅公任编辑委员。"原拟要在北京召开一次编委会，因故未开成，只邀请在京编委开了一次座谈会。胡厚宣在纪念郭沫若的文章中说：

> 《甲骨文合集》，乃是敬爱的周总理遵照伟大领袖毛主席的指示，制定十二年科学远景型规划中大项目之一。还在一九五九年，我们中国科学院历史研究所就接受了这一任务。在党的领导下，研究所先邀请全国有关领导同志及若干甲骨文专家，组成了以郭老为主任委员的编辑委员会，并请郭老担任主编。在所内成立了《甲骨文合集》编辑工作组，领导上让我负责，组织同志们从事具体的编辑工作，工作于一九六一年四月正式开始②。

当年正值建国十周年，中国历史博物馆要赶在"十·一"国庆

---

① 1998年9月28日在向杨向奎问及时，向老回忆后告诉。
② 胡厚宣：《沉痛悼念尊敬的郭沫若同志》，《悼念郭老》一书中，北京：生活·读书·新知三联书店，1979年5月。

前开馆，要求历史所抽调人力支援。第一研究组抽去应永深、裘锡圭、刘安民等数人，《合集》工作人力减少后进度较缓。1960 年，根据 1958 年制定的"中央国家机关干部下放劳动锻炼制度"，历史研究所于二月下放第三批干部。第一研究组的桂琼英、罗世烈、肖良琼、刘安民、苏振邦、孟世凯等，下放山东曲阜农村劳动。处于吃不饱饭的"困难时期"，又要坚持办"社会主义的阵地公共食堂"，因为难以做无米之炊，在山东曲阜、兖州一带农村的国家机关下放干部，因浮肿、饥饿或疾病无法再坚持劳动，只好在十一月被中央组织部提前调回北京。不久中央国家机关开始精简、分流干部，到 1961 年初，第一研究组参加《合集》编辑组的裘锡圭、罗世烈、刘安民、赵健、苏振邦、邓福秋等，陆续调出历史研究所。1961 年 3 月《合集》编辑组重新组建，1960 年毕业分配来的齐文心、谢济和 1961 年调入的林乃燊加入《合集》编辑组。全组成员有胡厚宣、桂琼英、萧良琼、孟世凯、应永深、齐文心、林乃燊和谢济八人，编辑工作于 1961 年 4 月 1 日正式启动。根据胡厚宣的建议，第一研究组领导研究决定，由孟世凯协助安排编辑组的前期校对重片、选择图版工作。本年底王贵民、王占山调入先秦史研究室（本年历史研究所调整后按断代设立研究室），也先后加入编辑组。为了保证工作顺利进行，领导决定由孟世凯、萧良琼、应永深组成"三人小组"负责具体运作。

为了将甲骨文的资料尽可能搜集齐全一些，1961 年 3 月底前，胡厚宣、桂琼英和罗世烈（罗世烈调回四川大学以后由应永深接替）去外地调查、选拓甲骨。他们先后去了东北三省、太原和南方几个城市，拓回的拓片贴为《南北两路拓本》两册（现保存于先秦研究室）。校对重片和选片的工作比较顺利，六十多部著录书中互相重见工作已基本完成登记入表册中；选片已将著录书和拓本一一注明选定使用。1963 年 5 月，农村"四清运动"开始，国家机关干部必须分批参加。编辑组除胡厚宣、桂琼英、孟世凯和病号齐文心外都轮换下乡，工作虽未中断，但有的时段只剩胡厚宣、桂琼英、孟世凯三人和请来拓片的老技工商复九在坚持工作。1964 年 9 月，大批干部下乡参加"四清"，《合集》的编辑工作只得暂停。1965 年 7 月 3 日，中国科学院哲学社会科学学部去山东农村搞"四清"的人员全部回京，编辑工作又恢复，但不久王占山、林乃燊又先后调走。为了保证《合集》的质量，加快进度，全编辑组除胡厚宣一人外全都向商复九学习墨拓甲骨文。从 7 月底全组分两批重新墨拓，一个组在北京；一个组去外地，先后去了济南、青岛、济宁、曲阜、徐州等城市。原计划外出墨拓回京后结束校对重片、清理拓片，选定后，于 1966 年 4 月剪贴上图版。但是天有不测风云，1966 年春节过后形势突变，"文革"开始，《合集》编辑工作受到冲击被迫停止。

1968 年各单位走"五·七道路下干校"，历史研究所因抓"五·一六"延至次年夏才去河南息县农村干校。1972 年《文物》第三期发表了郭沫若的《安阳新出土的牛胛骨及其刻辞》，给在干校的《合集》编辑组"五·七战士"们很大鼓舞。1972 年 7 月，"五·七战士"们回到北京以后，不见有任何指示恢复编辑工作（《中国史稿》编写组在 5 月就先行回京工作）。《合集》组的同仁们在战备时转运出去的资料运回以后，就自动转入"地下"开始工作。十几万个号码又得重新熟习，大家仗着年轻，记忆力还强，用了不到两个月就走上轨道。但当时环境，让工作进行困难重重。但多年的经验也练就了大家的适应能力，主要心思仍然在《合集》上。"地下工作"进行到1973年5月，胡厚宣给郭沫若写了汇报工作的信。郭沫若收到信后，于5月28日复信说："工作既在进行，就积极推进，把稿子编好，是第一要紧事。"同时，郭沫若将胡厚宣的信并附上他的信，交到当时国务院科教组。所附信的全文是：

> 刘西尧同志，此件请您一阅，往年张春桥同志曾问到甲骨文研究的情况。我觉得把《合集》的工作抓起来有必要，因此他们回北京后已经进行工作了。出版工作尚未落实，如认为有必要请考虑。
>
> 郭沫若　一九七三.五.二十七。
>
> 《序言》我已推辞，请他们集体写。

此信于5月31日转送政治局传阅后批给迟群、吴庆彤解决出版，他们建议由中华书局出版。6月15日正式形成"国务院传阅文件(73) 737号"。6月23日呈送郭沫若，不久下达哲学社会科学部、历史研究所和中华书局。自此，举步维艰的《甲骨文合集》才被正式列为"国家重点科研项目"。

编辑工作到1974年上半年仍是在克服种种困难进行，批这批那的批判会仍不断干扰。9月，牛继斌、王宇信、杨升南三人提出要求加入编辑组，他们加入后在老同志帮助下仍是采取"边干边学"的办法投入工作。本年6月在清理拓本准备上版时，发现1961

年初胡厚宣、桂琼英、罗世烈去外地拓回的"南北两路拓本"根本不合上版标准（当时桂琼英和罗世烈都未学过墨拓，有的还是用铅笔擦成，很不清楚），于是向历史所"三结合"的领导请示，去外地重新墨拓需用的甲骨，批准后仍分为南北两路出去，由谢济、王贵民、王宇信去东北三省；由胡厚宣、孟世凯、应永深、杨升南去江南各地。凡是拓出的拓本共三份：一份交给收藏甲骨的单位，一份交给胡厚宣，一份为《合集》用。1975 年 4 月，郭沫若因未见编辑组的汇报，再次过问《合集》编辑进程，历史研究所"三结合"领导才决定增加力量，加快进度，将先秦史研究室的张永山、罗琨、彭邦炯、常玉芝四人调入编辑组，同时在编辑组中建立核心领导小组。编辑组虽然扩大到了十五人，加快编完一册交给中华书局一册，但是工作仍然被"批林批孔"所干扰，经常勒令停止工作去"批孔学法""整改"等等。从 1975 年下半年和次年主要是分期，在约二十三万张拓片、照片和摹本中，筛选出近十万张（含重复）质量好或较好的进行比较研究，选出可以剪贴上版的拓、照、摹片。

选片基本告一段落后，分期断代编排是《合集》中的重要一环，按 1959 年 4 月 17 日拟的《编辑计划要点草案》，就应分为六期。经接触大量的实物和拓、照、摹片后，证明分不出胡厚宣提出的"盘庚、小辛、小乙时期的刻辞"，胡厚宣也不再坚持"字体大、刻辞少，有可能是这一期"的观点。因此经过几次研讨，决定仍按董作宾的"五期断代"来分。对于有贞人"自""子""午"这一部分暂定为"〇"期，编排时附于一期（武丁）之后。分期定后要分类，原定由胡厚宣拟出初稿，但胡厚宣因桂琼英癌症加重，杂事多分不出精力，中华书局又催尽快交稿，他们还要作技术上处理，只好改由孟世凯拟出，经集体讨论，先后六易其稿而后定。分期、分类初定后分送还健在的编委和有关学者征求意见，并在北京召开过两次有工人、农民、解放军参加的征求意见会。工作进度每一阶段都以书面形式向主编郭沫若汇报，郭老有什么指示、建议也及时返回编辑组。1975年就请郭沫若题写书名，次年夏天郭沫若写出五条并请秘书转告："因病手发抖，写字不如从前。如果不行，请你们集以前的字也可以。"此事由王贵民负责组织人力解决，由中华书局作技术处理。1977年12月，郭沫若得知《合集》图版初稿即将编完不久就送印刷厂时，他十分高兴。他要秘书通知历史研究所领导转告，准备约一个时间接见全组同志，大家为此也很高兴地作汇报的准备。到1978年1月决定首先接见核心组全体成员，12日上午核心组加上非核心组的孟世凯按时到郭沫若家中。郭老表示原拟接见全组成员，因最近患感冒只好等到春暖花开时邀请大家来花园赏花。这次是汇报编辑《合集》之工作，当汇报到他原来将甲骨文分期中的三、四期列为一期时，他表示："既然你们经过研究是三、四期，我从众嘛。"同时我们还带去集他原来写的字八幅，请他选定一幅作为《甲骨文合集》题签，经他挑选后定了横、竖各一幅。

由孟世凯编排的《合集》第二册作为样书于1977年12月底编完交中华书局，在当时上海市出版社的支持下，指定由上海市第七印刷厂用珂罗版手工印制。1978年3月8日，由孟世凯和中华书局洪文涛赴上海市印刷七厂驻厂校印；4月中旬从北京来信告诉要加快印制，争取郭老过目；5月出一本样书（《合集》第二册），于中旬送到北京。

主编郭老在病中见过样书后不久，就于 6 月 13 日辞世。编辑组的成员都表示要化悲痛为力量，一定将《合集》的释文和附录尽快尽好地完成，以此来告慰郭老。

1977 年 5 月 20 日，在原中国科学院哲学社会科学部基础上建立的中国社会科学院正式挂牌，标志着"文化大革命"时在社科界混乱的局面开始终结，科研环境得到很大改善。1978 年 10 月，《甲骨文合集》图版第二册正式出版面世，给先后参加过《合集》编辑的同仁们很大鼓舞。此时段历史研究所各种科研项目也陆续恢复，新课题也逐步立项，《合集》组因图版已编完陆续交稿，释文、附录工作已列入计划并先期启动，于是人员也开始有所变动。《合集》图版第十三册（摹本）于 1982 年 12 月出版，至此先后有二十余位学者参加，按参加全过程的八位学者的时间计算是二十二年，扣除各种"运动"，"文革"耗去的时间约十年，实际投入时间也就是十年左右。我曾有一文追忆这段艰辛历程：

> 回顾我们从青年时代投入《合集》工作那种苦行僧式的生活，一步一个脚印走过的历程，不禁感慨万端①！

《甲骨文合集》出版后得到国内外学术界的好评，国家有关部

---

① 1997 年 5 月 20 日，中国社会科学院建院二十周年，我应约给《中国社会科学院通讯》写了题为《艰辛二十年的成果——〈甲骨文合集〉》。次日《人民日报》在庆祝社科院建院专版转载时，将题目改为《甲骨丰碑铸，青春忽已逝》。

门也多次给予奖状，这对我们来说也是一种安慰。但它的意义更在于将甲骨文资料集中便于后人使用。自 20 世纪 80 年代以来，涌现出一批年轻的研究者，愿这些后学者能将此学科传承下去。

三　商代的疆域

　　疆域，即国家疆土。疆域有疆界四至，在我国古代只有相对统一的国家建立以后才有疆域可言，夏王朝建立前只有星罗棋布的大小部落和部落联盟，还无疆域概念。《尚书·禹贡》是目前最早记载疆域地理的一篇古文献，有学者称之为"祖国最早的区域规划书"。学术界对此篇文献成文之时代有不同的认识，如有西周初期、春秋、战国、西汉等诸说。无论何种说法都有根据，但决不会是夏禹抗洪治水后所规划出来的"九州"，更不能说是夏代留传于后世之作。如果按《禹贡》中规划的"九州"疆域来看，今天我国的疆域基本上都在其中。九州疆域概念是西周以后才有可能逐渐形成。我国自进入文明时代，各个部落有作为的首领都在尽力扩大自己的势力和土地，虽然当时思想观念上是神在主宰人的社会生活，但是大一统的观念也在逐渐形成。南方发掘出多处种植稻田的遗存证明，距今一万二千年左右已有定居农耕，已跨入文明的大门。到距今七八千年的磁山——裴李岗文化遗存为代表的北方地区的定居农耕，也证明是在文明的门槛之内。因此才有炎帝、黄帝、蚩尤这些中华民族人文始祖出现在后世人编的史书中。如《史记·五帝本纪》中就描述黄帝、炎帝、蚩尤在涿鹿、阪泉两次大战后，黄帝以战胜者而作过一系列举措，认为就是国家。因此说："置左右大监，监于万国。万国和，而鬼神山川封禅与为多焉。"司马迁也是据传说的资料来编写，后世人们也就加以确认，但仍是"迁徙往来无定处"，尚无疆域概念。

黄帝之后到尧、舜、禹，约经一千多年，禹领导各氏族、部落抗洪涝，治水平土后得到人民拥戴。相传禹在涂山（今安徽怀远县）大会诸侯，最后又南巡到会稽（今浙江绍兴）再次大会诸侯，还将不听命而迟到的防风氏诛杀。这些都表明王权的行使和威力，是大一统理念的体现，在此基础上建立起第一个相对统一的夏王朝。《禹贡》中也的确保存有夏王朝一些疆域的数据，因为综合其他古文献中所载涉及夏王朝建立后的活动区域看，夏王朝势力所及区域已较大。今所见到的《竹书纪年》无论是古本、今本（主要内容与两者只有详略的不同）都记载着夏王朝时期的地名或区域（氏族）名，如：西河、东海、冀、商丘、昆吾、潍、淮夷、九夷（东夷中的九种，即畎夷、于夷、方夷、黄夷、白夷、赤夷、玄夷、风夷、阳夷）、九苑、有扈、有苏、有鬲氏、有仍氏、有易氏、有缗

青铜四羊四鸟罍

氏、斟寻、会稽、荆、巴等等。这些地名或区域（氏族）名大多也见于《尚书》《左传》《逸周书》《楚辞》等书中或甲骨、金文中。从这些后世记载中得知夏王朝自禹至桀，主要活动在黄河中下游地区，势力所及从今天全国行政区划来看，东起山东、江苏；东南达到浙江；西到甘肃、陕西；西南至重庆、四川；北至河北、山西等地。在这地区近几十年来的考古发掘中，发现或发掘了不少新石器晚期（相当于夏文化）的文化遗存，与古文献记载情况基本吻合。但夏王朝与各地的氏族、方国仍保留着更多的联盟形式，很难说清楚疆域四至。

商代的疆域有多大？是历代史家关心的问题，也就是现代研究商代史所要回答的问题。现代学者研究古代疆域时往往使用"政治疆域"（有的也称为"政治版图"），按我的理解加上"政治"二字应当是指直接归王朝统治的封地。如果理解无大错，则商王朝的疆域最大也就是在黄河中下游地区，不会比夏王朝的疆域大多少，还不如西汉贾捐之所说的大。我认为商从开国至灭亡时的疆域大小不同，商汤灭夏桀至商中期连王都还经常迁徙，很难确定"王畿方千里"的范围，王畿尚不能确定，疆域四至就更不能确指。因此商初乃至前期疆域比夏代大不了多少，但自中期以后则有较大的发展。认定商的疆域不仅是古文献中所载的四至，还应当考虑商王势力所及之地区和有商文化遗存的地方。自盘庚迁殷以后王都才稳定在殷（今河南安阳小屯一带），帝乙、帝辛时在朝歌（今淇县），但两地相距不远。曾有学者认为古文献中所说商代疆域四至不可靠，我认为老祖宗们承传下来的文字记录应当说大多基本可信，尤其是先秦时代的史官们很忠于史实。春秋时期齐庄公被崔杼所杀，齐国太史秉笔直书曰："崔杼弑其君。"崔杼则连杀记其事的太史和续记的二弟三弟，四弟仍记，南史氏也前往欲记其事，崔杼不敢再杀，可见当时的太史只忠于史实不怕被杀。即使有的记载与史实有些不太一致，但他们决不会去伪造，因为他们还没有达到两千年后的人伪造历史的思想和本领，何况三代历史资料不全是朝廷御用史官所为。如果将古文献、大文字、古遗存中资料等等相结合去探讨，则会出现吻合或相近的结果。

探讨商代疆域，还得要引用众所熟知的古文献，目前涉及商代疆域的记载有以下这些：

《诗·商颂·玄鸟》：

> 天命玄鸟，降而生商，宅殷土芒芒。古帝命武汤，正域彼四方。方命厥后，奄有九有。商之先后，受命不殆，在武丁孙子。武丁孙子，武王靡不胜。龙旂十乘，大糦是承。邦畿千里，维民所止。肇域彼四海，四海来假，来假祁祁。景员维河，殷受命咸宜，百禄是何。

又《殷武》（节录）：

> 昔有成汤，自彼氐、羌，莫敢不来享，莫敢不来王，曰商是常。

两首都是宋人歌颂先祖商王的史诗，这里只能对有关疆域的部分作些简析。前一首有形容殷国疆域广大的"宅殷土芒芒"；商汤征伐后据有四方土地，封侯于四方的"正域彼四方，方命厥后"；九域九州的"奄有九有"；居住在千里疆土殷民"邦畿千里，维民所止"；因拥有四海土地，四海之民来朝贡的"肇域彼四海，四海来假"。此"四海"即《尔雅·释地》："九夷、八狄、七戎、六蛮，谓之四海。"这种分类是西周以后的概念。后一首中的氏、羌是两个族居于西部地区的古老大部落，商汤灭夏建商之后，此两大部落都朝贺称臣。

《左传·昭公九年》载詹桓伯说：

> 我自夏以后稷，魏、骀、芮、岐、毕，吾西土也。及武王克商，蒲姑、商奄，吾东土也。巴、濮、楚、邓，吾南土也。肃慎、燕、亳，吾北土也。

西土是周人发祥地，是商王朝的势力范围，殷墟卜辞中有"周""周侯""妇周"；周原甲骨文有"册周方伯"。此周都是指姬周，而不是指在今陕西或山西商代的"一个小氏族"。商末周文王为商在西土的诸侯，称周方伯[1]。灭商之初疆域仍是原有的疆域。

杨伯峻在《春秋左传·昭公九年》注中认为：

> 魏，当在汾水之南，黄河之北，大概当今之山西芮城县至万荣县之间。骀，即邰，《诗·大雅·生民》"即有邰家室"，盖后稷始封地，今陕西武功县西南。芮，今山西芮城县西二十

---

[1] 徐中舒：《周原甲骨初论》，《古文字研究论文集》《四川大学学报丛刊》，成都：四川人民出版社，1982年5月。

里。岐，今陕西岐山县。毕，今陕西咸阳市北。蒲姑，亦作薄姑，今山东博兴县东南十五里。商奄，在今山东曲阜县东。巴，疑即巴人之巴，或云今四川重庆。濮，今湖北石首县一带。楚，即楚都，今湖北江陵县。邓，今河南邓县。燕，是北燕，都于今北京市，已为解放后考古发掘所证实。由北京往北，经承德、凌源、宁城、喀左，再沿大凌河至朝阳、北票，通向辽阔之东北地区，此一带为周初由燕去肃慎之重要通道，又多有商、周遗物出土。

这一注释将周初所知道商代疆域范围大体上描述出来，其中有许多地名也见于甲骨卜辞中。

《战国策·魏策一》有吴起对魏武侯所说：

> 殷纣之国，左孟门而右漳釜，前带河后被山。

这是见树不见林的说法，只能是商纣王活动的中心区域。

《汉书·贾捐之传》中贾捐之认为商疆域四至是：

> 武丁、成王，殷、周之大仁也，然地东不过江、黄，西不过氐、羌，南不过蛮荆，北不过朔方。

这与詹桓伯说的四至差不多，可能西汉还能见到詹桓伯说的资料。贾捐之较为谨慎才用"不过"来限制范围，说明商王朝武丁时的疆域四至到西周初期又有扩大。

除古文献和有关考古文化遗存外，甲骨文中反映出的氏族、方国、地名也是探讨商代疆域不可缺少的资料，殷墟甲骨文是商王朝的文字记录，是可靠的文字资料。从卜辞中探讨商代地理，自王国维于民国四年（1915 年）写出《殷卜辞中所见地名考》及其一系列考证以后，国内外甲骨学家相继探讨。我在参加《甲骨文合集》编纂和近年来所见的资料初步统计，仅殷墟甲骨文中涉及地名的字就有 1 200 余个。其中有人名、族名、地名同为一字形，少数是因时期不同形状稍有变化，有不太明确是否是地名的只能根据在卜辞中所处的位置来判别。虽然目前对许多甲骨文单字解读还有不少分歧，但是许多地名还是能从卜辞中位置分析出大体的地望。商自盘庚迁殷以后改变了"居无常处"的动态，综合国力也有较大的增强。虽然疆土上仍是小邦林立，氏族、部落对商王朝是时服时叛，但是总的趋向还是逐渐走上统一，统治中心区也不断扩大。司马迁编写《史记·五帝本纪》时，就贯穿了"大一统"思想，有学者认为是太史公要体现儒家的观点。我认为"大一统"概念并非起自儒家，而是社会发展的必然趋势，任何一个王朝的国君及统治集团，都尽力在为王朝的统一奋斗。商王武丁是为史家们称颂的一代英主，从甲骨文中反映出来在位的 59 年中，一直是以武功著称于世，一生奋斗就是商王朝的大一统。商代的疆域比前扩大了不少，也可以说商的疆域四至是由他基本奠定。但目前要确切划出商的疆域四至和图版，恐怕当时的史官们都很难办到，因此目前探讨商代疆域也只能是一个大的范围，今后利用众多科学技术的条件可能会有更大的收获。

探讨商代的疆域应当先弄清商王朝的都城，确定王畿才能去研究疆界四至。"殷人屡迁，前八后五"，商族"前八"之地暂不作具体探讨，而这些迁徙带动了一批批商人到各地去贸易的影响不可小视，到夏朝末年这些赶着牛羊和其他货物的商人，就是一些制造舆论的宣传员，其中不乏搜集情报的间谍，这对灭夏和商王朝建立后开拓疆土起了不小作用。"后五"是王朝的都城，历史上对商王都各说其是。近几十年来考古发现了多处商都遗址，有：郑州商城（20世纪50年代）；河南偃师商城（20世纪80年代）；郑州西的小双桥商遗址（20世纪90年代），对此遗址的一种看法是"仲丁迁于隞"的都城，另一种看法是"郑州商城后期王室的祭祀场所"。在河北邢台市也发现商中期文化遗存（50年代），如曹演庄遗址面积很大（未大面积发掘，希望寄托于将来）。90年代末配合基建抢救性发掘发现一个手工作坊遗址，又有东先贤村遗址，初步研究是晚于郑州商城，早于殷墟一期，历史年代与"祖乙迁邢"的都城吻合。安阳洹河以北的董王度、三家庄、花园庄等地发现一座商城（20世纪90年代），据研究历史年代应当于盘庚、小辛、小乙时期，小屯村一带可能是武丁及其后的都城。按《史记·殷本纪》《正义》引《竹书纪年》："自盘庚迁殷至纣之灭二百七十三年，更不徙都，纣时稍大其邑，南距朝歌，北据邯郸及沙丘，皆为离宫别馆。"而《周本纪》《正义》引《括地志》："纣都朝歌，在卫州东北七十三里朝歌故城是也。本妹邑，殷王武丁始都之。《帝王世纪》云帝乙复济河北，徙朝歌，其子纣仍都焉。""武丁始都之"，应是"武乙始都之"之误。以上是目前所知商王都的资料，其地理位置皆在今河南、河北境内。

殷墟卜辞中有"四土"，如武丁时期卜辞有："壬申卜，奏（祭名）四土于……"（《合集》21091）四土即商的东、南、西、北四方土地。廩辛、康丁时期有祭祀"四方"的卜辞（《合集》28239，34144），四方是指东南西北的方位。帝乙、帝辛时期卜辞有："己巳卜，贞：今岁商受年（庄稼是否丰收）？王占曰：东土受年，吉。南土受年，吉。西土受年，吉。北土受年，吉"（史官操刀时在"东土"后忘刻"吉"字）。（《合集》36975）辞中"商"是中土，即中央方位，即是王畿。东土、南土、西土、北土，明确是商的四方疆土。四土范围有多大？虽商王朝前期王都不稳定，但以偃师、郑州两商城为初期王都，皆在今河南中西部。今河南东部的商丘一带是商汤发迹之地，汤灭夏朝后无论是建都在今郑州或偃师，距商丘一带都较近，应是王畿或近畿范围。盘庚迁殷后，王畿在今河南北部与河北南部。这条记录"五方四土"的卜辞，就是当时商最后的疆域。以下对四土作些初步探讨。

东土：《诗·商颂·长发》："相土烈烈，海外有截。"《左传·定公四年》："取相土之东都以会王之东蒐。""海外"，确切地说应是指今渤海与黄海之滨。"东都"，有不同之说，我同意指今山东泰山一带地方。《左传·昭公九年》："蒲姑、商奄，吾东土也。""蒲姑"在今山东淄博市博山区一带；"商奄"在今山东曲阜市。从甲骨文中看，武丁时期卜辞中有族名、地名"画"，武丁以后卜辞中或增水旁作"潶"。记事刻辞中有："画入二百五十""画来二十""画示三屯，殻"。（《合集》952 反，6648 反，17584 臼，17585）武丁时期卜辞中有："戊午卜，古贞：画受年""东画告曰：兒伯……"。（《合集》9811 正、3397）廩辛、康丁时期卜辞中有："戊辰卜，在画，犬中告麋，王其射，无灾，擒。"（《合集》27902）反映出画是商东土一大氏族，又是农业（受年）和田猎（王射麋）地区。画的族居地在今山东淄博市一带。"兒伯"，即春秋时的倪（诸侯国），在今山东滕州市东①。山东济南市大辛庄于 50 年代发现商文化遗址，出土不少器物，其中有无字卜甲和卜骨。2003 年 3 月，大辛庄发掘出商的墓葬、大型建筑基址，探方中出土十余块甲骨，其中四块有刻辞。李学勤认为：

> 从卜辞看，大辛庄遗址是商王朝在东方的一处聚落中心，很可能是方国都邑②。

20 世纪五六十年代以来，在山东益都（今青州）苏埠屯等不少地方商文化遗址中出土过无字甲骨③，90 年代在淄博市桓台县商文化遗址中出土两片有字甲骨，这些都说明今山东一带是商东部疆域。

南土：商南土范围比《昭公九年》中所说要大。《昭公四年》中有："商纣为黎之蒐，东夷叛之。"又《昭公十一年》："纣克东夷而殒其身。"东夷地望历来有不同之说暂不评论，此东夷应是甲骨文中的"人方""林方""虎方""淮"（即淮夷）等氏族、方国。他们的活动地区未超出今江苏中南部、安徽东及东南大部。从有关商文化考古资料看，分布在长江流域的也不少，如：20 世纪 70 年代，在湖北黄陂叶店发现的商中期的"盘龙城"遗址，在不远处发掘出时期相同的贵族墓地。在湖南发现的商文化遗存中青铜器较多，如

---

① 孟世凯：《画邑和商代东土》，《管子学刊》，1994 年第 2 期。
② 《大众日报：大众周末专访》，2003 年 4 月 18 日第 9 版。
③ 张学海：《张学海考古论集》，北京：学苑出版社，1999 年 12 月。

宁乡县20世纪30年代末发现的"四羊尊"、20世纪50年代末至60年代初发现的5件"大铜铙"和鼎、卣等多种商代晚期青铜器。在江西清江（今为樟树市）吴城村发现商代中期的"吴城遗址"，新干市大洋洲发现的商代晚期"新干大墓"。2003年在鹰潭市童家镇角山发现商代中期最大的窑场，加之分布在赣江中、下游地区的商文化遗存，说明今江西是商王朝中后期一个重要疆域。在安徽境内商文化遗存也不少，如20世纪50年代中期在阜南出土过成组的商晚期青铜器。在江苏徐州市也发现不少商文化遗址，如50年代在铜山县（今徐州市泉山区）高皇庙遗址，出土许多器物中有无字的卜甲和卜骨。在高皇庙附近的丘湾，发现一处商代祭祀场所"铜山丘湾祭祀遗址"。2001年9月至2003年6月，在江阴市佘城发掘出古城遗址，在附近的花山发掘出住房基址和墓葬，经研究其历史年代属于夏至商王朝时期。南土也包含广东和福建，近些年来在广东陆续发现商文化遗存。如2002年至2003年，在广州市珠江口广（州）惠（州）高速公路修建时抢救性发掘了沙丘遗址；在博罗县横岭山300余座墓葬中出土了大量遗物，被称为"青铜时代墓葬群"，居住遗址中出土了商代的瓮、罐等器物，说明是商代人居住遗存。在从化市吕田镇狮象村、梅县荷泗镇董田村佛子岗、揭东县云路镇中夏村面夫岭都发现商早期文化遗存。尤其值得注意的是2003年，在佛山市南海区丹灶镇庄边村狮岗斗发现商代陶窑遗址，出土多种陶器。福建于2002—2003年发现商代晚期以墓葬为主的遗址，分布在南靖县金山镇河乾村北鸟仑尾山、丰田镇顶州村；邵武市肖家坊镇下肖家坊村；将乐县大源乡西田龙渡村一带。总之，商之南土已经跨过长江到达五岭以南广大地域。

西土：商西土也很大，从晚商王畿西部来看，今山西、陕西、甘肃、四川等地区都是西土范围。《左传·昭公九年》中詹桓伯所说的西土是从姬周先祖所活动的西土，也只是今山西、陕西两省。而《商颂·殷武》有："昔有成汤，自彼氐、羌，莫敢不来享，莫敢不来王，曰商是常。"这明显的是将晚商的疆域用来歌颂商汤。氐，是西部的古老氏族，活动在今陕西、甘肃部分地区。羌也是个古老氏族，相传夏禹出自西羌①，夏王朝以前就存在，羌与夏关系十分密切。商初羌不可能"来享，来王"。羌在商王朝近六百年的历史中是时服时叛，从卜辞反映出商王对羌征伐，常将俘获的羌人残酷地用作祭祀的人牲，尽管如此，终商之世羌也未完全臣服。羌人的分布较广，在西部各地都有活动，因此商王朝的羌人情况也不尽同。卜辞反映羌部落有许多分支，如羌方、北羌、马羌、羌龙等。武丁时期有的羌人就臣服于商，到晚商羌方还是"四封方"之一（《合集》36528），即受封的四个诸侯之一。这些臣服于商的羌人，大多族居于今太行山以西的山西中部和北部一带，也有学者认为山西西南部一带也曾是臣服于商的羌人活动地区。鬼方也是西土一大方国，《易·既济》九三有："高宗伐鬼方，三年克之。"又《未济》九四有："震用伐鬼方，三年有赏于大国。"鬼方分布于今甘肃南部，宁夏、陕西、山西北部一带，高宗（武丁）曾用兵三年征服。卜辞中有："己酉卜，宾贞：鬼方易，无祸，五月。"（《合集》8591—8593）五月己酉日占卜，鬼方已经逃跑（易）。《竹书纪年》有："周王季伐西落鬼戎，俘二十翟王。""鬼戎"即鬼方。周

---

① 《史记·六国年表》。

为商西土的诸侯（周方伯），曾征服不少戎人部落。在此疆域内发现过有关商文化遗存和出土文物。

20 世纪 60 至 80 年代，在陕西汉中市城固县龙头镇、宝山、苏村、五郎庙、吕村等地陆续出土几百件商代中期的青铜器，有兵器和鼎、罍、尊等礼器，被称为"城固铜器群"，又称"宝山文化"。年代相当于武丁时期。这些青铜器大多带有宗教色彩，说明与祭祀有关，据研究可能是商在此地区一个大方国的遗物。城固县在今陕西南部汉水上游、秦岭以南米仓山以北，与四川省、重庆市所辖区县仅一山之隔，故出土的这些青铜器带有明显的巴人文化的因素，可能与巴蜀文化有较多的关系。陕南地区在夏商时期是古代巴、蜀交错之地，可能是巴人或蜀人臣服于商后被武丁王朝所封的诸侯（方国），由于与商王朝有臣属关系，必然在文化、经济方面有较多的交流，说明商王朝中期势力已经达到这里。今四川德阳市所属广汉市（县级市）西的南兴镇和三星堆镇的"三星堆文化遗址"，是1929 年春所发现，1934 年正式考古发掘，五六十年代又进行过多次调查和发掘。目前所知"三星堆遗址"是由几十个遗址组成的一个大型遗址群，面积约 12 平方公里，发现有城墙、房基址、墓葬和灰坑，出土文物很丰富。其年代从约四千八百至三千年，研究者将堆积层划分为四期，根据出土文物分析后学者认为三、四期受商文化影响较多。"总之，三星堆文化源远流长，溯源可至距今五千年左右，历夏、商、周而不衰，最繁盛的时代约相当于商王武丁至周武王灭商前后①。"近些年在成都发现的"十二桥文化"和"金沙

---

① 林向：《巴蜀文化新论》，第 61 页，成都：成都出版社，1995 年 10 月。

遗址"与三星堆文化有继承发展关系，说明古蜀国最晚在商中期就开始与商王朝发生各方面的联系，商王朝的西土已经扩展到今四川一带。

北土：《昭公九年》中詹桓伯谓："肃慎、燕、亳，吾北土也。"肃慎，古文献中又作息慎、稷慎，是个古老氏族，自商至西周时族居于以不咸山（今长白山）为中心的广大地区。商王朝后期其势力已达到肃慎，周武王灭商后"肃慎氏贡楛矢、石砮"①。1947 年在吉林省吉林市西团山发现的西团山遗址，是一种东北地区的青铜文化，命名为"西团山文化"。这种文化分布于辽河与松花江上游，学者多认为是肃慎氏及其后裔的遗存。燕，即北燕，周灭商后武王封召公于燕（今北京西南），是就原地名而封。其疆域据有今河北北部和中部、辽宁西部、内蒙古中南部、山西北部一部分。亳，可能是燕亳。过去多以燕、亳断句，亳之所指始终不明确。孤竹，是个古国，古文献中多有记载。甲骨卜辞中有"竹""竹侯"（《合集》3324），是一个大部落。《史记·伯夷列传》《正义》引《括地志》："孤竹古城在卢龙县南十二里，殷时诸侯孤竹国也。"族居地中心在今河北秦皇岛市卢龙县一带，活动于今辽东半岛和内蒙古东南部。武丁时期卜辞中还有两个势力较强的方国，即𠀤方和土方。此两方国大体分布在今河北西北部、山西东北部和内蒙古东南部，经常入侵商王畿进行抢劫，武丁动用了大量的军力才使之灭亡，故武丁以后很少见此两方国的活动。在商北土有关的考古文化遗存较多，如最早发现于内蒙古赤峰市的夏家店遗址，就是北方商周青铜文化。

---

① 《国语·鲁语下》。

20世纪 70 年代以来，在辽宁喀左县和义县、河北蔚县等地的考古遗址中出土商周青铜器。《淮南子·泰族训》中有："纣之地左东海，右流沙，前交趾，后幽都。"这与商四土的疆域差不了很多，可以说商王朝晚期的疆域已经据有现在全国版图的 2/3。

四　商族起源诸说

　　古文献中系统记载夏、商、周三代历史的是我国第一部正史《史记》，其中《殷本纪》是第一部商代史。商王朝，简称商朝，是我国继夏王朝后的第二个统一王朝。为何称商？司马迁在《殷本纪》中说：

　　　　殷契，母曰简狄，有娀氏之女，为帝喾次妃。三人行浴，见玄鸟堕其卵，简狄取吞之，因孕生契。契长而佐禹治水有功。帝舜乃命契曰："百姓不亲，五品不训，汝为司徒而敬敷五教，五教在宽。"封于商，赐姓子氏。

太史公无疑是参考了当时所见所闻的有关商代的资料。他在《史记·自序》中也说：

　　　　天下遗文古事，靡不毕集太史公……罔罗天下放失旧文，王迹所兴，原始察终，见盛观衰，论考之行事，略推三代，录秦汉，上记轩辕，下至于兹，著十二本纪，既科条之矣。

《殷本纪》中记述商代世序，尤其自上甲微起的六世先公以及先王世序，已被甲骨卜辞中所记世序证明基本可信。但是，对于商族的来源之表述存在问题。在探讨商族族源之前，先探讨几个相关的问题：

（一）帝喾是否是契父。司马迁安排帝喾是契之父，但又难以直说是"契之父曰帝喾"，而是说帝喾次妃有娀氏之女简狄吞玄鸟蛋所生。在《夏本纪》中说"禹者，黄帝之玄孙而帝颛顼之孙也"。在《周本纪》中说，周后稷是帝喾元妃姜原践巨人迹所生。在《五帝本纪》中说，帝喾是"黄帝之曾孙也"。这样的编排昭示了夏、商、周之始祖皆出自黄帝。许多注疏家对此一直深信不疑，有的还引经据典加以发挥。但是，自东汉以来一些史家对帝喾次妃有娀女吞玄鸟蛋生契的说法提出质疑，如东汉初的王充就认为"吞卵而生……如实论之，妄言也"[1]。三国时蜀人谯周说得就更加具体：

> 契生尧代，舜始举之，必非喾子，以其父微，故不著名。其母娀氏女，与宗妇三人浴于川，玄鸟遗卵，简狄吞之，则简狄非帝喾次妃明也[2]。

有关这方面的问题，清朝的崔东壁（见《崔东壁遗书》）、梁玉绳（见《史记志疑》一至四卷）都指出过。

---

① 《论衡·奇怪》。
② 《殷本纪》《索隐》引谯周《古史考》之说。

由于时代局限性，受汉代儒家思想的影响，司马迁要编排上古万世皆一统，三代源于一系的世序，所以在取材时是用矛盾的思想来处理。正如顾颉刚所说：

> 记载这样的世系的，有《五帝德》《帝系姓》诸篇，今在《大戴礼记》中。司马迁虽说这二篇，'儒者或不传'，但他自己毕竟相信，所以全载入《史记》的《本纪》和《世家》中。……而且把四方小部族的祖先排列起来，使横的系统变成了纵的系统①。

几十年来我国新石器时代考古资料表明，在氏族社会中的氏族、部落都是横向联系，即使是发展到尧、舜部落联盟时期，也仍然是横向联系。这种情形与古文献所记载的相吻合，如夏禹曾于涂山（今安徽怀远）大会诸侯，"执玉帛者万国"（《左传·哀公七年》）；商汤灭夏后，"汤放桀而复薄，三千诸侯大会"（《逸周书·殷祝》）；周武王伐商纣"不期而会孟津者，八百诸侯"（《史记·周本纪》）。这些估计出的"万""三千""八百"诸侯，也就是当时各地的氏族部落。伴随社会的发展，有的氏族、部落被兼并，有的被灭亡。这些"诸侯"在千年中已由万减少至八百，说明原来的横向联系在统一王朝建立后也起了变化。故商族也是一个纵向独立发展而有很长历史的氏族，契之父在尧舜之前没有什么著名的业绩流传于后世才未载入史册，故契父不会是帝喾。

（二）商族何以称商。 是否如《殷本纪》所说是帝舜（梁玉绳

---

① 《崔东壁遗书·序》，上海：上海古籍出版社，1983年6月。

在《史记志疑》卷三中认为是尧所封赐）封赐？先举出一些古文献的记载看：

《国语·鲁语上》：

> 商人禘舜而祖契，郊冥而宗汤。……上甲微能帅契者也，商人报焉。

《左传·文公二年》：

> 汤不先契。

《礼记·祭法》：

> 殷人禘喾而郊冥，祖契而宗汤。

《殷本纪》对契的表述就更具体，加之对《诗·商颂》的理解多从郑玄笺注之说，因此历来一直认为契为始祖。从目前研究商代史的情形看，商族也确是从契开始兴起发展。《国语·周语下》有"玄王勤商，十有四世而兴"。韦昭注：

> 玄王，契也。殷祖由玄鸟而生，汤亦水德，故曰玄王。勤者，勤身修德，以兴其国。自契至汤十四世，而有天下，言其难也。

可知在契之前当是有一个很长发展的历史进程。

在我国古代社会发展进程中，夏王朝建立前夕的尧舜部落联盟时期是否就有封地、赐姓？目前先秦史学界尚有分歧，还有待于今后深入研究。王国维说："商之国号，本于地名。"考证后认为，商即春秋时宋地商邱（今河南商丘）①。此说较合于氏族社会一些氏族以地名为族名的实际。如果认为氏族社会就有封地、赐姓，商也是赐、封原有的族居地和族称。

（三）"玄鸟生商"。最早见于《诗·商颂》，这是春秋时商族后裔宋国人根据先祖口耳相授的神话传说所作歌颂老祖宗业绩的叙事诗。商族最早的历史，在流传过程中已不知始祖是谁，故宋人只知是玄鸟所生。如：

《玄鸟》中颂道：

> 天命玄鸟，降而生商，宅殷土芒芒。古帝命武汤，正域彼四方。方命厥后，奄有九有。

《长发》中颂道：

> 有娀方将，帝立子生商。玄王桓拨，受小国是达，受大国是达。率履不越，遂视既发。相土烈烈，海外有截。

两诗中出现"武汤""玄王""相土"三个商先公。天帝命"玄鸟"

---

① 《说商》，《观堂集林》卷第十二。

所生之"商"，显然是泛指商族，不是哪位具体的人。"宅殷土芒芒"，是说迁到了殷（商）地以后才发展壮大，到了"武汤"（商汤）时才灭夏有了四方疆土。"玄王"，注疏家都认为指的是契，到契时才兴旺发达，到相土时势力更加发展壮大，远达海边。对于古人的文学作品，尤其是"诗歌"之类，是要以歌配乐在庙堂中吟诵。歌颂先祖们的业绩就必然有夸大成分，一夸大就含混不清。这样就给后人造成谜团，

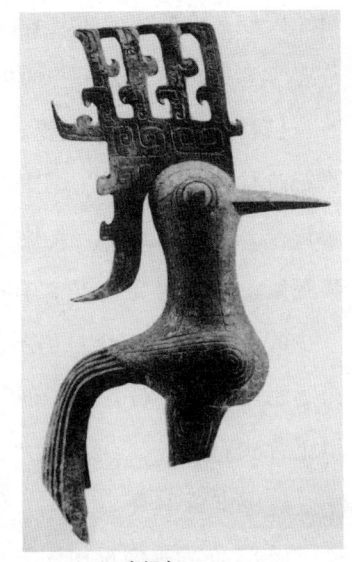

青铜鸟

产生猜测式的解释。先秦文献中多以《商颂》中的颂事而演绎出"玄鸟生契"，如《国语》中的《周语》《鲁语》，《楚辞》中的《离骚》《天问》《九章·思美人》，《吕氏春秋·音初》等。到司马迁编撰《殷本纪》时，就成为一段商族来源完整的历史。对于此问题自20世纪"古史辨派"作过不少的考辨，我认为现在与将来的研究都应在前人研究的成果基础上去进行探讨。

20世纪末以前研究商代史，有种认识反映在各种著述中，即根据有娀氏女简狄吞玄鸟蛋生契，是反映了商契是处于"只知其母，不知其父"的母系氏族社会。从马列主义关于人类发展的理论来看，无疑是正确的。可是按《殷本纪》中记述契是协助大禹治水成功后，被舜所封、赐。尧、舜、禹是我国氏族社会末期华夏部落联盟的领袖，此部落联盟是处于王朝建立前夕。认为此时还是处在

母系氏族社会阶段，恐与我国古史发展阶段实际相违。此问题已有许多学者指出，过去一些通史类的著作中的认识应予纠正①。

（四）卜辞中的高祖夒。甲骨文原形"夒"字似动物猿，商王祭祀时称过"高祖夒"。王国维最早考释出是商族先祖，认为就是帝喾②。对此，王襄、徐中舒、容庚、唐兰、商承祚、孙海波等均表怀疑。有的考定为契，有的考定为昭明，陈梦家考定为"相当于少皞挚"③。时至今日仍不能确定是指在卜辞中所见十几位商先公远祖中的哪一位。有"夒"的卜辞近百条（含残辞），大体可分以下几类：

1. 单祀高祖夒

（1）"惟高祖夒祝用，王受佑。"　　　　《合集》30398

（2）"……壬戌贞：其告秋集于高祖夒。"《合集》33226，33227

（3）"于夒高祖求。"（高祖夒之倒句）　　《合集》30397

（4）"乙亥卜，高祖夒，燎二十牛。"　　《小屯南地》4528

2. 与岳河同祀

（5）"戊午卜，宾贞：酒，求年于岳、河、夒。"

《合集》10076

（6）"丙午卜，惟岳它雨，惟河它，惟夒它。"

《合集》41655

（7）"甲子贞：求于河，受禾。甲子贞：求于夒，受禾。"

《合集》33270

---

①　林祥庚：《殷契周弃时代社会性质再认识》，刊《历史研究》，1987年第2期。
②　《观堂集林》卷九。
③　《殷虚卜辞综述》第338页。

（8）"壬申贞：求禾于河，燎三牛，沉三宰。壬申贞：求禾于夒，燎三牛，卯三牛。"

《合集》33277

3. 与先公先王同祀

（9）"贞：告既，侑于夒，于上甲。"　　《合集》1205

（10）"夒及上甲其即。"　　　　　　　《合集》34169

（11）"于大乙告，三牛。于示壬告，三牛。丙午卜，告于祖乙，三牛。其往夒。丙午卜，于大乙告，三牛。往夒。""丙午贞：往夒，无祸，允不延雨，其延雨。"（往夒，夒之宗庙）

《小屯南地》783 正，784 反

4. 夒有宗庙

（12）"夒既宗，河既宗。"　　　　　　《合集》28207

（13）"既又宗夒，有雨。"　　　　　　《合集》30318

以上所举卜辞中第（5）、（6）、（9）为第一期，（12）为第二期外，余为第三、第四期。卜辞中的"岳""河"都是商王常祀的对象。有的甲骨学家认为是自然神，因商人迷信鬼神，认为自然界中一切皆上帝所赐，应视为神圣之物加以崇拜。也有认为是商族先公远祖，但在神话传说中却无根据，因此分歧较大。

将自然物当作祖先崇拜，就是原始图腾崇拜的继续和扩大。正如摩尔根所说：

在美洲各地的土著中，所有氏族都以某种动物或无生命物命名……在某些部落中，如在新墨西哥的摩基村的印第安人中，氏族成员声称他就是本氏族命名的那种动物的子孙，大神把他们的老祖宗由动物变成了人形①。

对商族也应当是这样，不仅将形似猿的夒，也将无生命的岳、河都看成是本氏族的老祖宗。因此我们不一定去对号，非说是帝喾或契等。弄不明白就只有留给子孙后代根据新发现的资料去研究。

（五）商族图腾是鸟。上古人类社会各个氏族、部落都有崇拜自然界一切事物的习俗，我国氏族社会中的氏族、部落都有自己崇拜的对象，有的崇拜日月山川，有的崇拜飞禽走兽，这种被崇拜的对象就是图腾。研究先秦史的学者们大多认为少昊是古东夷部落的领袖，古东夷崇拜的图腾是鸟。《左传·昭公十七年》记载郯子追述说：

> 我高祖少皞挚之立也，凤鸟适至，故纪于鸟，为鸟师而鸟名。

郯是春秋时的诸侯小国（在今山东郯城县西南），郯子为少皞之后裔。从新石器时代考古资料中证明，以今山东东南部为中心的古东夷文化圈内，尤其是著名的大汶口文化，学者大多认为是少昊文化②。发掘出土或采集到的一些器物上都带有鸟形标志，可以与《左传》中郯子所说相印证。商族也是以鸟为图腾的一个古族。故"玄鸟生商"也并非毫无根据。如商先公王亥，在《山海经·大荒

---

① 《古代社会》第83页，1979年新译本。
② 石兴邦：《山东地区史前考古方面的有关问题》，《山东史前文化论文集》，济南：齐鲁书社，1986年。

东经》中的记载是：

> 有困民国，勾姓而食，有人曰王亥，两手操鸟，方食其
> 头。王亥托于有易，河北仆牛，有易杀王亥，取仆牛①。

商代甲骨卜辞中的王亥之"亥"字头上从一鸟形，表明仍保存了对鸟的崇拜。生商的"玄鸟"是否是燕子？前人颇有争论，不少学者同意郭沫若之考证。郭说：

> 玄鸟旧说以为燕子，但是我想和《山海经》的"惟帝俊下友"的"五彩之鸟"是同一东西。在《离骚》中可以找到一个证据，便是"望瑶台之偃蹇兮，见有娀之佚女。……凤凰既受（授）诒（贻）兮，恐高辛之先我"。这分明说的是简狄的故事，"凤凰受诒"便是"玄鸟致贻"，可见玄鸟就是凤凰。玄是玄神之意，不当解成黑色②。

故玄鸟不是燕而是凤凰，商族是以凤凰（玄鸟）为图腾，源于古东夷以鸟图腾的氏族，其后从少昊部落分化出的支族。从目前来看，这种对商族最早的来源的认识，能与古文献、甲骨文与其他有关商文化考古资料相印证。所以我认为商氏族应是出自少昊部落③。

---

① 袁珂：《山海经校注》："勾姓而食"之"'而'字或当是'黍'字缺坏。"
② 郭沫若：《青铜时代·先秦天道观之进展》。
③ 孟世凯：《商族源和相关的问题》，《徐中舒先生九十寿辰纪念文集》，成都：巴蜀书社，1990年6月。

商族族源的探讨可以说自司马迁编撰《殷本纪》时就开始，但他只说是封于商，在什么地方未说明。他在《史记·六国年表序》

青铜神树枝头花蕾及铜鸟

中说："夫作事者必于东南，收功实者常于西北，故禹兴于西羌、汤起于亳。"这句话中的"汤起于亳"，与商族族源无多大关系，因亳是成汤灭夏前后所居之地。但从古至今一些史家以此去探求商族族源，不免有"南辕北辙"之嫌。在商代史的研究中探求商族族源有多种说法，归纳起来有东方、西方、浙江、东北四说。卫聚贤在 20 世纪 30 年代

提出"殷人自浙江迁于河南"①，但影响不大，从其说者不多。金景芳在 20 世纪 70 年代提出商是北方的氏族，契居于北方。昭明所居砥石是辽水发源处，在今昭乌达盟克什克腾旗的白岔山②。目前探讨的人似不太多。在此只将探讨较多的东、西两说作简述：

东方说。这是在古文献中最早的说法。《左传·昭公元年》：

> 昔高辛氏有二子，伯曰阏伯，季曰实沈……迁阏伯于商丘，主辰，商人是因，故辰为商星。

---

① 《殷人自浙江迁徙于河南》，1937 年的《江苏研究》第 3 卷第 5、6 期。
② 《商文化起源于我国北方说》，《中华文史论丛》（复刊号）第 7 期，上海：上海古籍出版社，1978 年 7 月。

又《左传·襄公九年》：

> 陶唐氏之火正阏伯居商丘，祀大火，而火纪时焉。相土因之，故商主大火。

其后《汉书·地理志》《括地志》，《殷本纪》的《集解》《正义》，都引此说。商丘，为周初封微子启于宋续商祀之地，即今河南商丘。

西方说。这也是古文献中较早的说法。《殷本纪》的《集解》引：

> 郑玄曰："契本封商，国在太华之阳。"皇甫谧曰："今上商洛是也。"

又《正义》引：

> 《括地志》云："商州东八十里商洛县，本商邑，古之商国，帝喾之子禼所封也。"

太华，为古太华山，即今陕西华山。商洛，即今陕西商洛市商州区东。多种古文献中皆记载今商州市东自春秋以来地名皆称商，此处有商山，属秦岭山系。

自20世纪80、90年代研究商代史的论著中，涉及商族族源的探讨主要还是东、西两说。东说多于西说，东说又有今山东、河南

青铜公鸡

之分。西说只有今陕西一省。从目前探讨的情形来看，东、西两种说法的基点都是建立在前辈研究成果上。如果在没有新的资料发现之前，东、西两说还要继续深入地研究。徐中舒师在20世纪30年代就提出：

> 余疑古代环渤海湾而居之民族，即为中国文化之创始者。而商民族即起于此，史称商代建都之地，前八后五，就其迁徙之迹观之，似有由东西渐之势，与周人由西渐东者，适处于相反之地位①。

从上述五个与商族族源相关的问题和徐中舒师所说来看，我仍认为商最早是从古东夷中的少昊部落分化出一支氏族，由今山东一带逐渐西迁，到契时到达今河南商丘一带定居，在契领导下商族的势力有所发展壮大。因当时商族还是处于游牧社会生活阶段，族人增加，在商丘一地不能再发展，其后可能又逐渐向北或西迁徙。商族人善于贸易，而且有很长的历史。《世本》有"相土作乘马""胲作服牛"。胲即王亥，"亥"字因形近易伪，故古文献中又作该、核、垓、振、冰等字。《易系辞》有："服牛乘马，引重致远，以利天

---

① 《殷人服象及象之南迁》，《中央研究院历史语言研究所集刊》二本一分，1930年5月。

下。"《管子·轻重戊》中具体地指明："殷人之王，立帛牢，服牛马，以利民，而天下化之。"（"帛"字原为皂，误）负贩贸易目的是为了赚钱，获得更多的财富，故《礼记·祭义》中说："殷人贵富而尚齿。"后来称会经商做生意人为"商人"。徐中舒师在研究后认为："商贾之名，疑由殷人而起[1]。"殷人以牛羊四处去交易，前引《山海经·大荒东经》所说商的先公上甲微之父王亥，就是以牛羊负贩于有易氏（今河北省中西部的沙河，为夏商时期的易水，即有易氏故地），而被有易氏之君縣臣杀害。王亥被縣臣杀害后，王亥子上甲微（卜辞中作"上甲"，《殷本纪》作"微"）借助河北的势力，出兵征伐有易氏，并杀縣臣而灭有易氏[2]。从这段传说商先公的历史中，说明此时商族正在试图利用到各地负贩的机会，扩大自己的影响和势力范围。也正因为商人有四方负贩、做交易的传统，其支族的族长有的率族人远离商地去了西方，在今陕西华山一带长期居住，留下遗迹，因族名为地名，后世才有"西方说"；有的率族人长途跋涉去了北方，甚至到达辽河流域，在那里留有遗迹，后世才有"北方说"。如果说这些支族在西方、北方或其他地方的势力发展壮大后，有能力灭了夏桀，则商代史就不是今天我们所知的这段商代史。今天我们探讨的这段历史就是在今河南商丘以商汤为核心的商族，其势力日逐壮大而灭夏桀的商代史。夏朝的灭亡有其自身的原因，如夏桀荒淫、暴虐，自比太阳永不陨落，引起人民怨恨。也有可能与在各地经商的商人暗中策动反夏的"地下工作"做得好有关。

---

[1] 徐中舒：《从古书中推测之殷周民族》，刊《国学论丛》第 1 卷第 1 期，清华国学研究院，1927 年。

[2] 《竹书纪年》。

五　伊尹是何许人

　　伊尹，名挚，生于夏王朝末①，为夏末商初著名的历史人物。他是助商汤灭夏桀，又在商初辅佐三代五王的功臣，也是我国历史上最早的一代名相。伊尹事迹多见于古文献，商代甲骨文中和春秋时期的《叔尸镈》等也有简略记载。伊尹其人事迹在《史记·殷本纪》中记述较全面，但是，先秦文献中对伊尹如何弃夏助商的记述有两种不同的说法，而司马迁对伊尹这一时段的历史，也是采取两说并存来表述。他说：

　　　　伊尹名阿衡。阿衡欲干汤而无由，乃为有莘氏媵臣，负鼎俎，以滋味说汤，致于王道。或曰，伊尹处士，汤使人聘迎之，五反，然后肯往从汤，言素王及九主之事。汤举任以国政。伊尹去汤适夏，既丑有夏，复归于亳。

两说中皆未提及伊尹的名和籍贯，可见他对伊尹的出生和籍贯未采

---

　　① 《孙子·用间》《墨子·尚贤中》《楚辞·离骚·天问》。

纳《孙子》和《吕氏春秋》中的记述。而《索隐》引：

> 《孙子兵书》："伊尹名挚。"孔安国亦曰："伊挚。"……皇甫谧曰："伊尹，力牧之后，生于空桑。"

又引《吕氏春秋》中的记述，简介伊尹之出生地。查《吕氏春秋·本味》全文是：

> 有侁氏女子采桑，得婴儿于空桑之中，献之其君。其君令烰人养之。察其所以然，曰："其母居伊水之上，孕，梦有神告之曰：'臼出水而东走，毋顾。'明日，视臼出水，告其邻，东走十里，而顾其邑尽为水，身因化为空桑。"故命之曰伊尹。此伊尹生空桑之故也。长而贤。汤闻伊尹，使人请之有侁氏，有侁氏不可。伊尹亦欲归汤，汤于是请取妇为婚。有侁氏喜，以伊尹为媵。

从记述来看，中间一段是带有神话色彩的故事，这正是反映出我国先秦时期有许多历史人物因年代久远，在一代又一代口耳相授过程中，他们的历史往往都掺杂着一些神话。也正是有这些掺入的神话，才使许多历史资料得以保存流传于后世，只要对这些神话作出正确的分析、判断，就会从中看出它所包含的史料。这篇记述伊尹历史的短文，也引起不少注释家们的争论，其中较多的是"有侁氏"的故地、"空桑"是否是地名和"伊尹为庖人"等问题。

1. 有侁氏：有侁氏之"侁"字，《墨子·尚贤下》《孟子·万章上》作"莘",《吕氏春秋·本味》高诱注:"侁读曰莘。"有的文献中或作辛、姕。有莘氏当是夏王朝时期的诸侯,其族居地或封地在今何处,历来有所分歧。古莘国和莘邑之故地有多处,例如有:陕西合阳(旧作郃阳)东南、河南开封市陈留镇东、河南汝州市(春秋时期蔡国之邑)、河南陕县夹石镇(春秋时期虢国之邑)、山东曹县北(春秋时期曹国之邑)、山东莘县北(春秋时期卫国之邑)等。《左传·昭公元年》载:"商有姺、邳。"杜预注:"二国商诸侯。""姺"与"侁"同,即有侁氏。卜辞中有"先"字,有人名、族名、地名的先,如武丁时期有:

(1)"壬戌卜,争贞:乞命曼田于先侯,十月。"《合集》10923

(2)"贞:至于午,先来。"　　　　　　　　《合集》419反

(3)"贞:呼先。"　　　　　　　　　　　　《合集》4578

(4)"呼先妇。"　　　　　　　　　　　　　《合集》6349

(5)"丁卯贞:㞷往先。贞:勿往,九月。"　　《合集》4068

上举(1)辞是商诸侯。(2)、(3)辞为人名,即先族的首领。(4)辞是有先氏女嫁至商为妇者,是商族诸妇之一。(5)辞是地名,为先的族居地或封地。研究者多认为卜辞中先就是文献的姺,是古莘国或莘地。记事刻辞中还有"先致五十"(《合集》1917反),可知先是商王朝的诸侯,而且有贡纳关系。但是,伊尹"耕于有莘之野"的有莘故地是前面举出的何地?应与伊尹出生地联系起来探讨较为恰当。

2. 空桑:空桑不是地名,而是形容其很广大的一片桑林。司马迁在编写《殷本纪》时,未采用《吕氏春秋·本味》中关于伊尹出生的传说,不能不说是一憾事。我认为吕不韦主编的这部不朽著

作，当年是集中了许多高级知识分子参加编撰，他们将当时能搜集到的有关三代历史人物的传说资料，加以分类排比后将可取的写入书中，不能看作是无稽之谈，也正因有此记载才保存了关于伊尹出生地和成长事迹。有了相信的基点后，就可具体作分析：有莘氏的妇女们在"空桑"中采桑，发现桑林中有一遗弃的男婴，遂抱回献给有莘氏之君，其君命人置于温暖之房中喂养。这很清楚地说明伊尹是个弃婴，因刚出生不久而被抛弃，因这一片很大的桑林中气温低，男婴已被冻得半死，才命置于暖房中喂养。其中"梦有神告之曰……"一段神话故事，可以看出伊水经常泛滥。有莘氏君派人调查后，得知这片大桑林是在伊水沿岸；此弃婴之母也就住在距伊水不远处，在伊水泛滥时，弃婴之母在逃水患之时将自己刚生不久之子弃置于桑林中，而后被水淹死埋在桑林中。因不知弃婴的姓氏，就以伊水为氏。尹不是私名，而是后来的官名，挚才是伊尹的私名。"耕于有莘之野"，是有莘氏之族人将伊尹养大后应做的事。我国自古有"耕读传家"的优良传统，不耕者不得其食。就是统治者每年也得下农田作象征性的耕种，这种情形在甲骨卜辞中有所反映。国王和贵族们完全脱离耕作，是先秦以后之事。所以伊尹被有莘君以耕读的优良传统培养成才后，被商汤看中而争取去帮助灭夏。从以上分析就可以认为有莘氏的故地，并不是在前举的那些今地，而只能在伊水附近之地去探求。

伊水发源于今河南三门峡市卢氏县东南熊耳山的闷顿岭，向东北流经今嵩县、伊川、洛阳、偃师南入于洛水（今洛河）。《史记·封禅书》说："昔三代之居，皆在河洛之间。"河，指黄河中游在河南西部这一段。洛，指洛水，古洛水（雒水）纳伊、瀍、涧从今洛阳北入黄河。今河南西部正是"河洛之间",这里也是夏王朝活动的中心地区。1983年夏天,考古工作者在偃师城西的尸乡沟一带,发掘出一座古城遗址,目前仍在不时发掘。从这座古城的规模、有多个城门、道路、城中有大型宫殿遗址来看,无疑是一座王城,考古学和先秦史学界大多认为应是汤所都"西亳"的都城遗址。《史记·夏本纪》载,商汤曾被夏桀囚于"夏台"(即均台,夏之监狱名),均台故址在今河南禹州市。

商代方鼎

河洛地区在夏、商、周三代时期,尤其是夏、商时,是一个自然生态环境十分优越、农业经济发达的地区。"有侁氏女子采桑,得婴儿于空桑之中,献之其君"。说明伊水之滨盛产桑,有大片的桑林,养蚕一定很兴旺,丝织业也必然十分发达。《管子·轻重甲》中记载:"伊尹以薄(亳)之游女工文绣,篆组一纯,得粟百于桀之国。"此所说之"亳"当是西亳,即汤后来所都之地区,即河洛地区。《吕氏春秋·顺民》载有:"昔汤克夏而正天下,天大旱,五年不收,汤乃以身祷于桑林。""桑林",历史上曾有史家认为是"汤之乐名",近代学者指出此非本义,仍如高诱注"桑山林之"。我认为皆不达意,"桑林",就是桑树林。商汤灭夏后,都于西亳(今河南偃师商城遗址),就在河洛地区,盛产蚕桑之区域中,伊尹就是生长在这个伊水之滨盛产桑蚕之地。

《世本》载："鲧取有辛氏女，谓之女志，是生高密。"又："辛氏，夏启封支子于辛。"《史记·夏本纪》："太史公曰：禹为姒姓，其后分封，用国为姓，有夏后氏……辛氏……"。可知有莘氏与夏的关系不是一般的君臣关系。按《世本》中所载，有莘氏与夏后氏就应是联姻关系。《左传·庄公三十二年》载有："秋七月，有神降于莘。"杜预注："莘，虢地。"春秋时期的虢地，即西周初封文王弟仲之虢国，始封之虢在今陕西宝鸡虢镇，后东迁于上阳，被称南虢。南虢国都上阳城在今何处？河南三门峡市的考古工作者，自1987年以来对三门峡市李家窑遗址作过初步发掘，并基本认定此遗址就是《左传·庄公三十二年》中所载之莘地，也就是夏、商时期的有莘氏的故地。此地与陕县峡石镇在夏代可能同属有莘氏的疆土范围之中，也是属于"河洛之间"的地区范围之内。据此也可认为夏之前有莘氏就是一个较大的氏族，其后成为夏王朝一个经济、文化较先进的诸侯国，否则不会培养出伊尹这样一位有才干的人物。

3.*伊尹为庖人*：夏王朝末年，夏桀好淫、暴虐，压榨百姓，百姓不堪其苦。夏桀则说："天之有日，犹吾之有民，日有亡哉？日亡吾亦亡矣①。"因夏桀自比永不陨落的太阳，人民就常指着太阳咒骂："时日曷丧！予及汝皆亡②。"虽然民有怨心，夏桀仍旧暴虐，镇压有怨言的百姓。同时也引起朝中一些大臣们的耽心，大夫关龙逢因进谏而被杀，太史令终古泣谏无效而投奔商汤（伊尹可能已作过瓦解工作），就是在这种形势下伊尹决心弃夏从商。在古文献记载中，

---

① 《史记·殷本纪》，《集解》引《尚书大传》。
② 《尚书·汤誓》，《史记·殷本纪》。

伊尹是如何从有莘氏弃夏归商有不同之说，如《孟子·万章上》：

> 万章问曰："人有言，'伊尹以割烹要汤'，有诸？"孟子对曰："否，不然；伊尹耕于有莘之野，而乐尧舜之道焉。非其义也，非其道也，禄之以天下弗顾也，系马千驷弗视也。非其义也，非其道也，一介不以与人，一介不以取诸人。汤使人以币聘之，嚣嚣然曰：'我何以汤之聘币为哉？我岂若处畎亩之中，由是以乐尧舜之道哉？'汤三使往聘之……吾闻其以尧舜之道要汤，未闻以割烹也。"

又《告子下》：

> 孟子曰："五就汤，五就桀者，伊尹也。不恶汙君，不辞小官者，柳下惠也"①。

《墨子·尚贤上》载：

> 汤举伊尹于庖厨之中，授之政，其谋得。

又《尚贤中》：

> 伊挚，有莘氏女之私臣，亲为庖人。汤得之，举以为己相，与接天下之政，治天下之民。

---

① 《鬼谷子·午合》。

《尚贤下》：

> 昔伊尹为莘氏女师仆，使为庖人。汤得而举之，立为三
> 公，使接天下之政，治天下之民。

孟子否认伊尹的庖人身份（厨师），在儒家心目中伊尹是"圣之任者"，是"圣臣"①。担任国家大任的圣人、圣臣当然是出身高尚的人，决不会是个庖人身份的一般人，而应是"耕于有莘之野"胸怀大志的隐士。司马迁在《殷本纪》采取两说时，将"处士"用"或曰"置于后，这明示伊尹曾以有莘氏之女的庖人身份，陪同送女（媵）至商，这种表述较为切合史实。后一说中伊尹"言素王及九主之事"，已为史家指出"不可据"②。有的记述将伊尹说成是"酒保"之类更不可信③。所谓"庖人"是伊尹想助商灭夏而接近商汤的一种策略，以这一身份出现则较容易接近。即使伊尹是庖人也不为耻。

《韩非子·难言》谓"上古有汤，至圣也；伊尹，至智也"。商汤是圣明识才之君，伊尹有智谋之才，两者结合，采用"间夏"的战略最后灭夏。故《孙子·用间》载："殷之兴也，伊挚在夏。"无论是伊尹想助汤灭夏作为有莘氏女之媵而至商，或作为隐士而被汤多次诚聘入商，伊尹总算实现了他抱负的第一步，即有机会接近了汤。所谓"负鼎俎，从滋味说汤，致以王道"，也就是借做饮食作

---

① 《孟子·万章下》，《荀子·臣道》。
② 梁玉绳：《史记志疑》卷三。
③ 《鹖冠子》。

比喻，目的是王道，即向汤出谋献计如何"间夏"，灭夏桀。现在山西西南部和河南西部，是夏王朝活动中心区域，此地区与有莘氏相近，伊尹对夏桀统治时期的情形非常熟悉，因此向汤所献之计谋首先就是"间夏"，这是伊尹抱负的第二步。所谓"间夏"，就是到夏王朝去从事地下工作搞间谍颠覆活动，瓦解夏王朝的统治，争取反夏助商的势力。夏、商时期情报的传递是靠人员往来当面口述，因此才有"五就汤，五就桀"之说，五次是形容次数多，并不一定就是实数。司马迁也是以儒家正统理念去看待伊尹，才写出"伊尹去汤适夏，既丑有夏，复归于亳"。其实是伊尹在夏的策反工作成功，有所谓"桀无道，囚汤，后释之。诸侯来译者六国，远方来译者十六国"①。这些投奔拥戴商汤的诸侯，不一定都是伊尹策反的成果，其中也不排除有的就是伊尹"间夏"的功劳。伊尹见时机成熟后，遂请商汤出兵征伐夏桀。

按照《夏商周断代工程1996—2000年阶段成果报告》："现取整估定商始年为公元前1600年。"因此商汤在伊尹等人协助下，于公元前1600年将夏桀打败后建立了我国第二个统一王朝。商王朝建立后，商汤任命伊挚为尹，行使右相之权。故孟子说："伊尹相汤以王于天下②。"当然，在助商汤灭夏建立商王朝的过程中不止伊尹一人，但伊尹是作出巨大贡献之一位。伊尹作了右相，位列"三公"，为巩固王朝的新政权，所做的第一件大事就是"放太甲"。《殷本纪》载：汤死后，太子太丁未立而死，于是由太丁之弟外丙、外丙之弟中壬相继即位。中壬死后，伊尹立太丁之子、汤之嫡孙太

---

① 《北堂书抄》卷十引《尚书大传》，又《帝王世纪》。
② 《孟子·万章上》。

甲继位。

> 帝太甲既立三年，不明，暴虐，不遵汤法，乱德，于是伊
> 尹放之于桐宫。三年，伊尹摄行政当国，以朝诸侯。

20 世纪 70 年代有学者根据《列女传》中载"汤妃有莘氏女"，谓
"伊尹可能是有莘氏子弟。商和有莘氏当时还处于母系制度末期"。
商汤与伊尹是郎舅关系，因伊尹至商，有莘氏与商合并为一国。
"舅权的尊严还存在，故废立太甲易如反掌，而天下也不以为僭"。
于是"伊尹由一个小国子弟攀上了商汤成了右相"①。值得商榷的
是夏朝末期有莘氏和商族是否处于母系氏族制？有莘氏是否是一个
小国？我认为商族到成汤时不可能还是母系氏族制。当然，各人认
识不同，亦可进行再探讨。有莘氏是一小国则不尽然，这是历史上
所造成的一种错觉。史书中所称的氏，按照 20 世纪后半期时兴的
理论来分析，一定是个小氏族、小国。我认为凡见诸于我国古代
"经""传"者，就不是一般小国。伊尹和商汤是否是郎舅关系，亦
可再探讨。《殷本纪》又载：

> 帝太甲居桐宫三年，悔过自责，反善，于是伊尹乃迎帝太
> 甲而授之以政。帝太甲修德，诸侯咸归殷，百姓以宁。伊尹嘉
> 之，乃作《太甲训》三篇，褒帝太甲，称太宗。

---

① 张政烺：《释它示——论卜辞中没有蚕神》，《古文字研究》第一辑，北京：中华
书局，1979 年。

这是司马迁根据所见资料经过排比分析后写成，应当说可信度要大于其他的记述。与《殷本纪》中所载相反的是《竹书纪年》：

> 仲壬崩，伊放太甲于桐，乃自立也。伊尹即位，放太甲七年。太甲潜出自桐，杀伊尹，乃立其子伊陟、伊奋，命复其父之田宅而中分之。

此记述是战国时之人所为，未有流传本而被殉于魏王墓中，故司马迁未见过。可以推论司马迁即使在编撰《史记》时见过《竹书纪年》（当时不是叫此名），与更多的记述比较后，也不会作为"或曰"写入《殷本纪》。清人崔东璧早就指出：

> 盖自战国以后，风俗日颓，见利忘义，世俗之人习见而以为固然，遂妄意古圣人之亦如是，是以有舜囚尧、启杀益、太甲杀伊尹之说。

这种有明显编造痕迹的记述，历史上也被一些史家为了某种需要当作信史使用。在以"阶级斗争为纲"的时代，当时所写的通史也以此为"商代阶级斗争的过硬史料"加以广泛使用，对于商代甲骨卜辞中有关伊尹的资料则视而不见。

目前见于甲骨卜辞中的"伊"字有：伊尹、伊（伊尹之单称）、伊示（伊尹之神主）、伊司（伊尹之庙）、伊奭（伊尹之配偶）、伊宾（伊尹配祀享祭）和伊史（官名）。称伊尹的有近四十条（含残辞），现举如下：

（1）"辛亥卜，至伊尹，用一牛。辛亥卜，至伊尹，用一牛。"

《合集》21575

（2）"……御伊尹，五十……" 《屯南》3132

（3）"伊尹岁，十羊。" 《合集》27655

（4）"……丑贞：王命伊尹，取祖乙鱼，伐告于父丁、小乙、祖丁、羌甲、祖辛。"

《屯南》2342

（5）"癸酉卜，侑伊，五示。" 《合集》32722

（6）"甲申卜，侑伊，五示。" 《合集》33318

（7）"壬戌卜，侑、岁于伊，二十示又三，兹用。"

《合集》34124

（8）"辛巳贞：以伊示。弜以伊示。" 《合集》32847，32848

（9）"乙未卜，其夘伊司，惟……兹。" 《屯南》768

（10）"甲戌卜，其求雨于伊奭。" 《合集》34214

（11）"……王其用羌于大乙，卯，惟牛，王受佑。贞：其卯羌，伊宾。"

《合集》26955

（12）"癸丑卜，上甲，岁，伊宾，吉。弜宾。"

《合集》2705

以上所举除（1）条为武丁后期卜辞外，余皆廪辛至文丁时期卜辞。（6）条为侑祭以伊尹为首的五位先臣。（7）条正如陈梦家所说：是"武乙卜辞，'伊廿示又三'当指伊尹和太甲至康丁二十三王"①。可

---

① 《殷虚卜辞综述》，第363页。

见伊尹在商王们心目中的地位，他们在祭祀时是与先公、先王同等配享。如果伊尹是夺权篡位而又被商王太甲诛杀，则是乱臣贼子，后人应口诛笔伐，不可能为其立庙，与先公、先王配享，甚至连其配偶也被祭享，向她祭祀求雨。

《左传·襄公二十一年》载："鲧殛而禹兴；伊尹放太甲而相之，卒无怨色；管、蔡为戮，周公祐王。"应当说这是夏、商、周由建立、巩固、相对稳定后走向社会发展的关键。夏王朝之建立是因用鲧抗洪，治水"九年而水患不息，功用不成"（《史记·夏本纪》），被华夏部落联盟领袖舜放逐于羽山，又用禹继鲧抗洪、治水。禹吸取鲧治水的教训，抗洪以疏导为主，治水与平土同时进行，将洪水之患解除之后，舜将华夏部落联盟领袖让给禹。因禹领导的抗洪、治水成功，在各氏族、部落中有很高的威信，得到大家的拥戴，于是在部落联盟基础上建立了夏王朝。商王朝的建立与伊尹的协助分不开，伊尹在商族和人民中有很高的威信。商王朝建立之初，因商王太甲暴虐，不遵守商汤之法，被右相伊尹放逐。伊尹以右相代行王事，"摄政当国，以朝诸侯"。三年后太甲改邪归正，伊尹还政于太甲，太甲毫无怨言，伊尹仍退居相位，才使商王朝得以延续发展。周武王灭商纣以后建立起周王朝，武王死后周公辅佐成王，"三监"叛乱，若无周公诛"三监"和东征，则新王朝就有被颠覆的危险。历史上的重大事件往往因王朝中当权的关键人物处理不当，或不及时，则历史的进程就会改变方向。夏、商、周三代中，夏是由部落联盟转变成统一王朝，初期也有巩固统治的问题，但不是由辅助大臣来主宰。商、周两王朝则基本情形相同，都是由辅政大臣伊尹、周公来主宰。而伊尹自弃夏归商后，就一直为灭夏而尽力，商王朝建立后又辅佐三代五王，一生为商"鞠躬尽瘁，死而后已"。据《殷本纪》载，伊尹死于商王太甲之子沃丁即位之后。《殷本纪》《正义》引《帝王世纪》说：伊尹死后，商王"沃丁以天子礼葬之"。

附述"伊尹名阿衡"的问题。《殷本纪》《索隐》谓："然解者以阿衡为官名。按：阿，倚也；衡，平也。言依倚而取平。"关于此问题自从甲骨文中有祭祀伊尹的卜辞之后，王国维、罗振玉、郭沫若、董作宾等都有所研究。阿衡也见于《诗·商颂·长发》中："昔在中叶，有震且业，允也天子，降于卿士。实维阿衡，实左右商王。"《毛传》："阿衡，伊尹也。"此为司马迁所本之阿衡。《尚书·君奭》中有："在太甲时，则有若保衡。"陈梦家认为，伊尹、阿衡、保衡是三个人，"阿、保是官名，衡是其私名"（《殷虚卜辞综述》第335页）。目前此说似符合历史实际一些，但仍有不尽意之处，尚待深入探讨。

六　商汤与夏桀

商族的先公中，自契就是华夏部落联盟的成员，被舜任命为掌教化的"司徒"（《史记·五帝本纪》），并协助大禹抗洪、治水。夏王朝建立后封契为商侯，其子孙遂为夏的诸侯。古文献中对历代商侯在夏前期的事迹，只有少数简略记述：如夏相时"相土作乘马"①。夏少康时"使商侯冥治河"②。"冥勤其官而水死③。"冥是夏王朝的水官，称"玄冥"，在治理黄河水患时被淹死，以身殉职。记述较具体的是王亥和上甲微，《竹书纪年》载有：

> 殷王子亥宾于有易而淫焉。有易之君绵臣杀而放之。故上甲微假师于河伯，以伐有易，灭之，遂杀其君绵臣。中叶衰而上甲微复兴，故商人报焉。

"中叶衰"，是说在夏王朝时期商族势力一度衰弱，可能是在王亥前

---

① 《世本》，《荀子·解蔽》。
② 《竹书纪年》。
③ 《国语·鲁语上》。

的商侯未曾有什么作为，因此王亥才重操旧业，赶着牛群去贸易，在与有易氏交易中又过度贪财、好色、乱德，才被绵臣所杀。可见此时期商族已没有力量去与有易氏对抗，王亥之子上甲微只得借助河伯的力量为父报仇。故《国语·鲁语上》才有"上甲微能帅契者，商人报焉"之说。这几位商族先公、夏的诸侯，有的也见于甲骨卜辞中。相土，在卜辞中只称"土"。

如武乙、文丁时期卜辞有：

"乙亥卜，上甲率燎，土豕、凶豕、河豕、岳豕。"《合集》34185 辞中意为祭祀上甲连同土、凶、河、岳商的先公。(有学者将上甲定为田，乃是误读，非卜辞原意)①

在甲骨文中祭祀王亥的卜辞多达一百一十余条，如武丁时期有：

(1)"翌辛亥，侑于王亥，四十牛。"　　《合集》672 正

(2)"贞：于王亥求年。"　　《合集》10105—10108

(3)"甲辰卜，㲱贞：来辛亥，燎于王亥，三十牛，二月。"

《合集》14733

(4)"辛巳卜，贞：王亥、上甲既宗于河。"

《屯南》1116

第（4）为武乙、文丁时期卜辞，"亥"字头上从"鸟"字。从所举卜辞中可见历代商王对王亥的祭祀非常隆重。祭祀上甲微的卜辞多达五百余条（含残辞），因为自他伐灭有易氏后使商族势力有较大的发展，不断受到后世商王们的隆重祭祀（"商人报焉"）。上甲微

---

① 《殷墟甲骨刻辞摹释总集》，第 34185 片。

的六世孙就是商汤。

商汤，名履，商族主癸（甲骨文作示癸）之子。古文献载有："汤有七名而九征①。"查各种记载是：汤、成汤、武汤、商汤、天乙、天乙汤、履；殷墟甲骨文中作唐、成、大乙、天乙；金文和周原甲骨文中作成唐、大乙、天乙。其中大乙、天乙为庙号，也有尊称为武王。卜辞中祭祀先王时称"高祖乙"。所谓"七名"实只有四个称谓似名，其余只是尊称。所谓"九征"，是指对夏王朝在各地的势力的征伐和灭夏桀之战，故也有称"十一征而无敌于天下"②。夏王朝发展到夏桀时期，其势力并不是靠十来次征战就可以取胜，因后世人们已不了解当时的情形，只好以估计之数来表述，因此才有不同的记数。

商汤灭夏前的根据地在今何处？最早见于《尚书·序》，谓："自契至成汤八迁。汤始居亳，从先王居，作帝告③。"《史记·殷本纪》中亦采入此段记述。"自契至汤八迁"之前的七地在两汉魏晋时人都不知在何处，故皇甫谧只得说："史失其传，故不得详，是八迁地名不可知也，亳地在河洛间④。"自清朝以来史家们对"八迁"之今地作过考辨，但未完全达到共识，已在前面简介过不再重复。"从先王居"，历史上注疏家都认定先王是帝喾之故地，前面也论及帝喾非契父。"汤始居亳"之亳的故地在商史研究中是重要的一个焦点。皇甫谧虽然认为"八迁地名不可知也"，但还是提出一

---

① 《竹书纪年》，《太平御览》卷八十三引。
② 《孟子·滕文公下》。
③ 《尚书·胤征》附亡书《序》。
④ 《诗·商颂·玄鸟》孔颖达疏引。

个"三亳"地名的看法。唐朝时孔颖达引皇甫谧之说：

> 然则殷有三亳，二在梁国，一在河洛之间。谷熟为南亳，即汤都也；蒙为北亳，即景亳，是汤所受命也；偃师为西亳，即盘庚所徙者也，《立政》之篇曰"三亳阪尹"是也。

所谓"二在梁国"，西汉时的梁国是以定陶（今山东定陶县西北）为都城，其范围有睢阳（今河南商丘南）以北至谷城（今山东平阴东南），其后梁之辖境屡有变动。皇甫谧所说之梁国，应是指今之河南商丘和山东曹县一带地区。《孟子·滕文公下》有"汤居亳，与葛为邻"。葛，嬴姓，夏诸侯，其地在今河南宁陵县北。《汉书·地理志》山阳郡薄县下颜师古注："臣瓒曰：汤所都。"此"汤所都"，应为"汤所居"，汉之薄县即今山东曹县南。故长期以来，商汤立国前所居之地在先秦史学界中分歧较多，但目前大多认为应在梁国之商丘或是薄县来确定。我认为自汉至唐的注疏家们对夏、商、周（西周）的地名，大多根据春秋时的地名，加以汉的地名为证。这无疑是比较可靠，但夏王朝末期距春秋近千年，当时仍是"小邦林立"，各氏族、方国所据之地区不可能和汉代郡、县区划那样具体。根据现在河南、山东的行政区划，今河南商丘市距宁陵是29公里，距商丘市是37公里；山东曹县距商丘市52公里。故在以商丘为中心周围5至60平方公里之地区，就应当是汤所居之亳地，也就是商汤伐夏桀的根据地。在研究商史中还有其他诸说，都各有所据，亦言之成理，有待于今后新证据的印证。

夏王朝最后一个王名履，又名桀，其庙号为履癸。古文献中称为暴君，因他是一个既好色又最无德的暴虐夏王。夏桀之罪行见于先秦及其后的古文献中，如《晏子春秋·内篇谏下》谓：

> 及夏之衰也，其王桀背弃德行，为璿室、玉门。

《汲冢古文》亦有：

> 夏桀作倾宫、瑶台，殚百姓之财①。

古本《竹书纪年》亦载：

> 后桀命扁伐岷山，岷山进女于桀二人，曰琬，曰琰。桀爱二人，女无子焉，刻其名于苕华之玉，苕是琬，华是琰，而弃其元妃于洛，曰末喜氏。末喜氏与伊尹交，遂从间夏②。

《国语·晋语一》亦载：

> 昔夏桀伐有施，有施人以妹喜女焉，妹喜有宠，于是乎与伊尹比而亡夏。

《韩非子·难四》也说：

---

① 《文选·东京赋》注。
② 《太平御览》卷一三五引。

是以桀索岷山之女，纣求比干之心，而天下离。

《左传·昭公十一年》载："桀克有缗以丧其国。"为了满足自己的荒淫生活，滥伐无辜而引起诸侯和人民的不满，说明夏王朝发展到夏桀时已失去人心。前已引夏民对夏桀不满，而桀自比永不落的太阳，人民则天天指着太阳咒骂"时日曷丧！予及汝皆亡"。

《史记·夏本纪》载：

> 自孔甲以来而诸侯多畔夏，桀不务德而武伤百姓，百姓弗堪。乃召汤而囚之夏台，已而释之。汤修德，诸侯皆归汤，汤遂率兵以伐夏桀。

司马迁是采用概括的笔法来记载商汤伐夏的起因，而根据其他古文献记载来看，商族自先公上甲起就日渐发展为一个有较强大势力的夏诸侯，为灭夏桀作了长期的准备。其计划分为两方面：其一，商汤修德、爱民，从舆论上争取夏王朝的诸侯和夏民的拥戴。如《史记·殷本纪》中载有：

> 汤征诸侯。葛伯不祀，汤始伐之。汤曰："予有言：人视水见形，视民知治不。"伊尹曰："明哉！言能听，道乃进。君国子民，为善者皆在王官。勉哉，勉哉！"

此段话为《汤征》中所说，研究者认为《汤征》篇未见于《尚书》中，司马迁时可能见过才写入《殷本纪》中。

又《吕氏春秋·异用》中载有：

> 汤见祝网者，置四面，其祝曰："从天坠者，从地出者，从四方来者，皆罹吾网。"汤曰："嘻！尽之矣。非桀其孰为此也？"汤收其三面，置其一面，更教祝曰："昔蛛蝥作网罟，今之人学纾。欲左者左，欲右者右，欲高者高，欲下者下，吾取其犯命者。"汉南之国闻之曰："汤之德及禽兽矣。"四十国归之①。

成语"网开一面"即本于此。商汤的修德、爱民与夏桀的不务德、暴虐人民形成鲜明的对比，同时，伊尹、仲虺等人也大力制造商汤仁德、爱民的舆论。商汤及其领导集团就是以此来争取夏王朝诸侯和人民的支持。故《史记·夏本纪》有"汤修德，诸侯皆归汤"之说。

其二，商汤是夏王朝专征伐的诸侯②，借此特权以武力翦除夏桀势力。所谓汤征诸侯有"九征"③、"十一征"④、"二十七征⑤"等说。这都是后人的记述，不是实数，只说明商汤对夏的诸侯进行十多次或几十次的征伐。在这些诸侯中见于记载的有：韦、顾、昆吾（《商颂·长发》），昆吾、苏、顾、温、董（《国语·郑语》），有洛（《逸周书·史记》）、葛（《孟子·滕文公下》）、荆（《越绝书》

---

① 《史记·殷本纪》中据此简缩写入。
② 《史记·殷本纪》："汤征诸侯。"《集解》孔安国曰："为夏方伯，得专征伐。"
③ 古本《竹书纪年》。
④ 《孟子·滕文公下》。
⑤ 《帝王世纪》，《太平御览》卷八三引。

三）。除去重复者共九个，或许还有一些势力小又不出名诸侯就不见于"经""传"。在商汤征伐诸侯过程中（或许灭了许多），有所谓"诸侯由是叛桀附汤，同日贡职者五百国"[1]。此数不是实数，说明商汤用武力瓦解了夏的很多势力。其中韦、顾、昆吾三个势力较大又是忠于夏桀的诸侯，是商汤征伐的关键，伐灭之后也就将夏桀孤立。

商汤在翦除夏桀的势力时也不是贸然行事，在争取民心方面做了大量的工作，在修德及以宽治民上狠下功夫。《淮南子·修务》中，有一段颂扬的话：

> 汤夙兴夜寐，以致聪明；轻赋薄敛，以宽民氓；布德施惠，以振困穷；吊死问疾，以养孤孀。百姓亲附，政令流行。

这段颂词虽然是汉代人的笔法，但不算为过，历史上的帝王在取得政权之前总是要在本氏族或所统治的区域实行一些得民心的政策，否则就难以争取民心，瓦解敌对势力。

《尚书·序》《孟子》中《梁惠王下》和《滕文公下》两篇中皆谓商汤征伐诸侯自葛伯开始。这是商汤和助商的谋士们经过精心的谋划，选择了与亳地相邻的葛国作第一个征伐的对象。为何要作这样的选择？这是商汤和谋士们考虑了商族实际情形作出的决策。据先秦文献记载，商汤所居之亳并不算大，如《管子·轻重甲》："夫汤以七十里之薄（亳），兼桀之天下。"《孟子》中《公孙丑上》

---

① 《帝王世纪》，《太平御览》卷八三引。

《梁惠王下》中亦说是七十里。而《墨子·非命上》载"古者汤封于亳，绝长继短，地方百里"。《战国策·楚策四》，《荀子》的《正论》《议兵》《王霸》等篇中，皆说是百里。在这些记述中的"七十里"或"百里"，都是根据周王朝封诸侯的制度而言，也是个估计数，其势力所及之地要大于百里。虽然商族自先公上甲微时势力有所增强，因世代被夏王朝封为诸侯，还有专征伐的特权，但夏毕竟是个统一王朝，不仅有强大的军事实力，还有分布于各地臣服于夏的大小氏族、部落，这些都是被夏封的诸侯。商汤要征伐夏的诸侯时，也不是毫无顾虑，所以才选择葛国作第一个征伐对象：一是葛与亳相邻，便于出兵。二是葛是个小国，势力较弱，易于伐灭。三是在地理位置上，占领葛国领地后可易于向西推进。四是以此来作试探，观察夏桀的反应。

《尚书·序》谓"汤征诸侯，葛伯不祀，汤始伐之"。《孟子·滕文公下》载汤始伐葛一事较详，其文是：

> 汤居亳，与葛为邻，葛伯放而不祀。汤使人问之曰："何为不祀？"曰："无以供牺牲也。"汤使遗之牛羊。葛伯食之，又不以祀。汤又使人问之曰："何为不祀？"曰："无以供粢盛也。"汤使亳众往为之耕，老弱馈食。葛伯率其民，要其有酒食黍稻者夺之，不授者杀之。有童子以黍肉饷，杀而夺之。《书》曰："葛伯仇饷。"此之谓也。为其杀是童子而征之，四海之内皆曰："非富天下也，为匹夫匹妇复仇也。"汤始征，自葛载，十一征而无敌于天下。东面而征，西夷怨；南面而征，北狄怨，曰："奚为后我？"民之望之，若大旱之望雨也。

孟子不仅记述其商汤征葛之原因,还发表一番颂扬的评论,说汤不是为了图天下财富,而是为百姓报仇,东西南北的人民都盼商汤早日去解放他们,如同是大旱盼下雨一样。其实这是历史发展的必然性,翦除夏桀的势力,争取夏诸侯的支持,以武力扩大商的势力范围和争取更多的诸侯支持,征伐诸侯是必然之事。首先伐谁都不奇怪,正好为葛伯这个倒霉的诸侯赶上。指责葛伯不祭祀只是一个借口,即使葛伯天天祭祀,也会找出其他事件作征伐理由。总之,葛伯是在劫难逃,不可避免。

综观各种文献记载中有关商族历史和夏王朝末期的情形来说,商汤灭夏桀是任何势力都无法阻止的局势。商汤伐灭葛国以后,见夏桀未作出任何反应和谴责,于是在伊尹、仲虺等人的谋划下,继续出兵征伐一贯与商汤为难的韦、顾和昆吾三个夏王朝的诸侯。韦,据《左传·襄公二十四年》载:

> 昔匄之祖,自虞以上为陶唐氏,在夏为御龙氏,在商为豕韦氏……

杜预注:

> 豕韦,国名。东郡白马县东南有韦城。

其故地在今河南滑县东,长垣县与滑县相邻,故亦有学者认为在长垣北。顾,见于甲骨卜辞,如祖庚、祖甲时期,有:

"癸卯人,行贞:王步自顾,于勐无灾,在八月。"

"辛丑卜，行贞：王步自□，于顾，无灾。"

《合集》24347

帝乙、帝辛时期有：

"癸亥卜，黄贞：旬无祸，在九月，征人方，在顾。"

《合集》36485，36487

郭沫若考证其故地在"今山东范县东南五十里顾城是也"[①]。范县今属河南濮阳市所辖。昆吾是个较古老的氏族，在夏为方伯，是忠实于夏桀的一个重要诸侯。据《国语·郑语》所载："昆吾为夏伯[②]。"《史记·楚世家》载：昆吾为帝喾火正（祝融）吴回之裔，吴回生陆终，陆终生六子，人坼剖而产焉。其长一曰昆吾……昆吾氏，夏之时尝为侯伯，桀之时汤灭之。《世本》和《大戴礼记·帝系》皆说昆吾为卫地，今河南濮阳县当是其故地。

以上是被商汤伐灭三个夏的诸侯国的故地，除韦之外，顾和昆吾在夏史研究中尚有不同的说法，因无文字证明，都是推测。夏、商、西周三代的许多历史事件因记载简略，致使后人难以辨其时间先后顺序，商汤伐昆吾和桀囚汤孰先孰后，就难以确定。按《商颂》中的"昆吾夏桀"来看，灭昆吾后就伐夏桀，则桀将商汤召到夏都而囚于夏台（即钧台，夏的监狱，在今河南禹州市）。商汤当在征伐韦、顾两诸侯之后被桀所囚，经伊尹、仲虺等营救获释后才征伐昆吾。伐灭昆吾后遂出兵伐夏桀，夏桀因失去民心，得不到诸侯的援助，很快被商军占领夏都。据《史记·夏本纪》载：

---

① 《卜辞通纂》考释第570片。
② 参见韦昭注。

汤修德，诸侯皆归汤。汤遂率兵以伐夏桀，桀走鸣条，遂放而死。

《集解》：

> 孔安国曰："地在安邑之西。"郑玄曰："南夷地名。"

《尚书·汤誓》《书序》载：

> 伊尹相汤伐桀，升自陑，遂与桀战于鸣条之野，作《汤誓》。

孔颖达疏引：

> 郑玄曰："鸣条，南夷地名。"

古文献中关于鸣条的故地还有不同之说，研究者亦各取所需。

鸣条在甲骨文中作为地名，王襄释作"攸，为條省"[1]。武丁及后期卜辞有："于攸"，"在攸"。《合集》7899，2059

祖庚、祖甲时期卜辞有：

"癸酉卜，在攸，泳贞：王旬无祸，王来征人方。"

《合集》36492

帝辛、帝乙时期卜辞有：

---

[1] 《簠室殷契征文·地望》考释第 4 页。

"己巳卜，尹贞：今夕无祸，在十一月，在师攸。辛未卜，尹贞：今夕无祸，在师攸。"《合集》24260（即《卜辞通纂》574片）此攸之今地也有多种说法，这里引郭沫若和陈梦家的两说。郭沫若认为：

> 攸字，王襄谓脩省。案：其说近是。《天问》："何脩放致罚"，鸣条正省称为"脩"。《夏本纪》："桀走鸣条，遂放而死。"《集解》引孔安国曰"地在安邑之西"；郑玄曰"南夷地名"，二说不同。考《鲁语》言："桀奔南巢。"南巢故城今安徽桐城县南六十五里（据《寰宇记》），与鸣条纵非一地，亦必相近，则郑说是也①。

陈梦家亦释作脩，认为：

> 攸是攸侯之地，《左传》定四：分鲁公以殷民七族，其中脩、徐、萧、索当在今徐州、萧县、宿县一带，脩亦应近此三处……征人方归途中，二月癸酉在攸侯鄙永，四日后戊寅已在宿县东北十里之甾丘，则攸当在今永城之南部、宿县之西北。攸地之永，即今永城②。

两说一南一北相距约380多公里（目前公路距离），按现在的行政区划似是不近，但在夏、商时也就是一个大部落或氏族的活动区

① 《卜辞通纂》考释574片。
② 《殷虚卜辞综述》，第306页。

域。按陈梦家所说，攸地在今河南永城市与安徽宿州市之间，此应是卜辞中商王朝"攸侯"的封地。而夏桀逃奔的鸣条，应以郭沫若所说之今地为是。

商汤在伐夏桀时还发表过一篇"讨伐檄文"，即《汤誓》。其中夏桀的罪行主要是：不修德，暴虐，侵夺人民农产品；聚敛诸侯财物供其享乐挥霍；自比是永不落的太阳，引起人民都指着太阳咒骂。夏桀所为不是无人发现，无人劝阻，太史终古、大夫关龙逄都曾据祖制苦谏，结果无效，终古弃夏奔商，关龙逄被杀。

夏王朝很快被灭亡的原因，除内因外，伊尹的地下间谍工作起很大作用。《孙子·用间》有：

> 昔殷之兴也，伊挚在夏；周之兴也，吕牙在殷。故惟明君贤将，能以上智为间者，必成大功。此兵之要，三军之所恃而动也。

《国语·晋语一》亦谓：

> 史苏曰："昔夏桀伐有施，有施人以妹喜女焉，妹喜有宠，于是乎与伊尹比而亡夏。"

韦昭注：

> 伊尹，汤相伊挚也，自夏适殷也。比，比功也。伊尹欲亡夏，妹喜为之作祸，其功同也。

　　商汤灭夏桀后，建立起我国第二个王朝——商朝。汤建立的第一个王都在今何处？前引各种古文献中有不同之说，研究者也各考一地。自20世纪20年代末对安阳殷墟发掘以来，史学家和考古学家都很重视对商代早期历史文化的探索。1983年春天，中国社会科学院考古研究所洛阳考古工作站考古队在河南偃师县城西的尸乡沟，发现一处商代的城址。这座被定名为"偃师商城"的遗址，自发掘以后即著名于世，经过多年的陆续发掘和研究，被初步认定是商代早期的都城遗址。现存北、西、东三面城墙（南面被洛河浸毁）各长为1 240米、1 710米、1 640米和七座城门，城中有较多道路还发现了宫殿建筑遗址和出土遗物。从这一切来判断，先秦史和考古学家大多认为当是"汤都西亳"的所在，也就是汤所建之都城。

七 放太甲的争论

夏禹因抗洪、治水、平土成功深得各部落、氏族的拥戴而建立夏王朝。相传夏禹时铸有"九鼎",所谓:

> 昔夏之方有德也,远方图物,贡金九牧,铸鼎象物,百物而为之备,使民知神、奸……桀有昏德,鼎迁于商,载祀六百①。

正是因为缺德、暴虐,象征夏王权的"九鼎"才随商汤灭夏桀而迁于商。商汤得伊尹、仲虺等人的协助,建立商王朝后,首要的大事是如何巩固新政权,但灭夏后建立起的商王朝,未见有夏后氏的残余势力对商反抗的记载。虽然无敌对势力对新政权构成威胁,但上帝未给这位以仁德著称的新王朝统治者一个风调雨顺的大气候,相反给予连续数年之大旱。《吕氏春秋·顺民》中对此有较详记述:

---

① 《左传·宣公三年》。

昔者汤克夏而正天下，天大旱，五年不收。汤乃以身祷于桑林曰："余一人有罪，无及万夫，万夫有罪，在余一人。无以一人之不敏，使上帝鬼神伤民之命。"于是剪其发，磨其手，以身为牺牲，用祈福于上帝，民乃甚说，雨乃大至。则汤达乎鬼神之化、人事之传也。

这篇记述中的一些词都见于殷墟甲骨文，如"余一人""上帝""降旱""大雨"等，证明《吕氏春秋》一书的编纂者们在战国末期还能见到商王朝遗留的文字资料。商汤即位初年的大旱又见于《墨子·七患》（其中所引《殷书》）、《淮南子·修务训》《论衡·感虚》等多种记载，说明确有大旱之事。商汤祷于桑林以祈雨一事，从甲骨中有"求雨""奏雨""舞雨"等祈雨的卜辞来看，应确有其事。久旱不雨会使农事生产受到很大的毁坏，人民的生活困苦，社会不安定，影响到新王朝的统治。其后的历代王朝中有所作为的帝王对于旱灾都很重视，也是采取祈求上天降雨的方式。

汤是商王朝的建立者，死后受到子孙们的隆重祭祀。甲骨文中目前所知祭祀"大乙"的卜辞有四百余条，祭祀"唐"的卜辞有近二百条，祭祀"成"的卜辞有近八十条（以上统计皆含残辞），用牲数一次祭祀多至数十或上百。如武丁及后期卜辞有：

"贞：御自唐、大甲、大丁、祖乙百羌、百牢，二告。"

《合集》300

"贞：翌乙亥，侑升岁于唐，三十羌、卯三十牛，六月。"

《合集》313

"庚午卜，侑奚大乙三十。" 《合集》19773

祖庚、祖甲时期有：

"……卜，出贞：侑于唐，三十羌、卯三十牛。"《合集》22546

"……侑于唐，三十羌、卯三十牛。" 《合集》22547

伊尹建商以后任右相，在巩固商王朝中又作出新的贡献。商汤死后因长子太丁早已死，伊尹遂立太丁之弟外丙继位。据《史记·殷本纪》载：

> 帝外丙即位三年，崩，立外丙之弟中壬，是为帝中壬。帝中壬即位四年，崩，伊尹乃立太丁之子太甲。太甲，成汤適长孙也，是为帝太甲。

太丁虽然早逝而未继位，但商王在甲骨文中仍列为直系先王祭祀，目前所见祭祀大丁（即太丁）的卜辞有一千五百余条（含残辞），如武丁时期有：

(1)"翌乙酉，侑，伐自成，若，二告。翌乙酉，侑，伐于五示，上甲、成、大丁、大甲、祖乙。" 《合集》248 正

(2)"贞：乏来羌，用自成、大丁、大甲、大庚、下乙。"

《合集》231

(3)"贞：御自唐、大丁、大甲、祖乙，百羌、百牢，二告。"

《合集》300

(4)"侑于成、大丁、大甲、大庚、大戊、仲丁、祖乙……"

《合集》1403

武乙、文丁时期卜辞有：

(5)"（乙）未卜，求自上甲、大乙、大丁、大甲、大庚、大戊、

中丁、祖乙、祖辛、祖丁十示，率牡。"　　　　　　《合集》32385

　　上引卜辞中的"御""侑""伐"都是祭名。用牲中的"羌"，是羌人。"牢"字从羊。外丙于卜辞中作"卜丙"，目前所见祭祀卜丙的卜辞不足五十条。仲壬目前尚不见卜辞中，有一条残辞中有"南壬"之称，有研究者疑是"仲壬"。

　　《左传·襄公二十一年》谓：

　　　　鲧殛而禹兴；伊尹放太甲而相之，卒无怨色；管、蔡为
　　戮，周公佑王。

这是夏、商、周三王朝由建立、巩固、走向发展轨道的三个关键性的历史人物。夏王朝的建立，是因鲧治水失败，被舜放逐于羽山，用大禹代鲧治水成功，舜让禹作华夏部落领袖，禹遂以此为基础而建立夏王朝。西周王朝建立后，武王死后如果无周公旦辅佐成王，诛"三监"和东征，则管叔、蔡叔就会伙同殷武庚叛周复辟，西周新政权就会有丧失的危险。商王朝的情形与夏和西周又有所不同，因为伊尹不仅是在商汤作夏伯时就助汤灭夏，商王朝建立后又辅佐汤、外丙、仲壬、太甲三代四王。尤其是以开国功臣和辅政大臣的身份对太甲"不遵汤法"的惩戒性教育，终使太甲悔过自责，伊尹又迎其复位，忠于辅政。故被后世赞为"圣之任者"①、"圣臣"②。

　　《尚书·太甲序》载：

----

　　①　《孟子·万章下》。
　　②　《荀子·臣道》。

太甲既立，不明，伊尹放诸桐。三年复归于亳，思庸，伊尹作《太甲》三篇①。

《孟子·万章上》亦载：

伊尹相汤以王于天下，汤崩，太丁未立，外丙二年，仲壬四年。太甲颠覆汤之典型，伊尹放之于桐。三年，太甲悔过，自怨自艾，于桐处仁迁义三年，以听伊尹之训己也，复归于亳。

司马迁根据以上记载编入《史记·殷本纪》中谓：

帝太甲既立三年，不明，不遵汤法，乱德，于是伊尹放之于桐宫。三年，伊尹摄政当国，以朝诸侯。帝太甲居桐宫三年，悔过自责，反善，于是伊尹乃迎帝太甲而授之政。帝太甲修德，诸侯咸归殷，百姓以宁。伊尹嘉之，乃作《太甲训》三篇，褒帝太甲，称太宗。

《正义》：

《晋太康地记》云："尸乡南有亳阪，东有城，太甲所放处也。"按：尸乡在洛州偃师县西南五里也。

---

① 引自伪《古文尚书》。

桐宫，商王朝的监狱名，在今河南市偃师县。以此也可互证 20 世纪 80 年代初在偃师所发现的商城为汤都西亳。

在西晋武帝太康二年（281 年）《竹书纪年》发现之前，对于伊尹放太甲，太甲悔过自责，反善，伊尹迎立还政一事，未见有相反的记载。自《竹书纪年》发现之后，因是出自河南汲郡战国时的魏王墓中，内容又是记载夏、商、西周、春秋和战国前期的历史事件。其中关于商王朝初期伊尹放太甲一事的记载与上述三书记载相反。其文是：

> 仲壬崩，伊尹放太甲于桐而自立也。伊尹即位于太甲七年，太甲潜出自桐，杀伊尹，乃立其子伊陟、伊奋，命复其父之田宅而中分之①。

这一记载在西汉武帝前如果就存在于其他文献中，不可能不被司马迁发现。而按照司马迁在《殷本纪》中关于伊尹身世的记述，采取所见资料两说并存的态度，如果见到伊尹篡位而被太甲所杀的资料，应当也是两说并存。既然未见于《殷本纪》及其后"三家"注中，说明：一是司马迁确实未见有关记载；二是确实见到过有关记载，但有悖于儒家观念而弃之不用，注疏家们亦然。

《竹书纪年》一书，研究者认为是战国时期魏国私人（有说是史家）所修的一部纪年史书，其中保存不少很有史料价值的资料。虽然自唐朝起就逐渐散失，到北宋时就完全不见原书，但从南北朝

---

① 《路史·发挥》卷五注引《竹（书）纪年》："伊尹即位，太甲三年，太甲潜出自桐，杀伊尹……"

时学者们引用的资料中还能窥其主要内容。近现代的史学大师们，如朱右曾、王国维、郭沫若、徐中舒、朱希祖等对此书史料价值评价颇高。但此书曾在历史进程中被一些学者怀疑是晋人之"伪作"，尤其是今本《竹书纪年》认为是明朝人所作的伪书。原因是其中一些较大的历史事件与先秦、两汉史书所载截然相反，如《夏纪》中谓"益干启位，启杀之;"《殷纪》中谓"太甲潜出桐，杀伊尹""文丁杀周季历"等。因类似的记载未有其他佐证，故自清代以来多受批判。其受到批判诸事件中，对于其他的暂不论，就伊尹放太甲一事来看，《竹书纪年》的编者们（或许是魏国史官们）不知有何根据作如此的记述？本书第五章中已引清人崔东壁对此的批判，从目前来看还是颇有道理。这里需再重复摘引此文。他谓：

> 《竹书纪年》云……盖自战国以后，风俗日颓，见利忘义，世俗之人习见而以为固然，遂妄意古圣人之亦如是，是以有舜囚尧、启杀益、太甲杀伊尹之说。

先秦史中"以臣弑君"，在儒家的道德观念中是"大逆不道"，将会受到口诛笔伐。作为儒家学说的继承者的孟子，如果曾见到或听说过伊尹为了自己篡王位而将太甲囚禁于桐宫，三年后被越狱之太甲所杀的史料，则不会在答万章询问时对伊尹大加赞扬。也许如前述，此事在战国时才有流传，但有悖于儒家的道德观念，孟子以视而不见、听而不闻的态度来对待。因为在《孟子·尽心上》载有：

> 公孙丑曰："伊尹曰：'予不狎于不顺。'放太甲于桐，民

大悦。太甲贤，又反之，民大悦。贤者之为人臣也，其君不
贤，则固可放与？"孟子曰："有伊尹之志，则可；无伊尹之
志，则篡也。"

孟子是按儒家的观点作解释，如果孟子那时能有所闻，则会有更多
的解释，或者是另一种说法。也许这些说法是在孟子死后才有流
传。如果这些资料早在战国前或更早时期就有流传，则会在先秦其
他的记述中有所反映。

甲骨文中有不少祭祀伊尹的卜辞，在本书第五章中我已提到有
近四十条（含残辞），另有祭祀伊（伊尹之单称）、伊示（伊尹之神
主）、伊司（伊尹之庙）、伊奭（伊尹之配偶）、伊宾（伊尹配祀享
祭），又有伊史（为官名，与伊尹无关）。除已在第五章所引的十二
条有关伊尹的卜辞外，又有：

（1）"弜求于伊尹，无雨。"　　　　　　　　　《合集》32797

（2）"……求于伊尹，有大雨。"　　　　　　《合集》27657

（3）"丙寅贞：燎三小牢（牢字从羊），卯牛。丙寅贞：侑，刿
岁于伊尹，二牢。戊辰卜，及今夕雨。弗及今夕雨。"

《合集》33273

（4）"其（侑）于伊尹，一牛。二牛，兹用。三牛。"

《合集》27659

（5）"癸巳卜，侑于伊尹，牛五。癸巳卜，侑于兕，兹用。癸巳
卜，侑于王亥。癸巳卜，侑于河。癸巳卜，侑于河，不用。"

《合集》34240

（6）"乃酒于婴。丙寅贞：侑于兕，燎小牢（牢字从羊），卯牛

一，兹用，不雨。丙寅贞：燎三小牢（牢字从羊），卯牛三。丙寅贞：侑，升岁于伊尹，二牢。"

《屯南》1062

（7）"癸亥贞：其侑，报于伊尹，惟今丁卯酒，三牛，兹用。亏伊尹暨酒十牢（牢字从羊）。"

《屯南》1122

（8）"丁丑卜，侑于伊尹……辛卯卜，侑于伊尹，一羌，一牢。"

《屯南》3612

上引八条皆为廪辛至文丁时期卜辞，从两节中这二十条卜辞来看，伊尹不仅是商王祭祀先臣之首，还被列入与先公、先王配祀的行列，值得注意的是伊尹还与为商先公远祖的夒、兜、河等配祀。在商的先公远祖中的夒、河、岳、兜等都已经被视为能呼风唤雨的自然神。(1) 至（3）为祭祀伊尹祈雨之辞，可知伊尹在商王的心目中不仅是有功的先臣之首，而且还是能主宰风雨的神。

《吕氏春秋·慎大》谓：

> 汤立为天子，夏民大悦，如得慈亲，朝不易位，农不去畴，商不变肆，亲郼如夏。此之谓至公，此之谓至安，此之谓至信。尽行伊尹之盟，不避旱殃，祖伊尹世世享商。

高诱注：

> 郼读如衣，今兖州人谓殷氏皆曰衣。言桀民亲殷如夏氏也。祖用伊尹之贤，世世享商，享之尽商世也。

**向先公远祖河、
王亥求年的卜辞**

后世注释者皆谓：伊尹是功臣，配祀于太庙，尽商之世不绝祀。此论从上引的武丁至武乙以及文丁时期祭祀伊尹的卜辞中得以证明。

通过以上所举有关伊尹的文献记载和祭祀卜辞，充分证明伊尹在商王祀谱中居于至高的位置。如果按《竹书纪年》中所说是一个篡权夺位的野心家，就不会在神圣的庙堂中对他及其配偶如此隆重地祭祀。历史上的任何重大的事件都可以被后世人们加工来为当时统治者所用，尤其是夏、商、西周三代的许多重大历史事件，都是后世人根据口耳相授的方式流传加以记录。目前商代的甲骨文，两周的铜器铭文、刻石文字和简牍算是当时遗留的文字资料，但也是按当时统治者需要来记录。凡是不利于当时王的要求则弃而不用，或是加工改造，这是一种不可避免的历史规律。本书第五章中已述及《竹书纪年》中关于伊尹放太甲、太甲杀伊尹的记载，20世纪五六十年代在以"阶级斗争为纲""古为今用""古代史也能为政治服务"等原则指导下，这一条记载则成为阶级斗争的重要史料贯彻在一些先秦史论文和通史中。如果作为一种学术观点使用则无可非议，可是在当年的大气候中并不是当作不同的学术问题资料来使用，而是要按政治要求来表述，如同"分期"问题一样，只能按照某一种观点来表述，不能有不同的说法，否则就要扣上"封资修"的帽子。这种思想一直影响至 80 年代初期的一些论著中。当然，目前《竹书纪年》中这一条史料并不是不能用，既然战国时人将其写入纪年史书中，总有所根据，根据各自的学术观点来使用也是正常的。至于这条史料的可靠性，目前很难得出结论，有待于将来有新的发现来证实。

商王太甲被伊尹囚于桐宫，三年后太甲改过向善，伊尹迎立复位，还政于太甲，自己仍就臣位。经过这一次商王朝内的变故，"太甲修德，诸侯咸归殷，百姓以宁"。总算是将商的统治巩固，不至于在短短的二十年就丧失。据今本《竹书纪年》载："太甲，名至。"甲骨文中祭祀大甲（即太甲）的卜辞约三百八十余条（含残辞），与唐、大丁、祖乙合祭时，用牲多至"百羌、百牢"（见上引《合集》300），甚至多达"三百鬯、三百羌、卯三百牛"（《合集》301）。"鬯"，为祭祀时用的香酒；"卯"，是用牲方法，牛、羊、豕对剖叫卯；"羌"，是羌人，用作人牲。又武丁时期卜辞有：

(1)"乙巳卜，贞：鈍于大甲，亦于丁，羌三十、卯十牢（牢字从羊），用。"《合集》295

(2)"⋯⋯大甲三十牢（牢字从羊）。"　　　　　《合集》1454

(3)"⋯⋯求于大甲，三十牛。"　　　　　　　《合集》39564

(4)"⋯⋯王燎毅，于大甲⋯百又五十。"　　　《合集》1442

(5)"登大甲，牛三百。"　　　　　　　　　　《怀特》904

(6)"⋯⋯卜，㱿贞：子剜侑大甲，白牛，用。"《合集》1423

(7)"⋯⋯大甲，白牝。"　　　　　　　　　　《合集》7399

从上所举七条卜辞中得知单祭大甲时用牲数由一牛、一牢至数十牛、数十牢，甚至多达三百头。第（6）、（7）条的牺牲中有"白牛""白牝"，说明祀典非常隆重。《礼记·檀弓上》谓：

> 殷人尚白，大事敛用日中。戎事乘翰，牲用白。

郑玄注：

> 日中时亦白，翰白色马也。

可知这是一个有作为的先王才能享祀之大典。

自太甲时商王朝进入巩固和发展时期，也可认为商王朝近六百年的历史是在太甲时奠定的基础。

据《殷本纪》载：

> 太宗（即太甲）崩，子沃丁立。帝沃丁之时，伊尹卒。既葬伊尹于亳，咎单遂训伊尹事，作《沃丁》。

《尚书·咸有一德》孔颖达疏引《帝王世纪》谓：

> 沃丁八年，伊尹卒，年百有余岁，大雾三日。沃丁葬以天子之礼，祀以太牢，亲自临丧三年，以报大德。

沃丁“以天子之礼”葬伊尹之事，应当有所根据。从甲骨卜辞中对伊尹祀典之隆重，配祀商之先公远祖和先公、先王，甚至连伊尹之配偶也入祀典等等来看，死后举行隆重的、相当于王的葬礼亦是必然之举。如果伊尹是被太甲所杀，就不会有此传说留于后世，相反是为后人口诛笔伐。陈梦家根据祭祀伊尹的卜辞分析后认为：“则伊尹卒于太甲之时，当属有据[1]。”总之，有关伊尹放太甲之争在

---

[1] 《殷虚卜辞综述》，第363页。

没有新资料出土之前，只能凭目前已知的资料来研讨。但是，对甲骨文中近四十条祭记伊尹的卜辞，要有一个较符合历史实际的解释。因殷墟出土刻在龟甲兽骨上的文字，不是后世人根据流于世的传说写成的，而是商王朝祭祀时留下的记录文字。对于《竹书纪年》和殷墟甲骨卜辞，两者皆是出土的文字，一是战国后半期的资料，一是商王朝后半期的资料，两者相较，我还是相信甲骨卜辞的可靠性。

商王沃丁，据《竹书纪年》载：沃丁名绚（以下诸商王名皆据《竹书纪年》）。沃丁死后由其弟太庚（名辨，甲骨文作大庚）继位。因太庚是直系先王，祭祀大庚的卜辞目前所见有近百条，祀典亦很隆重，单祭时用牲多至"七十牢（牢字从羊）、三十伐"（《合集》895 乙丙）。太庚死后由其子小甲（名高，甲骨文亦作小甲）继位。祭祀小甲的卜辞目前所见有六十余条，大多见于祖庚、祖甲和帝乙、帝辛时期。小甲死后由其弟雍己（名伷，甲骨文亦作雍己）继位。祭礼雍己的卜辞目前所见有二十余条，大多见于帝乙、帝辛卜辞中。商王朝经过约五十年的历史进程，到雍己时进入一个衰弱时期①。

附带一说，沃丁的庙号从目前所见殷墟出土的甲骨文中，不见于祭祀的卜辞中。郭沫若曾于其所编著的《卜辞通纂》考释第309片中谓：

　　苟丁此片仅见，从沃丁作苟甲例之，此乃沃丁也。

---

① 《史记·殷本纪》。

在 1983 年 6 月再版的《卜辞通纂》中，于此片的眉批中谓：

> 苟丁一名，谛审当是父丁，以同片中尚有二苟字，不应繁
> 简不同。

陈梦家在所著《殷虚卜辞综述》第 423 页中，认为《殷虚书契前编》中卷五第八页第五片，《善斋》拓本中的第 2331 片，有"羌丁"，"可能是沃丁"。此系误读，从两片辞例中看，不是羌丁。

八　商王世系与尊号异说

商王朝中商族先王之世系，在殷墟甲骨文出土前，只有依靠古文献的记载，最早而系统的记载文献有三书，一是《世本》，二是《竹书纪年》，三是《史记·殷本纪》和《三代世表》。前两书是先秦时期的著述，后一书是西汉的著述。今本《竹书纪年》所载的世系，不仅有商王的庙号，还有商王之名，《世本》和《史记》中的世系除天乙、成汤外，其余都无名，"商纣王"之纣《殷本纪》中谓"天下谓之纣"，《集解》谓《谥法》曰"残义损善曰纣"。自1903 年 11 月甲骨文第一部著录书《铁云藏龟》出版公诸于世，其后著录书陆续出版，罗振玉、王国维、郭沫若、董作宾等老一辈的甲骨学家对商先王世系做了研究，考证出卜辞中的世系与三书所载商先王除三位（帝辛不列入）外基本上都相合。这样就证明了《世本》《竹书纪年》和《史记》所载的可靠性，曾被国内外学者怀疑的商代是否存在过的问题也就迎刃而解。据《殷本纪》中的世系，商王共十七世三十一王（见附录"商代世系对照表"）。《史记·三代世表》和《汉书古今人表》所载世系只有十六世，与《殷本纪》

有所不同。

在《世本》和《殷本纪》中还有商先公的部分世系和名称。在先秦时期的文献中，如《诗经》《国语》《左传》《礼记》《楚辞》《山海经》等等，都载有商族先公的名称。商先公的名称有一些在《世本》和其他古文献中，有的因字形相似与《殷本纪》所载不同，也无《殷本纪》中的"微、报乙、报丙、报丁、主壬、主癸"六世六人系统记载①。《殷本纪》中有契、昭明、相土、昌若、曹圉、冥、振和自微以下五世五人，共有十三位，但在甲骨卜辞中出现而能确定是商族先公者的人名不止此数，尚有十余个人名或神名应与先公有密切的关系，只是与文献中对不上号或不见记载，在发现有新证之前还无法确定。能与《殷本纪》中对上号而无分歧者只有相土、冥、王亥、微、报乙、报丙、报丁、示（主）壬、示（主）癸等，余者虽有学者作了对号考证，但尚有分歧。也有的认为卜辞中与先公先王同时祭祀，如河、岳，既是自然神，也应是商先公，亦有学者不同意。卜辞中又有先公"季"和"王恒"，王国维根据《楚辞·天问》中有"该秉季德""恒秉季德"，考证出季即《殷本纪》中的冥，为王恒、王亥之父，"该"即文献中之胲、核、垓、冰、振等，亦即卜辞中的王亥②。

对商先王世系的研究有一个较长的过程，最早是罗振玉于清宣统二年（1910 年）六月出版的《殷商贞卜文字考》（1916 年又作《殷商贞卜文字考补正》，刊于《考古社刊》第五期）。在该书"考史第一"中的"殷帝王名谥"，考出大乙、大丁、大甲、大庚、小

---

① 陈梦家：《殷虚卜辞综述》第十章第二节。
② 《殷卜辞中所见先公先王考》，《观堂集林》卷九。

甲、大戊、中丁、祖乙、祖辛、祖丁、南庚、小辛、小乙、武丁、祖庚、祖甲、武乙、文丁十八位先王。民国三年（1914年），罗振玉又撰《殷虚书契考释》一书共八篇，在第二篇"帝王"中考出商先王二十二位，配偶先妣十四位。新考出的是卜丙、卜壬、羊甲、盘庚、康丁五位。对商先公先王考释最力者当是王国维，前面几章中已介绍过他于民国六年（1917年）发表的《殷卜辞中所见先公先王考》和《续考》。对于商先公先王的考证，缀合了祭祀先公先王的两块断片，即《殷虚书契后编》上第八页第十四片与哈同所藏拓片中的一片（后著录于《戬寿堂所藏殷虚文字》第一页第十片），此片有重大意义的缀合片收入《甲骨文合集》第32384号。由于准确地缀合，使断片残辞恢复了该卜辞的原貌，发现了《殷本纪》中所载商先公自微至主癸六世的次序有误，不是微、报丁、报乙、报丙、主壬、主癸。卜辞中的世序是：上甲（微）、匚（报）乙、匚丙、匚丁、示（主）壬、示癸。他又根据《后》上第五页第一片（收入《合集》中第1474号）卜辞中有六位先王的残辞作了补字，补后的卜辞是祭祀大丁、大甲、大庚、大戊、中丁、祖乙、祖辛、祖丁、南庚、羌甲。他说："案殷人祭祀中，有特祭其所自出之先王，而非所自出之先王不与者"。从补足字的这片卜辞中，"自大丁至祖丁皆其所自出之先王"[①]。对于商先王世次也一一作了疏证，这是对商代史的研究作出的巨大贡献。以罗振玉、王国维为代表的时期是甲骨学商代史研究中对商先公先王世系研究的第一阶段。

对商先王世系研究的第二阶段是以郭沫若、董作宾为代表。郭

---

① 《殷卜辞中所见先公先王续考》，《观堂集林》卷九。

沫若在 20 世纪 30 年代所撰的《甲骨文字研究》《卜辞通纂》《殷契粹编》等，都对商先王世系和配偶进行了许多有创见的研究，对王国维的《殷卜辞中所见先公先王续考》高度评价，将王国维在《后》上第五页第一片所补错之字也作了改正。他在《卜辞通纂考释》第 224 片中说：

> 此片至关重要，王国维《殷先公先王续考》曾据此考定商代世系……今案王之见解极犀利。

董作宾是甲骨学的创建者，他不仅亲自参加主持过安阳殷墟发掘，还对于考古发掘出土的有字甲骨及时研究发表。他的划时代的贡献不单是创建甲骨学，更重要的是民国二十二年一月（1933 年）发表的《甲骨文断代研究例》，提出甲骨文"五期断代法"。这是甲骨学发展史中一个里程碑，此后凡是能直接使用甲骨文资料研究商代史的学者，对殷墟甲骨文资料不再是笼而统之的使用，而是基本上都采用"五期断代"。虽然后来有多位学者试图重新分期断代，但仍突不破董氏所作出的框架。虽然罗振玉、王国维、郭沫若等人在研究中也发现过卜辞有时代的不同，有属于某位或一位以上商王时期之物，由于时代和资料局限，他们未能系统整理出一个体系。董作宾在对殷墟出土的甲骨文作系统的研究时，也吸收了罗、王、郭等人对商先王世系研究的成果，建立起自己的"五期断代法"。当然，因殷墟出土的甲骨文是商王盘庚迁殷后之遗文，所断的时期也仅限于商王朝后半期二百四十余年（因帝辛时期的甲骨文尚未明确地区别出来，帝辛时的三十年未计入）。在这一时期研究商先王世系的还有吴其昌、孙海波等人。20 世纪 50 年代以后对殷墟又进行过多次的发掘，出土遗物增多，尤其是小屯南地甲骨的发现，学者们再以新资料来检验董氏以"贞人"为主要标准的"分期断代法"，就会发现存在一些不足之处。用简单的话来说，"贞人"是世袭的，但并不是伴随商王的去世而死去，或者是立即更换，有的还要继续担任史官（即贞人），延续至老了退休或死去，这就可能延至下一位商王，甚至两代商王。有关这一方面的问题可参阅李学勤[①]、裘锡圭[②]的论述。

商先王世系研究的第三阶段从董作宾于民国三十四年（1945年）四月出版的《殷历谱》开始。董作宾经过十年时间写成的这部书，在我国古代史，尤其是对商代史的研究中都具有重要的意义。董氏在对卜辞的研究中，将卜辞"分为旧新两派"（他将盘庚迁殷后武丁、祖庚至文武丁分为旧派的卜辞，将祖甲、帝乙、帝辛分为新派的卜辞），发现他分的新派卜辞中，有彡、翌、祭、壹、叠五种祀典。在祀典中对商先王、先妣的祭祀都是"秩序井然，有条不紊"[③]。祭祀一轮所需时间一般为三十六旬，周而复始轮祭，故定名为"周祭"，并将"周祭"制度的研究成果编入"祀谱"中。在此书中提出两个方面的重要课题，一是商王的世系；二是商代的历法。这种商代的"周祭"制度之发现，开辟了从商代史研究商王朝世系和商代历法新途径。尽管后来的研究者发现董氏《殷历谱》中

① 李学勤：《论"妇好墓"的年代及有关问题》，《文物》1977 年第 11 期；《小屯南地甲骨与甲骨分期》，刊《文物》1981 年第 5 期。

② 裘锡圭：《论"歷组卜辞"的时代》，《古文字研究》第六期，1982 年。

③ 《殷历谱》上编卷一，第一章第三页。

存在许多不完善的问题，但开创之功仍不可灭。就是在 50 年后的 1996 年 5 月启动的国家重点科研项目之一的《夏商周断代工程》，有关课题组的学者们仍然以此书作为重要参考。继董作宾之后全面研究商先王世系的有：陈梦家、日本岛邦男、加拿大（华裔）许进雄、常玉芝，他们都是以董作宾的《殷历谱》为蓝本，在此基础上根据自己对祭祀卜辞的认识进一步进行探讨。陈梦家于 20 世纪 50 年代出版了《殷虚卜辞综述》①，在该本的第十一章《先王先妣》中，排列了直系先王、旁系先王的顺序；先王的法定配偶和祀周与农历、周祭祀谱。研究的结果排列了一个不同于《史记》的商世系②。他认为除"沃丁""中壬""帝辛"三位王未见于卜辞中外，其余皆见于祭祀中，"廪辛"虽在卜辞不见此名称，但在帝乙、帝辛（第五期）卜辞中称为"祖丁"。

日本甲骨学家岛邦男从 20 世纪的 1950 年始，对殷墟甲骨文中的祭祀卜辞加以研究，1953 年发表了《祭祀卜辞之研究》一书（油印本）。他详细地考释了五种祭祀先王先妣的卜辞，分析了第五期（帝乙、帝辛）和第二期（祖庚、祖甲）的卜旬五种祭祀卜辞，整理出先王的祀序，并对《殷本纪》中所列商王的关系作了正误。其后数年他又对郭沫若、董作宾、陈梦家从祭祀卜辞中研究商王世系的成果加以探讨和吸收，编入《殷虚卜辞研究》一书中③。该书对先王世系和先妣进行考订，做出与郭、董、陈有异同的"祀序"④。

① 科学出版社，1956 年 7 月。
② 《殷虚卜辞综述》第 379 页"卜辞世系表"。
③ 日本弘前大学文理学部中国学研究会 1958 年出版发行。
④ 《殷虚卜辞研究》（1975 年中译本）第 99 页。

　　许进雄是台湾省台湾大学毕业的甲骨学家，加入加拿大籍后仍从事甲骨文研究。1966 年他发表了《甲骨卜辞中五种祭祀祀首的商讨》①，次年又发表了《五种祭祀的祀周和祀序》②，1968 年他发表了《殷卜辞中五种祭祀研究》③，对先王世系作了系统深入的研究，也排出了一个"先王先妣系联表"④。

　　常玉芝自 1975 年参加《甲骨文合集》时正是《合集》编辑组开始分期分类的时段，她虽从未学习过甲骨文，但因工作需要"边干边学"，进步很快。她负责编第五期（帝乙、帝辛时期）图版（《合集》第十二册），从中积累了有关卜辞中"周祭"的资料。《合集》图版编完陆续出版后，她分工作第十二册图版释文，在此过程中她开始进行研究并撰《商代周祭制度》一书⑤。该书初稿写出后得到有关专家的肯定，出版后受到甲骨学和先秦史学界的好评。该书吸收了董作宾、陈梦家、岛邦男、许进雄四人从卜辞"周祭"中研究先王世系的成果，并根据作者所掌握的资料指出四人所排列的优缺与《史记》中先王世序之差异⑥。她将自己对"周祭"研究结果排出"五种祭祀"周期和"祀谱"。与此同时探讨了商代的历法。她认为：

　　　　殷人的岁实不是三百六十五又四分之一日，可能在三百六

---

　　① 《中国文字》第 22 册，1966 年 12 月。
　　② 《中国文字》第 24 册，1967 年 11 月。
　　③ 《台湾大学文学院文史丛刊》之二十六，1968 年 6 月。
　　④ 《殷卜辞中五种祭祀的研究》，第 48、49 页。
　　⑤ 中国社会科学出版社，1987 年 9 月。
　　⑥ 《商代周祭制度》，第 134 页"周祭中的商先王先妣世次"，135 页《史记·殷本纪》中的商王世次"。

十日至三百七十日之间。殷人的年有大小，平年十二个月，闰年十三个月。闰月最初置于年终，"称十三月"，后改置年中；闰月的安排很可能不是十九年七闰法，或者十九年七闰法在殷末尚处在萌芽阶段，还不很规律①。

关于商先王世系的研究，到 20 世纪 80 年代，经过董作宾、陈梦家、许进雄、常玉芝四位对卜辞"周祭"的研究，纠正了《史记》中所记商王世系的错误。今根据常玉芝著《商代周祭制度》一书中第 134、135 页的"世次"（先妣可参看原书）改编如下：

《殷本纪》中排列的先王世系是：

天乙—太丁（未立）—外丙（太丁弟）—中壬（外丙弟）—太甲—沃丁—太庚—小甲—雍己（小甲弟）—太戊（雍己弟）—仲丁—外壬（仲丁弟）—河亶甲（外壬弟）—祖乙—祖辛—沃甲（祖辛弟）—祖丁（祖辛子）—南庚（沃甲子）—阳甲（祖丁子）—盘庚（阳甲弟）—小辛（盘庚弟）—小乙（小辛弟）—武丁—祖庚—帝甲（应为祖甲，祖庚弟）—廪辛—庚丁（应为康丁，廪辛弟）—武乙—帝乙—帝辛。

"周祭"中先王世系是：

大乙—大丁—大甲（大丁子）—卜丙（太丁弟）—大庚—

---

① 《商代周祭制度》，第 227 页。

小甲—大戊—雍己（三兄弟）—中丁（大戊子）—卜壬—戋甲
（三兄弟）—祖乙（中丁子）—祖辛—羌甲（祖辛弟）—祖丁
（祖辛子）—南庚（羌甲弟）—阳甲—盘庚—小辛—小乙（四
兄弟皆祖丁子）—武丁（小乙子）—祖己—祖庚—祖甲（三兄
弟皆武丁子）—康丁—武乙—文武丁—帝乙—帝辛（自注：所
列武乙至帝辛不属周祭系统）。

对于研究商王朝世系的意义，李学勤认为：

第一，是为证实商朝世系提供了科学的基础。

其次，是为殷墟甲骨的分期提供依据。

第三，是为商代礼制的探讨提供系统的材料。

第四，周祭卜辞是研究商代历法的一项重要凭藉①。

过去曾有学者认为商先王的称谓是"谥号"，但是我国古代的
谥法在商王朝时期尚未形成制度。因此商王称谓是以天干的十位名
称，即甲乙丙丁戊己庚辛壬癸来表示。有关古文献中商王的庙号，
历来有四种不同的说法：第一种认为商先王的大乙、大丁、大甲、
外丙、大庚、小甲、大戊、雍己、盘庚等等日干，是商王生日。第
二种认为是商王的死日，即死于甲日为甲，死于乙日为乙。第三种
认为是商王死后入庙立主之日。第四种认为是从祭名来定，祭名甲
者用甲日，祭名乙者用乙日。在商代史研究中，甲骨学和商史学家

———————————

① 李学勤为《商代周祭制度》所作之《序》。

们各从一说。在 20 世纪几十年的研究中，各种说法中我认为从祭祀商先公先王先妣等的卜辞中，商王的祖宗们死后在商王族宗庙中所立的"示"（即神主），上面的日干既不以生日也不以死日，应如李学勤所说：是死后经过占卜所选定[①]，可称为"选定日"。因为自先公上甲时起六世的庙号就以天干甲乙丙丁壬癸来表示，但自从商先王大乙（汤）起，这种"选定日"似已形成制度。天干字只有十个，商先王《殷本纪》中有三十一位，卜辞中加上祖己有二十九位，以日干表示就有重复者，如甲就有七个（含先公上甲）、乙六个（含先公匚乙）、庚六个。故在日干上的一个（或两个）字加以区别[②]，当是根据商王生前的某些事迹来定。据史家们的研究，大、卜、雍、中、盘、武、康这些都是形容美好吉祥的词，小是与大相对，祖是先祖或祖父之称，余者可能另有他意。商先公先王在古文献中有不同的名称，但日干皆相同。商王生前当有名（有的学者称为私名），古本《竹书纪年》中从外丙至帝辛之间有十六位商王之名，今本《纪年》中从成汤开始皆有名，即：

商	王	名	商	王	名	商	王	名	商	王	名	商	王	名
成	汤	履	外	丙	胜	仲	壬	庸	太	甲	至	沃	丁	绚
小	庚	辨	小	甲	高	雍	己	伷	太	戊	密	仲	丁	庄
外	壬	发	河亶	甲	整	祖	乙	滕	祖	辛	旦	开	甲	踰
祖	丁	新	南	庚	更	阳	甲	和	盘	庚	旬	小	辛	颂
小	乙	敛	武	丁	昭	祖	庚	曜	祖	甲	载	冯	辛	先
庚	丁	嚣	武	乙	瞿	文	丁	托	帝	乙	羡	帝	辛	受

---

① 李学勤：《论殷代亲族制度》，《文史哲》，1975 年第 11 期。
② 陈梦家：《殷墟卜辞综述》第十二章"庙号上"。

今本《纪年》中商王庙号与《殷本纪》所载有的不同，无太丁，沃甲作开甲，廪辛作冯辛，庚丁应是康丁，两书皆误。太丁卜辞中为文丁或文武丁。世序与"周祭"卜辞中有异，雍已应是太戊弟。

《尚书·无逸》中载有：

> 周公曰："呜呼！我闻曰昔在殷王中宗，严恭寅畏，天命自度，治民祗惧，不敢荒宁。肆中宗之享国七十有五年。其在高宗，时旧劳于外，爰暨小人。作其即位，乃或亮阴，三年不言。其惟不言，言乃雍。不敢荒宁，嘉靖殷邦。至于小大，无时或怨。肆高宗之享国五十有九年。"

《殷本纪》亦有：

> 帝太甲修德，诸侯咸归殷，百姓以宁。伊尹嘉之，乃作《太甲训》三编，褒帝太甲，称太宗……帝太戊赞伊陟于庙，言弗臣，伊陟让，作《原命》。殷复兴，诸侯归之，故称中宗……祖己嘉武丁之以祥雉为德，立其庙为高宗，遂作《高宗肜日》及《训》。

《无逸》中周公所说的殷"中宗""高宗"未指是商王朝中哪位商王，《殷本纪》中则指出太甲为太宗，太戊为中宗，武丁为高宗。王国维在《殷卜辞中所见先公先王续考》中说：

《戬寿堂所藏殷虚文字》中有断片，存字六。曰"中宗祖
乙，牛吉"。称祖乙为中宗，全与古来《尚书》学家之说违异。
惟《太平御览》八十三引《竹书纪年》曰："祖乙滕即位，是
为中宗，居庇。"今本《纪年》注亦云："祖乙之世高道复兴，
号为中宗，即此。"今由此断片，知《纪年》是而古今《尚书》
家说非也。《史记·殷本纪》以大甲为太宗，戊为中宗，武丁
为高宗，此本《尚书》今文家说。今征之卜辞，则大甲、祖乙
往往并祭，而大戊不与焉。……亦中宗是祖乙非大戊之一证。
《晏子春秋·内篇谏上》"夫汤、大甲、武丁、祖乙，天下之盛
君也"。亦以祖乙与大甲、祖丁并称①。

王国维在文中还举出一条卜辞为证，今在《甲骨文合集》和
《小屯南地甲骨》中所见中宗即祖乙的卜辞又增加了九条：

(1)"其侑中宗祖乙，有羌。"　　　　　　　　　《合集》26933

(2)"乙亥卜，执其用，大吉。高用，王受有佑。执其用，自中
宗祖乙，王受有佑。自大乙用，王受有佑。"　　《合集》26991

(3)"其至中宗祖乙，祝。祝，惟癸酉酒。"　　　《合集》27239

(4)"……酉卜，中宗祖乙岁。"　　　　　　　　《合集》27240

(5)"……中宗祖乙，王受有佑。"　　　　　　　《合集》27241

(6)"……中宗祖乙告，吉。"　　　　　　　　　《合集》27242

(7)"……中宗祖乙，毓……吉。"　　　　　　　《合集》27243

---

① 《观堂集林》卷九。

（8）"……卜，狄贞：其侑中宗祖乙，……酒，弗悔。"

《合集》27244

（9）"……大乙，于中宗祖乙佑。" 《屯南》746

（10）"……辰卜，翌日丁其酒，其祝自中宗、祖丁、祖甲……于父辛。"

《屯南》2281

以上十条祭祀"中宗祖乙"的都是廪辛、康丁时期的卜辞，第（2）、（9）是同时祭大乙，（10）是合祭"中宗"后省"祖乙"，按辞例即祖乙，最后称的"父辛"，父辛即廪辛，此当是康丁时期的卜辞。

卜辞中未见"太宗"和"高宗"的尊号，有可能是刻有"太宗"和"高宗"的卜辞尚未出土。祖乙在卜辞中又称"下乙"，皆见于武丁及武丁后期卜辞。祭祀下乙卜辞有合祭和单祭，如合祭卜辞有："贞：尨来羌，用自成、大丁、大甲、大庚、下乙①。"单祭用牲较多，如："乙卯卜，𣪏贞：来乙亥，酒下乙，十伐又五、卯十宰。二旬又一日乙亥，不酒，雨，五月②。"目前所见卜辞中，祭祀祖乙的卜辞有近百条（含残辞），祭祀下乙的卜辞有近五十条（含残辞），祭祀大戊的卜辞多见于祖庚、祖甲和帝乙、帝辛时期，只有八十余条（含残辞）。因大戊是直系先王，常受合祭。单祭大戊时用牲数较多者目前所见只有武乙、文丁时期一条卜辞，即："丁酉卜，戊戌侑、岁大戊，二十牢，易日，兹用③。"从卜辞中对

① 《甲骨文合集》231。
② 《甲骨文合集》903 正。
③ 《甲骨文合集》32494。

大戊和祖乙祭祀来看，祖乙在商王朝中的作用与地位应在大戊之上，否则不会受到如此多而较隆重的祭祀。古代帝王被后人尊为"某某宗"称号，是该帝王生前对王朝作出过超越其他帝王的大贡献，然而大戊在古文献中载有较多的事迹，祖乙则未见有任何具体事迹。这种情形只能说是由于史家们当时已未见关于祖乙的事迹。以卜辞中的反映来证《晏子春秋》所载，称"中宗"者应是祖乙，而不是大戊。

九　盘庚迁殷探索

　　盘庚，商王朝第二十位国王，祖丁之子，阳甲之弟。盘庚即位以后的事迹主要是"迁殷"，最早见于古文献的是《尚书·盘庚》，其《序》谓："盘庚五迁，将治亳殷。"《正义》引束晳曰："孔子壁中《尚书》云：将始宅殷。是与古文不同也。"（《史记·殷本纪》所载有关盘庚事迹一段话，是据《尚书·盘庚》加工而成）"五迁"在本书前面已述及，即仲丁迁嚣，河亶甲迁相，祖乙迁邢，南庚迁奄，盘庚迁殷。《汲冢古文》载有：

　　　　盘庚自奄迁于北蒙，曰"殷虚"，南去邺三十里①。

《史记·殷本纪》《正义》引：

　　　　《括地志》云："沙丘台在邢州平乡东北二十里。《竹书纪

————————

① 《史记·项羽本纪》《索隐》引。

年》自盘庚徙殷至纣之灭二百七十三年，更不徙都，纣时稍大其邑，南距朝歌，北据邯郸及沙丘，皆为离宫别馆①。"

盘庚迁殷以后至纣之灭的时间，因注本有所不同而记载有异，还有作"二百七十五年"②作"七百七十三年"者，明显"七百"是"二百"之误。自从清代陈逢衡撰《竹书纪年集证》，朱右曾撰《竹书纪年存真》指出应为"二百七十三年"以后，为研究古史的多数学者所接受（此与《夏商周断代工程1996—2000年阶段成果报告》中所定的"盘庚迁殷后至帝辛的年数"是二百五十五年，相差十八年）。盘庚迁殷后再未迁都之说，自从清朝末年河南安阳北郊小屯村一带农民发现农田中埋藏有甲骨，光绪二十四年（1898年），刻有文字的甲骨被古董商贩卖到天津，为王襄、孟定生认出是古简，次年又被刘鹗识出为"殷人之刀笔文字"后，经王国维、罗振玉等人认定安阳之小屯村就是"殷墟"，即盘庚迁殷后的"殷都"。尤其是在20世纪20年代末至30年代对殷墟的考古发掘，出土大量的有字甲骨和发掘出宫殿遗址、墓葬等等，证明了此地就是古文献中所载的"殷墟"，就是商王朝后半期的王都。因此最近七十年来在研究商代史的过程中，学者绝大多数都未有异议。

古文献中对于商末的都城有另一种记述，如《尚书·酒诰》载："明大命于妹邦。"孔《传》曰："妹，地名，纣所都朝歌以北是。"孔颖达《正义》曰：

---

① 中华书局1959年标点本（即以金陵书局本为底本）。
② 日本泷川资言《史记会注》本。

此妹与沬一也，故沬为地名。纣所都朝歌以北。但妹为朝歌之所居也，朝歌近妹邑之南，故云以北是。《诗》又云：沬之东矣，沬之乡矣。即东与北为乡也，妹属鄘，纣所都又在北与东，是地不方平，偏在鄘多故也。

又《诗·鄘风·桑中》："爰采唐矣，沬之乡矣。"《毛传》："沬，卫邑。"疏引《正义》曰："《酒诰》注云：沬邦，纣之都所处也……纣都朝歌，明朝歌即沬也。"其他还有《史记·周本纪》《正义》引《括地志》《帝王世纪》都有相同的记述。孔颖达、张守节都是唐朝人，他们所见古代流传下来的资料较多，当是有更多依据。故在历史上（《竹书纪年》面世以后）对《竹书纪年》所载"自盘庚徙殷至纣之灭二百七十三年，更不徙都"，对商王朝后期的王都就有两说。对殷墟考古发掘以后，在商代史研究中，朝歌为商王帝乙、帝辛之都说暂时沉寂。但是，沉寂不等于不存在，到了 20 世纪 70 年代末，此说又被学者再次提出，不仅有论述，而且还在学术研讨会上开展研讨①，至 20 世纪 90 年代中期已有专著出版②。对于上述问题李学勤认为：

纣都朝歌，即今河南淇县境，在历史上本来是一种公认的说法，但自安阳殷墟发现之后，渐为学术界所放弃。大家所采

---

① 参见 1984 年 10 月在河南省安阳市召开的"全国商史学术讨论会"所出版的《论文集》（《殷都学刊》增刊，1985 年 2 月出版）。

② 田涛：编著《纣都朝歌》，政协淇县委员会、淇县县委宣传部，1995 年内部出版。

取的，是古本《竹书纪年》盘庚迁殷至纣之亡更不徙都之说。安阳殷墟考古工作不断发展，收获丰富宏大，使《竹书纪年》的记载更为人们所不遵信。不过，在学者中间还是有坚持纣都朝歌之说的，最著名的例子便是郭沫若先生。他暮年主编的《中国史稿》第一册，仍然主张纣都在于朝歌。他十分关心安阳殷墟甲骨文到底有没有纣时的卜辞，也与此有关①。

关于郭沫若关心有无"纣时的卜辞"，我在参加编纂《甲骨文合集》过程中亲自经历过此事：

在分期研究过程中，接到郭沫若的指示："请你们查一查帝辛的卜辞有多少"？为此，编辑组决定由孟世凯、王贵民抽时间对第五期的甲骨文进行研究后作出回答。孟、王二人经多次调研未能区别出帝辛的卜辞，用书面向郭老作了报告②。

古代史尤其是传说时代和夏商周三代史的研究中，因古文献记载多有不同之说法，即使是有考古发掘出土的资料或遗存，但是大多无明确文字记述，因此研究者往往是各取所需，仍然是各执一词。古本《竹书纪年》有关"更不徙都"之说，王国维在《古本竹书纪年辑校》中对此条的按语中说："此亦注文，或张守节隐括本书之语。"我认为无论《竹书纪年》的原文或张守节隐括之语，可以从后

---

①　田涛：《纣都朝歌·序》。

②　孟世凯等编著《甲骨学一百年》，第三章第二节，第84页，北京：社会科学文献出版社，1999年1月。

文"纣时稍大其邑,南距朝歌,北据邯郸及沙丘,皆为离宫别馆"去理解商纣时作为王都的政治和生活中心确已南移至朝歌。"盘庚自奄迁于殷"之殷地、殷墟,学者中也有不同说法,有的说殷是在河南武陟县境内,有的说殷墟不是安阳小屯,有的认为安阳殷墟未发现城墙遗存,因此不是商王都城等等,因本节篇幅有限,有关此问题不再作介绍。在探讨盘庚迁殷原因前需对"奄"地作一些简介。

据《竹书纪年》载:"南庚自庇迁于奄。"古文献中奄地也有多种记载,《书序》:"成王东伐淮夷,遂践奄,作《成王政》①。"古代注疏家皆释为周公之子伯禽所封之鲁国,即今之山东曲阜。如《后汉书·郡国志》载:"鲁国,古奄国。"《史记·周本纪》载:"召公为保,周公为师,东伐淮夷,残奄,迁其君薄姑。"《集解》:"郑玄曰:奄国在淮夷之北。"《正义》引:"《括地志》云:泗水徐城县北三十里古徐国,即淮夷也。""兖州曲阜县奄里,即古奄国之地也"。对此,近现代学者亦有持其异议者,如丁山认为:

> 传说今曲阜县二里有奄里,为孔子故居。我认为南庚所居的奄,不在沂水西北,或在邾泗交会之处②。

岑仲勉认为南庚所都之奄不是历史上所说的周初所封周公子伯禽的奄,而是"在安阳地域之东南"③。此说在学者中未引起太多的反响,因此,近年来仍然是以奄即今山东曲阜为主。以上是从古文献

---

① 此为《尚书》的《成王政(征)》,原文佚,只存《书序》。
② 《商周史料考证》,第 34 页,北京:中华书局,1988 年 3 月。
③ 岑仲勉:《黄河变迁史》,第 116 页,北京:人民出版社,1957 年。

和研究商代史的学者对"南庚迁于奄"的一些主要认识，也还有一些说法因与"五迁"联系在一起，不再作介绍。

由于考古事业在近几十年来有较大的发展，山东考古工作取得不小的成果，这对认识在山东的商文化有很大的帮助。徐基认为：

> 汶泗流域已发现的，具有商文化特征的遗址（地点）约有70多处。其中泰安地区有25处（新泰3处），经过正式发掘的遗址8处，已知（见于报导的）商代青铜器地点10个。比较而言，南部的泗水流域中下游地带开展工作较多，北部的汶河流域较少。纵观这些遗址，多座落在距河不远的台地，山前阶地或堌堆之上，著名遗址有泗水尹家城、天齐庙、凤凰台和邹县南关等。曲阜西夏侯和泰安大汶口遗址也发现了商文化遗迹，但堆积单薄，出土物稀少①。

张学海认为：自20世纪80年代以来山东先秦时代考古取得了不小成绩，尤其是在鲁中、鲁东南部考古所获得的成果将"山东文史界对商代文化的认识，以及商代考古和夷商关系研究推向新阶段"②。从他们的论述中可知在鲁东南还是有较多的商文化遗存，可能与商中期有关。古奄地的问题可参考上引徐基和张学海的论述。

商王盘庚迁殷的原因历来众说纷纭，从历史上看主要有以下两种说法：

---

① 徐基：《试论汶泗流域商文化的特征及其相关问题》，收入王尹成主编《杞文化与新泰》（《中国先秦史学会论文》丛书之一），北京：中国文联出版社，2000年6月。
② 《张学海考古论集》，第22页，北京：学苑出版社，1999年12月。

（1）避水患。最早是西汉孔安国在《尚书·序》"祖乙圯于耿"作《传》谓："河水所毁曰圯。"《尚书·盘庚下》有："今我民用荡析离居，罔有定极。"孔《传》："水泉沉溺，故荡析离居，无安全之极，徙以为至极。"其后注疏家多以商王祖乙迁都是因避河水之患释之，就认定盘庚迁殷也是因避水患。

（2）去奢行俭。最早为墨子所说："禽滑釐问于墨子……墨子曰：殷之盘庚，大其先王之室，而改迁于殷，茅茨不剪，采椽不斲，从变天下之视①。"东汉及其后都认为盘庚迁殷是"去奢行俭"，如杜笃向光武帝也说："昔殷庚去奢行俭于亳②。"还有郎颛③、荀悦④、王肃、皇甫谧⑤等人都是如此认识。清代人马骕认为：行俭、水患皆有⑥。

近现代古史学界学者们在涉及此问题时又提出三种说法：

（1）游牧生活。此说前提是"商民族是个游牧民族"，认为"商王朝仍处于游牧社会"，有的人认为"商代的确处于原始社会末期"。古代游牧民族当然是"逐水草而居，无一定住处"。因此，商王在盘庚以前才会屡迁不止，居无定处。

（2）游耕之需。主此说者认为商代仍处在"游耕农业"阶段，大约五年就要迁于新地重耕⑦，有的学者以马达加斯加西部山地的

①《说苑·反质》引墨子之说。
②《后汉书·杜笃传》。
③《后汉书·郎颛传》。
④《申鉴》。
⑤《尚书·盘庚》，疏引《帝王世纪》。
⑥《绎史》卷十六。
⑦ 傅筑夫：《关于殷人不常厥邑的一个经济解释》，刊《文史杂志》第四卷五、第六合期，1944年9月。又《殷代的农游与殷人迁居》，《中国经济史论丛》上册，北京：生活·读书·新知三联出版社，1980年1月。

塔拉人的社会经济生活与商族的社会经济生活作比较，认为二者颇为相似，是属于粗耕农业民族。世界上的这种民族的农耕"平均十年至二十年掉换一次村地落"，因为收获多次地力用尽就要换地，这种粗耕农业就是勤于迁徙①。商朝王都的累次迁徙，就是为了寻找农耕地和牧场②。

（3）政治斗争。换句话说是商王族内部的阶级斗争，这一种新思路的说法自20世纪50年代末、60年代初才出现。在一些新编的通史、断代史或教科书中都如是说。

"盘庚迁殷"，并非是商王迁徙一次都城的问题，其原因涉及对商代社会属性的探索。从历史上的两种说法来看：

"水患"说，涉及不到社会发展的属性问题，因为避水患（无论是黄河或其他河流的水患）自古至今皆有。岑仲勉对《尚书·序》中的"圮"字和《盘庚》篇中所说的"惟涉河以民迁"（上篇），"今我民用荡析离居，罔有定极"（下篇）和孔安国在《传》中的解释，从文字上对黄河变迁史作了辩驳③，这种从文字字义上的辨析为大多数研究商代史的学者所认同。

至于"去奢行俭"说，自古以来社会各种政治集团，一旦登上王朝的殿堂没有一个不奢侈的，也未见有一个王朝为了"去奢行俭"而率族人迁都。贵族的奢靡生活如果能以迁都来克服，那就没有王朝的更替。这种以地理环境决定贵族是否过奢靡生活，显然是

---

① 冯汉骥：《自〈商书·盘庚〉篇看殷商社会的演变》，《文史杂志》第五、第六合期，1945年6月。
② 顾颉刚、刘起釪：《〈盘庚〉三篇校释译论》，《历史学》1979年第2期。
③ 《黄河变迁史》，第106—108页。

解释不通的。至于商王室贵族们为何反对盘庚迁殷？为何在前几次迁徙王都时未见有类似的记载？这与商王朝社会经济发展、社会生活质量日渐提高有关。自成汤灭夏建立商王朝之后经过三百余年（"夏商周断代工程"定商为三百年）的发展，尽管在商王室内部还有为争夺王位的矛盾，对外还有对反叛氏族、部落的征伐，商族的统治还是比较巩固，社会生产也一代又一代有所发展。前几次迁徙地都是在商王畿及附近地区，这些地方的社会生活逐渐趋于安定和较富足，而且每迁一地短的只有十多年，长的也不过三十余年，因此商王室贵族们对于王都迁徙到任何地方都不会有怨言。南庚迁于奄后，又经阳甲，到盘庚迁殷前，

青铜卣

奄地作为商王都约有六十年，商王室贵族们在奄地至少已经历两代人，除了已适应于奄地生活外，更主要的是他们利用其特权占有的一切生活资料，使他们在社会生活方面的享受十分方便，他们在当地拉帮结派已形成各自势力，因而能为所欲为。到一个新地方这些既得利益有许多将失去，一切又将重新开始经营，因此才口出怨言。

"游牧生活"说，涉及对商代社会属性的认识。从目前对商代史的研究情形来看，从总体上说，无论是从古文献记载，甲骨文有关商代历史文化考古资料，所反映出的关于商王朝后半期的社会生活来看，说成还处于游牧社会（或时段）都难以成立。我国自古

"以农立国"，古文献记载传说时代的"神农氏""稷"这些与农耕有关的人物，说明在夏、商、周三代前就有定居农业。何况从目前所知的考古资料证明，我国农耕种植起源很早，北方种植粟，南方种植稻谷，从河南新郑的裴里岗文化，河北武安的磁山文化，浙江余姚的河姆渡文化等考古资料，足以说明至晚在距今 8 000 至 7 000 年的社会生活中，农业已经是主要生产部门①。商代社会发展也确实不平衡，从甲骨文中所反映出的资料来说，在商王朝后半期仍存在着一些氏族、方国处于游牧阶段，如果以这些氏族、方国（尤其是距商王朝中心区较远）来代替商代整个社会，首先在研究方法上就有问题，这无异于将 20 世纪 50 年代后期在东北和西南地区还存在一些处于原始以及奴隶制时段的少数民族，说成全国都处于这种社会发展的时段。

"游耕之需"说，持此说主要认为盘庚迁殷前农业还是处于粗耕时段，每在一地将地力用尽就换另一地去重新开辟耕种。从甲骨文中有关农业和田猎的卜辞来看，的确从武丁前至武乙、文丁时期都有开垦农田的资料，而且大量的田猎卜辞反映出"在人少地多，林木沼泽遍布，禽兽漫生的大地上，采用'焚林而田'的打猎方法不仅仅为了多获取野兽，主要是为开辟土地、垦殖农田准备条件"②。这可能是迁殷后社会较安定，人口增加，需要大量的农田才有如是占卜记录。但是，也不能因此就将商王朝前期农业经济估计过低。前已述及盘庚迁殷前商王的迁徙在一个地方的时间有长有

① 陈文华著：《农业考古》第二章，文物出版社，2002 年 2 月。
② 孟世凯：《商代田猎性质初探》，《甲骨文与殷商史》，上海：上海古籍出版社，1983 年 3 月。又：《殷商时代田猎活动的性质与作用》，《历史研究》1990 年第 4 期。

短，能在一个地方住上三四十年不能不做开垦农田、发展生产之事。何况卜辞中还有大量"求年""受年""求禾""受禾"和祈雨，"帝命雨足年，帝命雨弗足年"以及对气象观测的记录。这些都是关系到农耕、田猎和社会日常生活的重要占卜，说明没有长期定居农耕的实践和观察经验是不可能在卜辞中反映的。祭祀卜辞中用大量的牛羊豕和少量的犬作牺牲，这些都应当是有长期家畜饲养经验的。同时也不排除迁都到一个包括农耕在内的更理想、更有利于巩固商王室统治的地方的可能。

"政治斗争"说。所谓"政治斗争"，实际就是"阶级斗争"论，或"以阶级斗争为纲"的另一说法。人类自从脱离原始人群，分为氏族、部落以后，在上层统治集团中就会有矛盾，有斗争。由野蛮进入文明社会以后，就自然会分为不同等级人群。以占有物质多少来划分，就叫"阶级"，古代世界任何一个国家的统治集团都是占有最多的物质和精神财富。因为有分配不均的问题，内部的争夺是常有之事，这种统治集团的内部矛盾往往可以用内部调和方式解决，应当与整个社会生产、生活和经济发展妨碍不是太大。如果将商王朝中王室的内部争权夺利的矛盾夸大到社会阶级斗争，未免有些小题大做，反而将研究导向迷途。过去有的所谓"权威"著作中在描述商王朝这段历史时，就只见奴隶与奴隶主的阶级斗争，盘庚为何迁殷则不知所云。有的论述中亦习惯性地将商王几次迁徙都说成是因政治斗争的原因，其实将商王室内部权利之争看作政治斗争未尝不可，但一味将其纳入整个商代社会生活，则未必可取。

自成汤建立商王朝以后，在商王室内部权利之争一直不断，为了巩固其新生王朝的统治，据《史记·殷本纪》所载：在商初有

"伊尹放太甲"之举，"帝太甲修德，诸侯归殷，百姓以宁"。雍己时有"殷道衰，诸侯或不至"。太戊时有伊陟佐太戊修德，使"殷复兴，诸侯归之"。其后又有仲丁、河亶甲、祖乙迁都。"河亶甲时，殷复衰"。祖乙时"巫贤任职"，使"殷复兴"。南庚迁于奄，"帝阳甲之时，殷衰"。司马迁总结为：

> 自仲丁以来，废適而更立诸弟子，弟子或争相代立，比九世乱，于是诸侯莫朝。

对于这段话孤立来理解，无疑认为是商王室内部争权夺利，或者说内部矛盾加深动摇了王室统治的内乱。如果将"诸侯不朝，或不至"与"殷道衰"，商王的"修德"与"殷复兴，诸侯归之"联系来看，就可知司马迁所说是包含内部与外部原因，也就是商王自仲丁至盘庚用累迁是主要原因。据今本《竹书纪年》载：商汤时有"氐、羌来宾"。太戊时"西戎来宾，王使王孟聘西戎。城蒲姑。东九夷来宾"。仲丁时"征于蓝夷"。外壬时"邳人、侁人叛"。河亶甲时"彭伯克邳，征蓝夷。侁人入于班方。彭伯、韦伯伐班方，侁人来宾"。祖乙时"命彭伯、韦伯，命乡士巫贤，命邠侯高圉"。阳甲时"西征丹山戎"。可见自商初以后征伐不断，凡是王室内部"修德"（无争权夺利的内讧，内乱），便导致"诸侯归服，来朝"（氏族、方国就臣服，不叛商）。为了巩固商王朝的统治，东征西讨一直未停，聘西戎，命彭伯、韦伯，命巫贤，命邠侯等措施也是为了团结臣服于商的方伯和任用治理国家人才。迁都也是寻求一个既能避免内乱又能便于对外征讨的地方。

盘庚迁殷所遇到的阻力仅限于王室内部的贵族和奄地这些贵族有千丝万缕关系的地方势力，其中不乏狼狈为奸的黑恶势力。盘庚在诸商王中不失为一个既聪明又有胆识的统治者，他深知由于"九世乱"和"诸侯莫朝"（莫朝即不朝贡，等于叛商）所形成的后果。王室诸弟子和贵族势力已渐成气候，加之有的已与地方黑恶势力沆瀣一气，若任其发展就有可能与氏族、方国相互勾结，威胁王朝的统治。从《盘庚》三篇中来看，也透露出这方面的内容，如：

> 汝克黜乃心，施实德于民，至于婚友，丕乃敢大言汝有积德。乃不畏戎毒于远迩，惰农自安，不昏作劳，不服田亩，越其罔有黍稷。
>
> 汝不和吉言于百姓，惟汝自生毒，乃败祸奸宄，以自灾于厥身。乃既先恶于民，乃奉其恫，汝悔身何及？相时憸民，犹胥顾于箴言，其发有逸口，矧予制乃短长之命？汝曷弗告朕，而胥动以浮言，恐沉于众？若火之燎于原，不可向迩，其犹可扑灭？则惟汝众自作弗靖，非予有咎。（上篇）

上引第一段是严厉地批评反对迁都的贵族及其子弟们，意思是："要去掉不良的私心，对人民多施些恩惠，在亲友中才会大肆宣扬你们这些人不是缺德而是积德的。你们如果不考虑造成灾祸的后果，就如同懒惰的人去种农田，不去好好耕种，付出应有的劳动，不想去种田，但又想得到黍稷一样。"

第二段除盘庚威胁的话外，是斥责这些贵族及其子弟，意思是："自己制造邪恶，败坏政事，诱使人们去做坏事，为奸作乱，祸及人民，如果引起人们反对也会祸及自身，其悔恨就已晚了。"又："你们为何不亲自告诉我，要用些流言去煽动、恐吓、蛊惑大众。你们如此做法，如同烈火燎于原野，不能面对面的去靠近，怎能去扑灭？这全是你们做的坏事，不是我的错误。"

《盘庚》下篇中也有类似的话，可见这些贵族及其子弟们已经与奄地的地方势力，尤其是一些黑恶势力勾结开始作坏事，这是非常危险的一股企图颠覆王朝的势力。盘庚只得借助于占卜所见的上帝和祖先的意志，连骂带哄，终于使这批人不敢再兴风作浪，只得安心在新都生活。如果单纯对付内部这些"不遵汤法"，"不修德"的人，作为一个国王来说并非无能为力。但在盘庚迁殷前王朝外部势力也不容忽视，"诸侯莫朝"就会有叛商进犯者。虽然古文献中缺乏盘庚迁殷前的外部的资料，但从盘庚迁殷之后，从武丁时期的甲骨文资料可以看出，对氏族、方国的征伐相当频繁。如武丁时期占卜中征伐卜辞的数量很多，对武丁王朝威胁最大的是舌方和土方两个大方国。目前所见武丁时期征伐舌方的卜辞有三百四十多条（含残辞），加上见有舌方活动的也有二百多条（含残辞），征伐土方的卜辞也有一百五十多条（含残辞）。这两个方国在商都（安阳殷墟）西北部，活动于商王畿西和北部，而且经常出没于王畿内。武丁投入了很大兵力征伐，终武丁之世可能已将其征服，其后才不见有占卜其活动或征伐的卜辞出现。羌、羌方也是分散在商西和西北的一大氏族、方国，羌又分有多种，如马羌、北羌、羌龙等。这些羌人近的在今山西西部和陕西东北部一带，其流动范围很大，可达商王畿西和北部一带，但终商之世商王未将其征服。其他还有一些地处商西或北的氏族、方国对商王朝时叛时服，历代商王还要不时征讨。

以上所述这些方国不是自武丁时才突然出现与商王朝为敌作对的，而是有一个长期服叛过程。从前引今本《竹书纪年》中的少数资料中，可以看出对方国的征伐一直是商王朝的大事。原来的王都所在地奄处于东方偏南地区，与东夷活动地区接近，而且东夷中各种氏族、部落似对商王朝构不成太大威胁，相反还有"东九夷来宾"的记载。但是，对处于西北地区的诸方国，从战略上来说因距离太远征伐不易，既费兵力又不能很快征服，不利于控制。要加强对西方和北方氏族、方国的征伐，使其臣服而扩大统治疆域，采取将王都迁往距这些氏族、方国较近的殷地，是明智之举。再从甲骨文中来看，武丁时期占卜对外征伐的卜辞占了很大数量，两个地处西北部的方国最终可能被征服，这对于王朝的巩固和扩大统治区域确实起到了预想的作用。因为盘庚迁于殷地是最有利于商王朝统治的理想地方，故商王朝后半期二百七十三年再未迁徙都城。帝乙、帝辛徙于朝歌，此地距殷不远，如按《殷本纪》《正义》引《竹书纪年》"纣时稍大其邑，南距朝歌，北据邯郸及沙丘，皆为离宫别馆"之说有所根据，那也是在殷地王都范围之内，可知在此之前的商王迁徙无定处，就是未选择到一个对内、对外都非常有利的地方设立王都。至于迁殷对于商王朝社会生产的利弊来说，无论是王室内部的安定、对外的征伐和扩大疆域，还是社会生产中的农耕、畜牧、田猎及其他手工业，从甲骨文各个商王时期的卜辞中，都充分反映出是利大于弊的。

十　佐商的诸贤臣

　　商王朝在近六百年（《夏商周断代工程1966—2000年阶段成果报告》中定为555年）的发展进程中，之所以多次遇到危机都能转危为安，除了商王个人的"修德"和有所作为外，应当说佐商之大臣在关键的政事上起了很大的作用。这些贤臣们见于古文献的有：《尚书·君奭》中商汤时的伊尹，太甲时的保衡，太戊时的伊陟、臣扈、巫咸，祖乙时的巫贤，武丁时的甘盘。伪古文《尚书·仲虺之诰》中有商汤时的仲虺。《尚书·序》中还有义伯、仲伯、汝鸠、汝方（《殷本纪》作女鸠、女房）、疑至，商汤至沃丁时的咎单，《尚书·盘庚（上）》有迟任，《尚书》中还有武丁时的说（即傅说）、祖己，商纣时的祖伊。《诗·商颂·长发》有阿衡，研究者认为此人亦是中期商臣。《尚书·序》："太戊赞于伊陟，作《伊陟》《原命》"。《史记·殷本纪》《集解》："马融曰：原，臣名也。"《大戴礼·虞戴德》有："昔商老彭及仲傀，政以教大夫，官之教士，技之教庶人，扬则抑，抑则扬，缀以德行，不任以言。"清王聘珍《解诂》："《论语》曰：'窃比于我老彭。'包云：殷贤大夫也。"以上是古文献中所见的有商一代的贤臣，其中不少贤臣的事迹已失传，不知其具体的政绩。如果是无所作为的一般朝臣，则不会将其名载入史册。

仲虺和伊尹都是助商汤灭夏桀的功臣。仲虺，亦作中虺、中傀、中儡、中芮。据伪古文《尚书·仲虺之诰》，孔《传》谓："仲虺，汤左相，奚仲之后。"《左传·定公元年》也称："仲虺居薛，以为汤左相。"伊尹是囚禁不遵汤法及乱德的太甲，后太甲改过又迎立复位并辅佐太甲的大功臣（见本书第五、七章）

保衡和阿衡，历来对这两位各说不一。《殷本纪》说"伊尹名阿衡"。《索隐》以为名阿衡、保衡的皆官名非人名。陈梦家认为：《尚书·君奭》中保衡为太甲时人，阿衡为商代中叶的人。"阿、保是官名而衡是其私名"[①]。目前无确切资料为证，只能存疑。

伊陟，伊尹之子，商王太戊时为相。司马迁据他所见的资料将伊陟事迹编写于《殷本纪》中，所载是：

> 帝太戊立，伊陟为相。亳有祥桑榖共生于朝，一暮大拱。帝太戊惧，问伊陟。伊陟曰："臣闻妖不胜德，帝之政其有阙与？帝其修德。"太戊从之，而祥桑枯死而去。伊陟赞言于巫咸。巫咸治王家有成，作《咸艾》，作《太戊》。帝太戊赞伊陟于庙，言弗臣，伊陟让，作《原命》。殷复兴，诸侯归之，故称中宗。

此段太戊时"桑榖共生"之事，又见于《尚书·序》《汉书·五行

---

① 《殷墟卜辞综述》，第363—364页。

志》《孔子家语·五仪》。类似之故事也发生于商汤之时，如《吕氏春秋·制乐》谓：

> 故成汤之时，有穀生于庭，昏而生，比旦而大拱，其史请卜其故……于是早朝晏退，问疾吊丧，务镇抚百姓，三日而穀亡。

《韩诗外传》卷三亦载：

> 有殷之时，穀生汤廷，三日而大拱。汤问伊尹曰："何物也？"对曰："穀树也。"汤问："何为而生于此？"伊尹曰："夫穀之出泽野物也，今生天子之庭，殆不吉也。"汤曰："奈何？"伊尹曰："臣闻妖者祸之先，祥者福之先，见妖而为善，则祸不至；见祥而为不善，则福不臻。"汤乃斋戒静处，夙兴夜寐，吊死问疾，赦过赈穷，七日而穀亡。妖孽不见，国家其昌。

此事也发生于武丁时，如《说苑·敬慎》记载有：

> 至殷王武丁之时，先王道缺，刑法弛。桑穀俱生于朝，七日而大拱。工人占之曰："桑穀者野物也，野物生于朝，意朝亡乎？"武丁恐骇，侧身修行，思昔先王之政，兴灭国，继绝世，举逸民，明养老之道。三年之后，远方之君重译而朝者六国。

《论衡·异虚》所载内容和《说苑·敬慎》相同，"桑榖俱生于朝，七日而大拱"，只是多武丁召其相祖己问之一段。

可知此种事在商王朝是多次发生，只是汤、太戊、武丁三位商王是有作为的圣君，而且三位辅政大臣中的伊尹、伊陟、祖己都是著名的三位贤臣，才得以留流传于后世。古代和近现代的注疏家们都认为是一事记于不同时期的三位商王，如清代崔东壁认为：

> 余按：此必一事而传之者异词，或以为成汤，或以为太戊，或以为武丁耳；遂两载之，误矣。成汤圣敬日跻，遂有天下，岂待为天子后然后惧而修德！《尚书》称"武丁亮阴，三年不言：其惟不言，言乃雍"。则亦非国灾而后自警者。惟太戊，《尚书》称其"严恭寅畏，治民祗惧"，则《史记》以此事为太戊时者近是①。

崔东壁是从儒家的观念去理解：因为成汤既是圣王，已得了天下，武丁已经成为天子当然不会再"惧而修德"。其实他不了解商王室的人们最迷信鬼神，他更没有见过甲骨文，也没有将商王朝还是处于巫史不分的时代联系分析，所以才从三者中取其一。伊尹、伊陟、祖己正是利用商人迷信鬼神的心理来借题发挥，以此劝谏商王修德，振兴王朝。对这些古文献中所载反复研究分析后，就不难发现并非一事的不同记载，而是在成汤、太戊、武丁时都发生过。所不同的是发生在成汤时只是"有榖生于庭"，而太戊和武丁时都是

---

① 《崔东壁遗书》商考信录卷之二"太戊"条。

"桑榖共（或俱）生于朝"。无论是"一暮大拱"，或三日、七日"大拱"，都是因传说的不同而记载有差异，关系并不太重要。但此事确实发生过，是汤时生于王庭的只是榖树，不是与桑树共生。"榖"字，据《说文》木部："榖，楮也"。段玉裁注："《小雅》传曰：榖，恶木也。"楮树即构树，是落叶乔木，一年生一次，枝叶茂密并开花结果，这种树古人识为不吉祥之树木。无论是"一暮大拱"或三日，七日大拱，都是突发性的，而不合于植物生长规律，或与时令不合，商人当然识为妖异。如果只从王朝兴衰来看，国兴则有吉祥之征兆，国衰则有妖异出现，似在古文献中常见。自然界中有许多事物的自然现象，因还认识不到它的规律而往往被人们利用为国家兴衰的征兆。三千年前的商代自然环境要比后代的好，气候温暖①，动植物种类很多，大小河流畅通，水分充足，植被覆盖面广。在商王的朝廷中也不乏有一些自然生长的植物，构树自古盛产于黄河流域，在王庭中生长此树也不足为奇。两个有机体的"共生"自古就很普遍，植物的共生也是常见之事，故王庭"桑榖共生"出现也是自然的现象。一朝大拱或三、七日大拱则是速生，亦可能是史官们有意制造，以此来规劝商王修德勤政。

据《尚书·君奭》所载，太戊时之大臣还有臣扈和巫咸。《尚书》有佚篇《臣扈》，马融认为是成汤时臣名，则商王朝中有两个同名的臣扈，相传为商汤左相仲虺之裔②。此说似不太可靠，因商

① 竺可桢：《中国近五千年来气候变迁的初步研究》，《人民日报》1973年6月19日。
② 《路史·后纪五》，《唐书·任、薛世系表》。

汤时的臣扈当是与仲虺同时，汤建立商王朝后十年左右就死，汤时的臣扈因《尚书·臣扈》已佚也无事迹留于后世，很难说明是仲虺之裔，太戊时的臣扈当是商汤时臣扈之裔。

巫咸，《殷本纪》《集解》："孔安国曰：巫咸，臣名。"《正义》"按：巫咸及子贤冢皆在苏州常熟县西海虞山上，盖二子本吴人也。"清《一统志》称：巫咸墓在"解州夏县东五里"。一说墓在今江苏常熟，为吴人；一说墓在今山西夏县，则当为晋人。按《宋史·礼志》载：北宋徽宗三年（1104 年）"封巫咸为河东公"。此都是后世人们争历史名人"户口"所为。《庄子·天运》载：

> 巫咸袑曰：来，吾语女。天有六极五常，帝王顺之则治，逆之则凶。九洛之事，治成德备，监照下土，天下戴之，此谓上皇。

曹础基认为"袑"，不是巫咸之寄名并引"宣颖认为袑是'招'字之误，招呼而答应的意思"①。从《天运》这段话来看，倒是有些类似商王朝中大臣所用的语言。商王朝还是一个巫史不分的时代，朝臣中有的就是巫史双重身份，甲骨学中的"贞人"就是这类人物，故两汉注疏家们认为巫咸是殷巫，不错。

祖乙时的辅政大臣巫贤据《尚书·君奭》孔《传》，是巫咸之子。《殷本纪》称："河亶甲时，殷复衰，河亶甲崩，子帝祖乙立。帝祖乙立，殷复兴。巫贤任职。"可知巫咸、巫贤父子两代都是能

---

① 《庄子浅注》，第 206 页《天运》注文，北京：中华书局，1982 年 10 月。

跪坐玉人

辅佐商王而使商王朝复兴的贤臣。所谓"贤臣",就是有才干、有魄力的大臣。

殷墟甲骨文是盘庚迁于殷以后遗留下来的遗物、遗文。甲骨文中出现有商先臣名,如本书中介绍过的伊尹。从卜辞中看,商王朝中的朝臣中之大臣称"尹",前辈研究者认为即史官。史官在夏、商、周三代中的作用随着时代的变化、社会的进步而有所不同。据《吕氏春秋·先识》载:夏王朝末的夏桀时有太史令终古,是太史之长。《礼记·玉藻》有:"动则左史书之,言则右史书之。"史官有左右不同分掌之职,是在国王左右的近臣。商王朝的"史"其职责不全是记言记行的史官,见于卜辞中的驻外武官也称"史",如"西史""北史""东史"等。甲骨学中称占卜卜辞的史官为"贞人",本书前面已介绍过贞人在商王左右,是社会知识相当丰富的高级知识分子,故笼统认为卜辞中的尹都是史官不太确切。《周礼·春官》有"大史""小史""内史"的分职,掌管各有不同,分工已较细,此是西周以来的史官。武丁及后期卜辞中有"咸戊"① "学戊"② "爻戊"③ "尽戊"④ "黄尹"⑤

---

① 《甲骨文合集》1822 正,3507—3509,1092,19946 正,20089。
② 《甲骨文合集》952 正,1822 正,2130,10408 正,20098,20100。
③ 《甲骨文合集》3512,7862。
④ 《甲骨文合集》3251 正,3515,3516,3521 正,10969 正。
⑤ 《甲骨文合集》563,916 正反,971,3465,6945,10079,14209 正等。

"黄奭"①，有的学者认为卜辞中有"戊陟"和"陟"。查目前所见卜
辞中的"陟"字大多用作祭名和动词，《说文》："陟，登也。"用作
动词如武丁后期卜辞有："壬申卜，王陟山京，癸酉易日②。"只有
几条较残卜辞中有"雀弗其戈陟③，"可以看出是族（或方国）名。
另有一条"甲戌卜，内：翌征有省，执陟……④。"此"陟"可能就
是陟族或陟方之长。祖庚、祖甲时期卜辞有："癸未卜，陟贞：今
夕无祸⑤。"此陟才是史官，但不是太戊时期的人，或许是伊陟之
后裔。武丁及后期卜辞有"咸戊"⑥。王国维认为卜辞中的"咸戊"
就是《尚书·序》中的巫咸⑦。至于其他的贤臣，我认为不能在卜
辞中勉强对号，只待将来有过硬而明确的资料来证实。

伪古文《尚书·说命（下）》载有：

> 王曰：来！汝说（悦）。台小子旧学于甘盘，既乃遯于荒
> 野，入宅于河，自河徂亳，暨厥终罔显。

孔传："学先王之道，甘盘殷贤臣。"孔颖达疏，认为武丁时"甘盘
已死"。前引《君奭》孔传："高宗即位，甘盘佐之。"《汉书·古今
人表上中》商甘盘，颜师古注："武丁师也。"今本《竹书纪年》

---

① 《甲骨文合集》409，575，3506，14209 正，14210 正。
② 《甲骨文合集》20271。
③ 《甲骨文合集》6981，6982。
④ 《甲骨文合集》5828。
⑤ 《甲骨文合集》36393，36394。
⑥ 《甲骨文合集》1822 正，3507，3509，10902，19946 正，20098。
⑦ 《古史新证》。

载："武丁元年，命卿士甘盘。"《史记·鲁周公世家》根据《尚书·无逸》："其在高宗，久劳于外，为与小人。"《集解》：

> 孔安国曰："父小乙使之久居人间，劳是稼穑，与小人出入同事也。"马融曰："武丁为太子时，其父小乙使行役，有劳役于外，与小人从事，知小人艰难劳苦也"。

武丁曾被其父小乙下放于民间从事劳动，遇上甘盘，向其学习治国之道，得甘盘之辅佐，故甘盘为武丁时之贤臣。据董作宾在《甲骨文断代研究例》中认为：

> 《说命》称"学于甘盘"，此称"武丁师"，必有所本。卜辞中甘盘正作师盘。称师，如吕尚称"师尚父"，以示尊崇贤臣之意。卜辞𠂤作师，盘作般，与盘庚之作般同。据现在所见而可定为武丁时的卜辞者，有以下各辞（略）。

董作宾因限于当时所见资料，只举出有师般的卜辞十一条[①]。目前见于《合集》《屯南》《英藏》《怀特》等书著录有"师般"的卜辞已有五十余条（含残辞），其中有二条属武乙、文丁时期外[②]，其余皆为武丁时期。现举完整的十条如下：

(1)"贞：命师般。"　　　　　　　　《合集》2537，4214，4215

（2）"贞：命师般从东。" 　　　　　　　　《合集》4213

（3）"贞：呼师般。" 　　　　　　　　　　《合集》4220

（4）"贞：呼见师般。" 　　　　　　　　　《合集》4221

（5）"庚午卜，韦：呼师般，侑……于……" 　《合集》4223

（6）"贞：今二月师般至。" 　　　　　　　《合集》4225

（7）"贞：师般其有祸。" 　　　　　　　　《合集》4226

（8）"癸酉卜，古贞：师般叶王事。" 　　　《合集》5468 正

（9）"癸巳卜，古贞：命师般涉于河东。" 　《合集》5566

（10）"戊寅卜，㱿贞：勿呼师般从宛。" 　　《合集》6185

（11）"贞：惟师般呼伐。" 　　　　　　　　《合集》6209

（12）"呼师般取。" 　　　　　　　　　　　《英藏》547 正

（13）"丁巳卜，㱿贞：呼师般往于微。" 　　《怀特》956

其中（2）、（3）、（5）、（6）、（7）条为董作宾所举之辞。从目前有师般的五十余条卜辞来看，师般当是一个较大氏族名，故武乙、文丁时期卜辞中才又出现"……王命师般"（董举此条误作武丁时期）。《说命（下）》孔颖达疏："盖甘盘于小乙之世以为大臣，小乙将崩受遗辅政，高宗之初得有大功，及高宗免丧，甘盘已死。"可能此氏族首领作为商王朝的辅政大臣是世袭制的，自小乙时的师般到武丁时此人已死，辅助武丁的师般当是氏族接班之首领，因此一直沿袭至商末。

《国语·楚语上》载有：

　　昔殷武丁能耸其德，至于神明，从入于河，自河徂亳，于是乎三年，默以思道……如是而又使外象梦旁求四方三贤圣，

得傅说以来，升为三公，而使朝夕规谏。

《尚书·说命序》："高宗梦得说，使百工营求诸野，得诸傅岩。"

《史记·殷本纪》载：

> 帝小乙崩，子帝武丁立。帝武丁即位，思复兴殷，而未得其佐。三年不言，政事决定于冢宰，以观国风。武丁夜梦得圣人，名曰说。以梦所见视群臣百吏，皆非也。于是乃使百工营求之野，得说于傅险中。是时说为胥靡，筑于傅险。见于武丁，武丁曰是也。得而与之语，果圣人，举以为相，殷国大治。故遂以傅险姓之，号曰傅说。

《正义》引《地理志》云：

> 傅险即傅说版筑之处，所隐之处窟名"圣人窟"，在今陕州河北县北七里，即虞国、虢国之界。又有"傅说祠"。注《水经》云：沙涧水北出虞山，东南径傅岩，历傅说隐室前，俗名"圣人窟"。

傅说所隐居之地有不同之说，我认为当如《正义》所引"陕州河北县北"，此地在今山西平陆与河南三门峡市之间。

司马迁是据他当时所见的各种资料编写出这段记述。傅说之"说"，读悦，悦或作兑。有关傅说如何辅佐武丁之事迹将在下一节介绍。

甲骨文中有一个字，原形作"𡨄"，1930 年丁山发表《说冀》并在附录二《释梦》释为"梦父合文，疑即傅说"，并举出有此字之卜辞（即《殷墟书契菁华》第 6 页 1 版）①。1932 年董作宾同意丁山之说，加以补充《殷墟书契菁华》第 3、第 5 页两版，写入《甲骨文断代研究例》中②。这是三条著名的卜辞，内容是商王占卜是否有灾祸。从上下文看，此字不应是"梦父合文"，更不是傅说。因傅说在武丁王朝所起作用要比甘盘大，反映"师般"的卜辞有五十余条，反映傅说的卜辞定会不少，只是目前尚不能准确地释出。

《尚书·高宗肜日》《书序》载："高宗祭成汤，有飞雉升鼎耳而雊，祖己训诸王，作《高宗肜日》《高宗之训》。"孔传：祖己"贤臣也"。此祖己当是辅佐武丁至祖庚时贤臣。司马迁据此写入《殷本纪》中，为：

> 帝武丁祭成汤，明日，有飞雉登鼎耳而响，武丁惧。祖己曰："王勿忧，先修政事。"祖己乃训王曰……

相传祖己为仲虺之后裔③。有关祖己辅佐武丁之事迹将在下节介绍。

《尚书·西伯戡黎》《书序》载："殷始咎周，周人乘黎。祖伊恐，奔告于受，作《西伯戡黎》。"孔传："祖己后，贤臣。"商王朝

---

① 《中央研究院历史语言研究所集刊》第 1 本 2 分，1930 年。
② 同上外编第一种《庆祝蔡元培先生六十五岁论文集》上册，1933 年 1 月。
③ 《唐书·任、薛世系表》。

末年，商王文丁时封周季历为西伯，其后又恐周人坐大，遂召季历入商都而囚禁，季历因此忧困而死①。商纣（即受）时，又封周姬昌（周文王）为西伯，但又恐周势力增强，遂囚姬昌。得贿后遂释姬昌之囚，仍封为西伯，并授以"得专征伐"之大权。其后周势力渐强，伐臣服商的方国，伐黎国而取胜。贤臣祖伊恐周将有不利于商王朝之举，急奔回商都向商纣报告，商纣说"我生有命在天"，遂不听祖伊的苦心劝谏。祖伊认为：纣罪恶太多，已多得罪于天，如此下去必将使商王朝走向灭亡。并记其事为《西伯戡黎》。司马迁据《西伯戡黎》的记述编入《史记·殷本纪》中，云：祖伊说"纣不可以谏矣"！

商末的贤臣还有比干、微子、箕子、商容、膠鬲等，这些忠于商王朝的朝臣们劝谏商纣改正其恶行，复修祖先之德，如他们的先辈们辅佐商王一样，欲使"殷复兴"。但是，他们中有的被商纣杀戮，有的被囚禁，有的被逼弃商投奔周武王。历史的发展进程使他们无能为力，最终被周武王率领的诸侯联军攻入商都，以商纣自焚而宣告商王朝的灭亡。这批商纣时的贤臣们的事迹将在本卷最后介绍。

---

① 今本《竹书纪年》注引文。

十一　一代英王武丁

武丁，商王朝第二十三位君王。名昭，盘庚之侄，小乙之子。是商王朝中期有所作为的一代英王，后世多有称颂。如《孟子·公孙丑上》称："由汤至于武丁，贤圣之君六七作，天下归殷久矣，久则难变也。武丁朝诸侯，有天下犹运之掌也。"还被称为商代与汤、太甲、祖乙齐名的"天下之圣君"①。有关武丁的事迹除古文献中的记载外，甲骨刻辞中还有不少的记录。目前见于古文献中最早的是《尚书·高宗肜日》，谓："高宗肜日，越有雊雉。祖己曰：'惟先格王，正厥事。'乃训于王。"《君奭》中亦有："在武丁时，则有若甘盘。"此称"高宗"即武丁之尊号，后人在古文献中记载先王时为了表示尊敬多有不用名而用庙号或是尊号。《高宗肜日》中所载是武丁之子祖庚祭武丁时有野鸡飞入庙堂而鸣，贤臣祖己以

---

① 《晏子春秋·内篇谏上》。王玉哲认为《尚书·无逸》中所载"其在祖甲……肆祖甲之享国三十有三年"的祖甲是指"太甲之子太丁"。如此才与三位"圣君"合。见《试论商代"兄终弟及"的继统法与殷商前期的社会性质》，刊《南开大学学报》1956年第1期。

此事而训于诸王。《无逸》中所载武丁事迹略详,谓:

> 周公曰:"……其在高宗,时旧劳于外,爰暨小人。作其
> 即位,乃或亮阴,三年不言。其惟不言,言乃雍。不敢荒宁,
> 嘉靖殷邦。至于小大,无时或怨。肆高宗之享国五十有九年。"

孔传:"武丁其父小乙,使之久居民间,劳是稼穑,与小人出入同事。"武丁为太子时的这段经历,为历代注疏家所认同。这是小乙为保住江山,培养下一代如何治理王朝,使之能体会耕种庄稼之不易,故将其下放到农村,与农夫们同劳动,可以认为这是我国目前所见将青年下放农村劳动锻炼最早的记载。

武丁下放劳动体验生活时期最大的收获有:(一)体会到稼穑之艰难,民间之疾苦。(二)拜访了贤士甘盘,向其请教治国之道。(三)结识了混迹于胥靡中有治国才干的传说。产生了即位后要振兴商王朝,只有将甘盘和傅说二人请入朝为辅佐大臣的想法。伪古文《尚书·说命下》谓:"王曰:来!汝说。台小子旧学于甘盘,既乃遁于荒野,入宅于河。"文中"王"即武丁,"台小子",武丁自称,即"我小子"。"旧学于甘盘",旧即久①,久学于甘盘,应指是武丁在下放时期向甘盘求教。孔颖达认为"旧学于甘盘"是武丁为王子时之事是对的,但说"盖甘盘于小乙之世以为大臣,小乙将崩,受遗辅政。高宗之初得有大功,及高宗免丧甘盘已死"则有误。今本《竹书纪年》有:小乙"命世子武丁居于河,学于甘盘"。

---

① 《史记·鲁周公世家》。

又武丁"王即位，居殷。命卿士甘盘"。武丁为王子时向其学习，即位后才命为卿士，说甘盘在武丁免丧时已死，与卜辞中反映出的情形不合。本书第十节中已述及甘盘在卜辞中称"师般"，是一个氏族首领名，世代为商臣者亦称师般，故武丁及武乙、文时期卜辞中皆出现师般之名。

傅说其人，目前在甲骨卜辞中尚未辨认出有其名或其他称谓，只能根据古文献中所载来叙述。如：

《孟子·告子下》载："傅说举于版筑之间。"

《楚辞·离骚》有："说操筑于傅岩兮，武丁用而不疑。"

《国语·楚语上》所载较详，谓：

> 昔殷武丁能笃其德，至于神明，以入于河，自河徂亳，于是乎三年，默以思道。卿士患之，曰："王言以出令也，若不言，是无所禀令也。"武丁于是作书，曰："以余正四方，余恐德之不类，兹故不言。"如是而又使以象梦旁求四方之贤，得傅说以来，升以为公，而使朝夕规谏。

司马迁似是以《楚语》中所载内容为主，并参照当时他所见到的其他古文献中有关资料，编写在《史记·殷本纪》中：

> 帝小乙崩，子帝武丁立。帝武丁即位，思复兴殷，而未得其佐。三年不言，政事决定于冢宰，以观国风。武丁夜梦得圣人，名曰说。以梦所见视群臣百吏，皆非也。于是乃使百工营求之野，得说于傅险中。是时说为胥靡，筑于傅险。见于武

丁，武丁曰是也。得而与之语，果圣人，举以为相，殷国大
治。故遂以傅险姓之，号曰傅说。

武丁能成为一代英王，中兴之主，其重要原因是武丁在被小乙
下放劳动体验生活中，知晓了民间疾苦和发现了一位有治国才干的
傅说作辅政大臣。武丁下放的地点在何处？伪古文《尚书·说命
上》《书序》谓："高宗梦得说，使百工营求诸野，得诸傅岩，作
《说命》三篇。"
《殷本纪》《正义》谓：

　　《地理志》云："傅险即傅说版筑之处，所隐之处窟名'圣
人窟'，在今陕州河北县北七里，即虞国、虢国之界。又有
'傅说祠'。注《水经》云：'沙间水北出虞山，东南径傅岩，
历傅说隐室前，俗名圣人窟。'"

《集解》亦说：

　　孔安国曰："傅氏之岩在虞、虢之界，通道所经，有涧水
坏道，常使胥靡刑人筑护此道。说贤而隐，代胥靡筑之，以供
食也。"

"傅岩"，《殷本纪》作"傅险"，岩、险古通。"陕州河北县"，"虞
国、虢国之界"，或虞山。虞山又名虞坂，据北宋《太平寰宇记》
载："太行山有路，名曰虞坂。周武王封仲雍之后虞仲于夏墟，因

虞为称，谓之虞坂。"由此可以推断武丁下放在黄河沿岸，访傅说之处是在当时的黄河岸边。其故地在今山西平陆与河南三门峡市之间，此地距商王都（今河南安阳）不太远。

至于武丁夜梦傅说之事，应当说不是虚构。因为目前发现甲骨文中占卜"梦"的卜辞有一百七十余条（含残辞），其中绝大多数为武丁时期（即第一期）的占卜，极少数为武丁后期，廪辛至文丁时期只有几条。武丁时期占卜"王梦"的卜辞有近七十条，如："贞：王梦呼余御祸。贞：王有梦不惟呼余御祸。贞：王梦示，并立十示。王梦不惟佐①。"又"己丑卜，㱿贞：王梦惟祖乙。贞：王梦不惟祖乙②。"又"己巳卜，亘贞：王梦珏，不惟循小臣墙③。"殷人迷信鬼神的情况深入在生活的各个方面，其中武丁时期尤甚，故才有如此多占卜梦的卜辞。武丁夜梦圣人是一个托词，有可能武丁在下放农村劳动锻炼时结识了傅说，并向傅说许诺即位后一定想办法请他入朝为辅佐大臣。如果《殷本纪》《集解》引孔安国所说有一定的根据，则傅说如同伊尹一样是一位有贤名的隐者，为求衣食而混迹于胥靡（犯罪而劳动改造

伐土方的卜辞

---

① 《甲骨文合集》376 正反。
② 《甲骨文合集》776 正。
③ 《甲骨文合集》5598 正。

者）中充当泥瓦匠①。武丁久处在民间闻其贤而结识，但又顾忌商王室的制度不允许将一个胥靡召入朝为官。武丁不愧是个聪明之人，深知劳改过的人，政治上有污迹，不能违制直接召入朝中委以重任，只能利用贵族、朝臣们的迷信心理，以占卜后称夜梦圣人。在百官中对梦中所见相貌，结果无一相同。才使百工寻求诸野，在傅岩处胥靡中找到"梦中之人"。这样既不违祖制，又合于朝中众人迷信鬼神之心理。上举卜辞"王梦不惟佐"，虽不是指求傅说之事（此时傅说已为相），但反映出有的辅佐政事也通过占卜梦象来决定。

关于武丁继小乙即位后"谅（亮）阴（闇），三年不言"之事，历来众说纷纭。汉唐注疏家们多从《礼记·丧服四制》中所载武丁是因丧尽孝守制，才"三年不言"。认为是为其父小乙守丧三年，不过问政事。也有认为是"默以思道"，考虑如何选用辅佐治国之人才。郭沫若则从现代医学角度去解释，认为武丁是得了医学上的

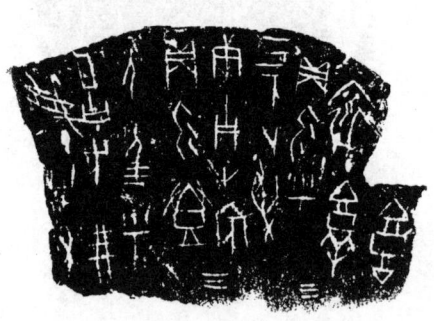

伐舌方的卜辞

"不言症"，并以卜辞中的"今夕王言""今夕王乃言"为证②，其后在研究商代史中各有所从。通过有关古文献的记载和卜辞中所反映的情形来看："因丧守制"，是后人按自己的理解

---

① 《吕氏春秋校释·求人》注。
② 《驳说儒》收入《青铜时代》，北京：人民出版社，1954年6月。

去解释，即使有此举也只是一种形式或借口。故《国语·楚语》中才用三年不言"默以思道"来表述。司马迁在《殷本纪》中也只用"帝武丁即位，思复兴殷，而未得其佐。三年不言，政事决定于冢宰，以观国风"。两书作者都不用"亮阴""谅闇"或"梁阴"等词，故我认为司马迁的理解是较合乎商王武丁治国兴殷的实际，三年不言，是指不在朝中过问政事，一心考虑辅佐之大臣和如何振兴商王朝。自盘庚迁殷至小辛、小乙五十余年中①，尤其是小辛、小乙两王时期未见有什么作为，商王朝虽经两百多年的发展，但还是一个联盟式的统一王朝，从甲骨卜辞中所反映出各氏族、方国仍是相对独立的集团。这些集团臣服于商王朝后，其首领被封为诸侯，称某侯、某伯，一旦叛商则要受到征伐。司马迁虽然未见过商王朝遗留下来的甲骨卜辞，但他在《殷本纪》中用"殷道衰，诸侯或不至"，"殷道复兴，诸侯来朝"等词，说明他当时所见的史料是可信的。小辛、小乙时期虽未见有"殷道衰，诸侯莫朝"的表述，但武丁即位后面临的并非"殷复兴"的盛世局面，因此才会有"思复兴殷，而未得其佐"。采取不理朝政"以观国风"的对策，其实就是刚即位后对朝政尚未全面了解，在三年中不发表施政的重要讲话，而是在做全面的调查研究。当武丁了解了王朝各方面的情形以后，才以夜梦傅说的办法而将其封为辅佐大臣，开始治理王朝。

武丁在傅说和祖己等大臣的辅佐下，出现了"天下咸欢，殷道复兴"的局面。武丁时的贤臣之一祖己，其辅佐武丁事迹主要见于《尚书·高宗肜日》和《殷本纪》。《书序》和《殷本纪》都认为

---

① 《夏商周断代工程 1966—2000 年阶段成果报告》中定为五十年。

"高宗肜日"就是高宗武丁祭成汤时有野雉飞入庙堂登鼎耳而鸣。
司马迁据《尚书》的内容编写为：

> 武丁惧，祖己曰："王勿忧，先修政事。"祖己乃训王曰：
> "唯天监下典厥义，降年有永有不永，非天夭民，中绝其命。
> 民有不若德，不听罪，天既附命正厥德，乃曰其奈何。呜呼！
> 王嗣敬民，罔非天，继常祀毋礼于弃道。"武丁修政行德，天
> 下咸欢，殷道复兴。

从历史上注释和研究《尚书》的情形看，对《高宗肜日》有两种认
识：一种是武丁祭成汤；另一种是祖庚祭武丁。南宋末年的学者金
履祥对《高宗肜日》就疑为"似是祖庚绎于高宗之庙"[①]。但是，因
为《殷本纪》中的记述，研究《史记》之大家清朝学者梁玉绳在
《史记志疑》卷二中，则极力批驳此说。其后虽多有学者疑是祖庚
祭祀高宗武丁，但是苦于无有力的证据，故一直成为两说并存的问
题。自从殷墟甲骨文发现以后，从研究祭祀卜辞的"肜祭"中看
出受祭人是指祭祀人的长辈或先祖，故"高宗肜日"应如金履祥
所疑是"祖庚祭武丁"。如果司马迁的《殷本纪》是据《书序》所
载编写应是一种误解，或许当时他所见到还有与《书序》相同的
资料（这种资料其后佚，今不得见）。但有一点可信的是，祖己其
人是自武丁时期就是辅政朝臣，可能和伊尹一样是辅佐几位商王
的大臣。

---

① 《尚书表注》。

　　目前从古文献中所见的武丁事迹还有"放逐王子孝己"一事。据《战国策·秦策一》载陈轸曰："孝己爱其亲，天下欲为了。"高诱注："孝己殷王高宗武丁之子也。"《尸子》载："孝己一夕五起视亲，衣之厚薄，枕之高下①。"《帝王世纪》载："初，高宗有贤子孝己，其母早死，高宗感后妻之言，放而死，天下哀之②。"今本《竹书纪年》有"王子孝己卒于野"。武丁之子孝己是后人觉得他是个孝子又死得冤，故尊称之。

　　武丁之子孝己也见于甲骨卜辞中，但不称为孝己。帝乙、帝辛时期"周祭"卜辞中称为"祖己"，廪辛、康丁时期卜辞中称为"小王父己"（《合集》2878）③祖庚、祖甲时期称为"兄己"。如：

　　(1) "癸酉卜，行贞：王父丁岁，三牛，暨兄己一牛，妣庚……无尤。癸酉卜，行贞：王宾叙，无尤，在十月。"

《合集》23187

　　(2) "癸亥卜，□贞：……兄庚岁暨兄己惟其牛。贞：兄庚岁暨兄己其牛。"

《合集》23477

　　(3) "戊辰卜，其延兄己、兄庚岁。"　　《合集》27616，27617

　　(4) "父己、中己、父庚，惟……"　　《屯南》957

　　(5) "己未卜，中己岁暨兄己岁，酒……"

《屯南》2296

上引 (1) 为祖庚、祖甲时期卜辞，(2)、(3) 为祖甲时卜辞，(4)、

---

① 《太平御览》卷四百一十三、七百零七引。又见《尸子》。
② 同上，卷八十三引。
③ 《殷墟卜辞综述》，第435页。

（5）为廪辛时卜辞。尤为注意者是（4）、（5）卜辞中的中己与父己、兄己同卜，分明是两人，有学者对此分不清楚，仍以一人使用卜辞中的资料。陈梦家早已指出：廪辛卜辞的"中己"不是孝己。"廪、康称孝己为小王父己，则中己不是孝己"①。武丁及后时期又有祭祀"小王"的卜辞十余条（含残辞），说明武丁可能已将孝己立为太子，因其"惑后妻之言，放逐而死"，其后觉悟有了悔意，所以后人才为其祭祀②。

武丁治国之主要大事在古文献中还有征伐不臣服商的氏族、方国之记载。据《易·既济·九三》载："高宗伐鬼方，三年克之。"《未济·九四》亦载："震用伐鬼方，三年。有赏于大国。"《诗·商颂·殷武》颂曰："挞彼殷武，奋伐荆楚。"证之今本《竹书纪年》载有："三十二年，伐鬼方。次于荆。三十四年，王师克鬼方。氐、羌来宾。四十三年，王师灭大彭。五十年，征豕韦，克之。"从这些后世记述中可以看出：武丁在位五十九年中，主要是致力于巩固商王族的统治，使衰弱的商王朝重新兴盛。前已述及商王朝的统治不是如后世王朝一样"大一统"，还是处在"小邦林立"的包围中。王畿四周大小不等，势力强弱的部落、方国对商王朝是时叛时服，对于这些对商统治构威胁的势力，唯一对付办法就是征伐。这方面充分反映出武丁治国的雄才大略，故西汉末的贾捐之说："武丁、成王殷周之大仁也，然地东不过江、黄，西不过氐、羌，南不过荆蛮，北不过朔方，是以颂声并作。"其中他以周成王作陪衬，因成王也是在王朝处于危机时命周公东征后巩固了周王朝的统治。但他

① 《殷墟卜辞综述》，第 435 页。
② 小王为孝己，是董作宾在《甲骨文断代研究例》中所提出的。

不了解经过武丁的征伐不但增强了统治，商王朝所控制的区域也远不止此。

辅佐武丁治理商王朝的大臣从文献记载中已如前述。从甲骨刻辞中所反映出武丁之所以能振兴商王朝，是王朝中有较完整的统治机构，在辅佐大臣领导下有效地运转。甲骨文出土以前，研究殷商史者只能根据古文献中所载了解大概情形。《尚书·酒诰》中载有："自成汤咸至于帝乙……越在外服，侯、甸、男、卫、邦伯；越在内服，百僚庶尹、惟亚惟服、宗工越百姓里居。"此是周公在命康叔于卫国颁布禁酒令的诰词，举出殷饮酒亡国时说到殷王朝的两套官僚机构。清朝道光年间发现的"大盂鼎"

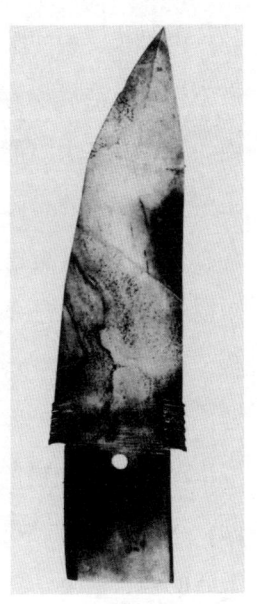

玉戈

铭文中也有："殷边侯田（甸）与殷正百辟。"卜辞中反映出商王朝在武丁时这两套官僚机构已较完整。但在王朝中还有一个统治的核心，即以武丁为首的王族，其中包括武丁之妻子、王子和王族各级宗亲。在这一核心集团中还应有掌握占卜大权的史官，即甲骨学中称的"贞人"。因为这批人是当时的高级知识分子，既掌握文化又有丰富的社会知识和经验，常在商王左右，因商王凡事必占卜，一切事情都离不开他们（包括机密）。我曾认为：

　　　掌握占卜之史官，官阶不高，然权力很大，祭祀占卜时，能代王言事，于卜辞中能转达上帝鬼神之意，是一批具有较高文化和丰富知识之人①。

　　内服百官和外服侯伯当然是听命于商王武丁，他们都在为维护商王朝的统治贡献力量。甲骨刻辞中反映出商的内外两套官僚机构中的官名有多少？董作宾始做官制研究②。其后第一位系统研究商王朝"百官"的是陈梦家③，第二位是日本岛邦男④，两人的研究各有优缺点，甚至错读卜辞，但仍是目前主要的参考。武丁王朝内主要大臣上一节已介绍，不再重复。"国之大事，在祀与戎"（《左传·成公十三年》）。故能征惯战的武将对于巩固古代王朝尤为重要。武丁王朝的武将见于征伐卜辞中主要有：禽、望乘、沚馘，这三位经常率兵征伐的武官和武丁的妃子（妻子）妇好不见于古文献。武丁时期的妇好是个巾帼英雄，她也是率兵征伐的武将。臣服于商的侯、伯中，有的在朝为官；有的就地封官；有的率兵驻守畿外保卫疆土，也是武丁的武将。以下举武丁时期有关卜辞作说明：

　　（1）"辛巳卜，□贞：登妇好三千；登旅万，呼伐……"《英》150 正。　　　　　　　　　　　　　　　　　　　《合集》39902（摹本）

　　（2）"辛巳卜，争贞：今载王共人，呼妇好伐土方，受有佑，五月。"　　　　　　　　　　　　　　　　　　《合集》6412

　　（3）"壬午卜，方贞：王惟妇好命征夷。"《合集》6459

---

　　① 《甲骨学小词典》"贞人"条，上海：上海辞书出版社，1987 年 12 月出版。又《殷墟甲骨文简述》，第 13 页，文物出版社，1980 年 11 月。

　　② 《五等爵在殷商》，刊《中央研究院历史语言研究所集刊》，六本三分，1936 年 7 月。收入《董作宾先生全集》甲编第三册，台北：艺文印书馆，1977 年 11 月。

　　③ 《殷墟卜辞综述》，第 503 至 522 页。

　　④ 《殷墟卜辞研究》（中文译本），第 455 至 469 页，台北：鼎文书局，1976 年。

（4）"甲申卜，㱿贞：呼妇好先共人于庞。"

《合集》7283

（5）"乙卯卜，亘贞：王从望乘伐下危，受有佑。乙卯卜，㱿贞：王勿从望乘伐下危，弗其受佑。" 《合集》32

（6）"辛丑卜，分贞：命多伊从望乘伐下危，受有佑，二月。"

《合集》6524 正，6525 正

（7）"癸巳卜，㱿贞：旬无祸，王占曰：有祟，其有来艰。迄至五日丁酉，允有来艰自西，沚㦰告曰：土方征于我东鄙，戋二邑；舌方亦侵我西田。"

《合集》6056 正

（8）"辛巳卜，㱿贞：今载王惟沚㦰从伐土方。"

《合集》6415，6416

（9）"贞：王勿命禽致众伐舌方。" 《合集》28

（10）"贞：今载王从仓侯虎伐免方，受有佑。贞勿从仓侯。"

《合集》6553，6554

（11）"贞：王惟侯告从征夷，六月。贞：王勿惟侯告从。"

《合集》6460 正

（12）"贞：王命妇好从侯告伐夷方。贞：王勿命妇好从侯告……"

《合集》6480

（13）"戊寅卜，㱿贞：登人三千，呼伐舌方，弗其受佑。"

《合集》617

（14）"丁酉卜，㱿贞：今载共人五千征土方，受有佑，三月。"

《合集》6409

以上（1）条中的"登旅万"为征召一万兵力，过去有学者据摹本将"伐"之后补为羌字，有误。（2）条中"共"为供给、供进意，"共人"亦即征进作战之人。（3）条中"夷"是商东和东北部东夷团集的一支，即汉代称"九夷"之一的鸟夷。（4）条中的"庞"是指庞方族居地，即传为"姬姓，庞氏。周文王子毕公高之后，其子庶封于庞"之地①，《史记·魏世家》魏惠王九年："与秦战少梁，虏我将公孙痤，取庞。"今地为陕西韩城东南黄河西岸一带。（5）条中"下危"为方国，族居今地待考。（7）、（8）条中的土方和舌方是武丁时王畿西北和北部的劲敌，经武丁亲自或派将征伐后被灭亡（其活动地区本书前面已陆续介绍过）。（9）条中"禽"（暂时隶定）。（10）条中"免方"（"免"字有多种隶定，在此从免），当是商西的方国，确切族居今地待考。（12）条中"夷方"，即东夷。被武丁征伐过的氏族、方国还有缶、串、黎、亘、印方、龙方、马方、基方等等。奉命率兵征伐之将还有舌、雀、亘等等。可能许多氏族、方国被征服以后，为了巩固对这些地区的统治，商王朝逐渐将其纳入疆域。

武丁采取不同的方式：（一）就地封官建侯，如旨为"西史旨"，雀为"雀侯""亚雀"，犬为"犬侯"，周为"周侯"等等。（二）互相联姻，如卜辞中常见的"妇井"，即井方之女；"妇庞"②，即庞方之女；"妇周"③，即周方之女；"妇竹"（"竹"字下或左从

---

① 《通志·姓氏略》。
② 《甲骨文合集》17393 臼。
③ 《甲骨文合集》2816。

女)①，即竹侯（古文献中的孤竹国）之女；"妇羊"，即"羊方"之女等等。"妇某"或"某妇"，直到武乙、文丁时期卜辞中还有，并非如有学者认为都是武丁的妃子。应如宋镇豪所说是商王朝统治者中各种人物的妻妾的称谓②。与商王朝各种人物联姻后就有封地，在这些封地中大多要开发种植农作物。（三）征服的地方建城邑，如卜辞有"基方缶作墉"③，"在麓北东作邑于之"④。邑则是人居住

青铜平顶人头像

区，或许就是村落。在商代中期不少的氏族、方国还是处于游牧生活阶段，武丁采取这些方式也是对这些地区的开发，在这些地区开垦农田，发展畜牧。臣服于商的氏族、方国对王朝也有贡纳义务，如记事刻辞中有："妇井示十屯⑤。""妇羊示十屯⑥。""画入二百五十⑦。""郑来三十⑧。"卜辞中有："画来马⑨"，"画来牛⑩"。在王室诸妇中，如妇好、妇井、妇羊等兼职检视（示，即际）进贡来的

① 《甲骨文合集》1707，1708 臼，1709。
② 《夏商社会生活史》第三章第三节。
③ 《甲骨文合集》13514 正甲。
④ 《甲骨文合集》13503 正。
⑤ 《甲骨文合集》17490。
⑥ 《甲骨文合集》15314 臼。
⑦ 《甲骨文合集》935 反。
⑧ 《甲骨文合集》9613 反。
⑨ 《甲骨文合集》9172 正。
⑩ 《甲骨文合集》9525 正。

龟、骨之类物品。画、郑都是臣服商所封地方官。

武丁在位五十九年，从甲骨卜辞中反映出用兵之重点是在商王畿的西北和北方，对南方也有征伐，但规模不大。如"贞：命望乘及舆舍虎方，十一月。舆其舍虎方，告于大甲，十一月①。"虎方族居地在今安徽寿县东南一带。荆楚之地在卜辞中未见有征伐之事。前引《诗·商颂·殷武》："挞彼殷武，奋发荆楚，深入其阻，裒荆之旅。"郑玄笺："殷道衰而楚人叛，高宗挞然奋扬威武，出兵伐之。"按说对荆楚的征伐应在卜辞中有所反映，但至今未见。总之，武丁之作为当然还不止上述这些，但是我一直认为武丁的功绩主要是反映在甲骨文中，而征伐卜辞又占了很大分量，足以证明武丁即位以后在以傅说为首的诸贤臣辅佐下，主要有两方面功绩：（一）是扩大土地农耕面积，从开垦到种植农作物、发展畜牧都十分关注。以此来安定民心，民安则顺，这是增强国力之道。（二）要使人民安心农耕种植，热心家畜饲养，就要给他们创造一个安定的社会局面。对于经常侵犯商王朝，掠夺王畿农作物和民众的氏族、方国给予有力的打击。舌方、土方这两个地处王畿西北和北方一带的游牧部落，就是因经常侵犯、掠夺才给予重兵征伐，最终灭其族，并其地，开拓了疆土。对一些时叛时服的氏族、方国，征服后则就地封侯，以商的先进农耕生产和生活方式去开发。故卜辞中有"四方""四土"的记录。尽管武丁时期的武力很强，征服了不少氏族、方国，拓广了不少的疆土，但对于夏、商时期一个最大的羌人部族则未全部征服。虽然今本《竹书纪年》有武丁三十四

① 《甲骨文合集》6667。

年"氐、羌来宾"之说,但或许是羌人的一个支系。可能古羌人自夏禹以来一直活动于西北部,分支部族又较多,如有羌方、北羌、马羌、羌龙等多种。而且大多活动于今青海东南、甘肃和四川北部一带,虽有的支系已内迁至今陕西东北部和山西部分地区活动,而主要羌部族距商王畿较远,有的不如舌方、土方威胁大,因此才未对此用重兵征伐。但是对有的羌人还是经常征伐,并将俘获的羌人用作人牲杀戮,最多时达到"百羌"①。以这种残酷的方式对待羌人,致使羌人强烈的反抗始终未停止,终商之世也未能征服。

---

① 《甲骨文合集》300,301,302,307。

十二　从祖庚到帝乙

　　一代英王武丁，经过近六十年奋发治理，使商的综合国力有所
增强，给他的子孙们留下一份大家业后便寿终。有古文献中称武丁
"享国百年"[1]。古人对于有所作为的帝王和将相，都惯用"百岁"
来形容其寿长。按武丁为太子下放劳动锻炼时可能已有二十多岁，
以在位五十九年计算，死时可能在九十岁左右。武丁死后贤臣祖己
为其立庙，尊为高宗[2]。目前从甲骨文中反映出武丁的子孙们常以
隆重的礼仪来祭祀他，祭祀卜辞中对武丁的称谓因时期不同而异：
祖庚、祖甲时期称"父丁"，有一百六十余条（含残辞）；廪辛至文
丁时期称"祖丁"，有近百条（含残辞）；帝乙、帝辛时期卜辞中直
称庙号武丁，有七十余条（含残辞）。商王朝经武丁几十年的治理
后，统治疆域扩展较大，使不少原来的游牧区变为农耕地；以农牧
业为基础的社会生产空前地发展；先进的礼乐文化的承传，促进了
王朝统治势力所及四周的氏族、方国的生活方式有较大的改变，从

---

　　① 《隶释》录《嘉平石经》，《汉书·五行志》。
　　② 《史记·殷本纪》。

而将商王朝推入一个相对稳定的发展时期。

从祭祀先妣卜辞中得知武丁有妣戊、妣辛、妣癸三个妻子。如果《尸子》中所载有据（见上节所引），则妣戊是王后（正妻），生孝己以后就死去；妣辛为次妃，即向武丁进谗言害死孝己的后妻，祖庚可能就是妣辛所生；妣癸是第三个妃子，祖甲可能就是她所生。按商王室的制度只有生子的妃子才有资格入宗庙享祭。有关祖甲事迹最早见于《尚书·无逸》，引周公所说：

> 其在祖甲，不义惟王，旧为小人。作其即位，爰知小人之依，能保惠于庶民，不敢侮鳏寡。肆祖甲之享国三十有三年。

据清孙星衍编的《尚书今古文注疏·无逸》引马融曰：

> 祖甲有兄祖庚，而祖甲贤，武丁欲立之。祖甲以王废长立少不义，逃往民间，故曰"不义惟王，久为小人"也。武丁死，祖庚立。祖庚死，祖甲立。

又引郑康成曰：

> 祖甲有兄祖庚，贤，武丁欲废兄立弟，祖甲以为不义，逃于民间，故曰"久为小人"。

这两位经学大师是师生，两人注释小有不同，马说"祖甲贤"，郑说"祖庚贤"。可能他们当时所见的资料中所载祖庚、祖甲皆有贤名，为了解释"不义惟王"，各取所需。按武丁这样一代英王的经历和治国有成来看，治家必很严，一定是按礼制来培养自己的儿子，不会让其子依仗家族势力胡作非为，做不利于国家和王室的事，故两王子都有贤名。祖庚、祖甲在武丁死之前可能岁数已不小，按武丁在位五十九年计，他二人也有五十和四十岁左右（可能还更大一些）。祖甲是个知礼义之王子，对王室内部诸事了若指掌。虽武丁生前有意以年轻一些的祖甲继位，但按"兄终弟及"制度，越兄继位恐引起王室内部矛盾，为争夺王位会重演"九世之乱"的丑剧，于是未待武丁死就自动地逃到民间避让，祖庚当然就在众贤臣辅佐下继王位。祖庚名曜，在位只坐享十年左右的清福而死①。虽然古文献中对祖庚事迹无所记述，但目前在甲骨文中所见祖甲祭祀"兄庚"卜辞有近七十条（含残辞）；廪辛、康丁时期祭祀"父庚"的卜辞有五十余条（含残辞）。

祖庚死后祖甲回王都继位，为第二十五位商王。祖甲名载，有关祖甲生平事迹古文献中有两种相反的记载，致使祖甲成为一位有争议的人物。但在历史上的注疏家一直在作辨正，直到清朝梁玉绳在《史记志疑》卷二中仍在前人辨正的基础上再作辨正。但因各有所据，故一些有关商史的著述中对祖甲多采取回避，或只取一说来简略表述。对古文献之记载应有分析地加以取舍。不妨对于祖甲事迹根据各种记载再来做一点分析（《无逸》中原文不再引）。

《国语·周语下》载：

---

① 今本《竹书纪年》为十一年，《太平御览》卷八十三引《史记》作七年。

　　昔孔甲乱夏，四世而陨；玄王勤商，十有四世而兴。帝甲乱之，七世而陨。后稷勤周，十有五世而兴；幽王乱之，十有四世矣。

《史记·殷本纪》载：

　　帝祖庚崩，弟祖甲立，是为帝甲。帝甲淫乱，殷复衰①。

今本《竹书纪年》载：

　　祖甲，名载。元年丁巳，王即位，居殷。十二年，征西戎。冬王返自西戎。十三年，西戎来宾，命邠侯组绀。二十四年，重作汤刑。二十七年，命王子嚣、王子良。三十三年，陟②。

从上引的《无逸》《周语》《殷本纪》《纪年》的记载来看，只有《无逸》和《纪年》中较具体，而《周语》所说是夏、商、西周三代的兴衰。按说对商代应用"自中丁以来"有九世之乱的仲丁来表述，因自盘庚迁殷，尤其是经武丁治理振兴后，未见有多乱。《国语》之作者不知何所据，将祖甲定个空洞的"乱之"罪名。司马迁对商王有的事迹多用《尚书》中资料编写，但对祖甲则例外地不据《无逸》的资料，而取《周语》中词，也给戴上顶"淫乱"大帽子。

---

① 《史记·三代世表》亦作"帝甲"。
② 王国维今本《竹书纪年》疏证。

两书作者如此表述，只可认为是一种"欲加之罪，但又无词"，只得以一个"乱"和"淫乱"来代替。今本《竹书纪年》中的年月日不一定可靠（后引同此说），但是有关祖甲的记述应当说是有所根据，因此关于祖甲事迹还是以《无逸》和《纪年》中所载为是。祖甲在"周祭"卜辞中是列于直系先王受祭，而祖庚则列为旁系先王受祭。应当说祖甲也是一位有所作为的商王，继承其父武丁给他遗留的一个相对稳定和处于发展的王朝，他能守业并使之继续发展，就说明他不是一个乱王。

青铜跪坐人像

祖甲让位后为避嫌遂至民间，亦可能仍到当年武丁下放生活过地方与民共处。证明《无逸》中所说"不义惟王，旧为小人"是有所据。其兄祖庚死时他的岁数可能在五十左右，因久处民间，如其父武丁一样"知稼穑之艰难"和"小人之劳"，而继位以后的商王朝仍处于稳定发展时期，四周的氏族、方国无大的侵扰，故祖甲对外也无更多的征伐。对内因知人民疾苦，则采取宽爱政策，如《无逸》中所说："爰知小人之依，能保惠于庶民，不敢侮鳏寡"。纵观祖庚、祖甲时期卜辞中未见有如武丁时期大量的征伐，更多的是祭祀先公、先王，先妣等；占卜内容常为"求年""受年"、田猎和与这些社会生产活动有密切关系的气象。后世所谓"衣食足，知礼义"，正因社会生活较安定，才能够在祀典上更加重视和有所变革。董作宾曾提出祖甲"革新礼制"①，即认为祖甲是一位改革家。至于董氏以"新旧两派""五种祀典"研究的优缺点暂不论，他从卜辞中发现祖甲时的礼制和以前不同，提出是祖甲对礼制有所改革，则是一大发现。他认为：

> 从成汤放桀而有天下，到武丁时，有了三百年以上的历史。礼制行之既久，自然已有应变革之处……②

祖甲时对外无大的征伐，对西戎一次征伐是以胜而归，就使"西戎来宾"。在内是以农牧业为基础，社会生产稳定发达，民众基本上安居乐业的相对发展时期。而行使三百年之久的礼制无疑有一些不适合于社会的发展，甚至起了阻碍作用，因此进行改革也是促进社会发展的基本国策，旧礼制"不改革就没有出路"，是自古以来社会实践的证明。祖甲改革的礼制具体情形，古文献中缺载，从甲骨卜辞中还是透出一些迹象。如武丁时期祭祀时要用大量的牺牲，无论是畜牲，还是人牲，动辄十至几十，甚至上百。而祖甲时的祭祀卜辞中用牲则较少，几十上百者目前几乎未见，用人牲则更少，这不能不说是一大进步③。除了致力于祭祀的改革外，还对行之约三百年的"汤刑"加以修订。这是为了加强社会安定、改善生活质量而对商贵族们的限制，同时也是对被奴役人们的镇压。祖甲就因为

①《殷历谱》上编卷一第二页，《中央研究院历史语言研究所专刊》，1945 年 5 月出版。又《甲骨学六十年》第四章第二节"分派的研究"（二）"殷代礼制的新旧两派"。台北艺文印书馆，1965 年 6 月。

②《甲骨学六十年》二，（一）"分派的研究"。

③ 此亦可作分期断代的参考。

用"礼"和"刑"来治理商王朝，才能安稳在位三十三年而和其父武丁一样以长寿终。廪辛、康丁称祖甲为父甲，目前祭祀父甲的卜辞所见有一百三十余条（含残辞）。

祖甲死后由其子廪辛继王位。廪辛，有的古文献中又作冯辛，名先。甲骨文中不见廪辛之庙号，康丁祀祭卜辞中称"兄辛"，武乙、文丁时期卜辞中称"父辛"，帝乙、帝辛"周祭"卜辞中称"祖辛"，在位约四年死，古文献中未见记有其事迹。廪辛死后由其弟康丁继位。因"康"字字形与"庚"字字形近易讹，因此《竹书纪年》《史记·殷本纪》和《三代世表》等皆作"庚丁"，殷墟甲骨文中作"康丁"或"康祖丁"。康丁在位约八年死，其事迹古文献中缺载。

康丁死后由其子武乙继位。武乙名瞿，为第二十八位商王。甲骨文中称武乙或武祖乙，商末青铜器铭文亦称武乙。武乙在历史上是为儒家深恶痛绝之人，因为他的一大罪状是"射天"，即藐视天神。《史记·殷本纪》载：

> 帝武乙无道，为偶人，谓之天神。与之博，令人为行。天神不胜，乃僇辱之。为革囊盛血，卬而射之，命曰"射天"。武乙猎于河、渭之间，暴雷，武乙震死。

在儒家看来，对于"殷人尊神，率民以事神，先鬼而后礼"的商王朝来说，武乙是一个大逆不道的国王，被雷击死是藐视天神而得的报应。其实是商王朝经几百年的发展，社会生活中一切都在进步，反映了武乙已经对鬼神的迷信产生了动摇，是王权向神权挑战。从甲骨卜辞中来看，武乙、文丁时期卜辞中，贞人（史官）代王占卜的大量减少，由王亲自占卜大量增加。李学勤于 20 世纪 70 年代末提出甲骨文中有贞人"历组"的卜辞不属于武乙、文丁时期，而是武丁晚期至祖庚时的卜辞，得到多数研究者的认可①。将"历组"卜辞从武乙、文丁时期剔除后，此时期的征伐卜辞就减少一部分，这样大的征伐并不多。可能武乙已意识到不能再被贞人利用鬼神意志来左右自己和处理国家大事，必须充分行使自己权力，加强王权。但是，要冲破这种阻力不是简单之事，用说服的办法肯定行不通，只有采取"射天"这种大胆的壮举来表示自己的意志。

有"周"的卜辞

武乙在位三十五年，被雷击死后由其子文丁继位。文丁名讬（或作托），甲骨文中作文武丁，《史记》和有的古文献中将文丁误为"太丁"。文丁在位十一年死，由其子帝乙继位。帝乙名羡，在位二十六年（《夏商周断代工程1966—2000 年阶段成果报告》所定）。关于武乙、文丁、帝乙事迹，《殷本纪》记载过于简略；《尚书》中的《酒诰》《多士》《无逸》《多方》的记载既无具体史料又相牴牾，只有据《竹书纪年》中所载，还可以补充一些资料之不足。武乙即位后：

---

① 李学勤：《论"妇好"墓的年代及有关问题》，《文物》，1977 年第 11 期。

邠迁于岐周。命周公亶父，赐以岐邑。十五年，周公亶父
薨。二十四年，周师伐程，战于毕，克之。三十年，周师伐义
渠，乃获其君以归。三十四年，周公季历来朝，王赐地三十
里，玉十瑴，马十匹。三十五年，周公季历伐西落鬼戎。王牧
于河、渭，暴雷震死①。

这是古文献中所见商周关系比较具体的资料，从记载中知商王朝与
周族的关系一直很融洽。周最早见于武丁时期刻辞中，如卜辞有
"周方"②，记事刻辞有"周入十"③，武丁后期卜辞有"周致嬄"④，
到武乙、文丁时期卜辞有"周侯"⑤。此周侯可能就是古公亶父，季
历时仍为周侯才有"来朝"武乙之事。但此时周已开始在蓄积力
量，势力已日渐增强。《竹书纪年》又载文丁即位以后是：

二年，周公季历伐燕京之戎，败绩。三年，洹水一日三
绝。四年，周公季历伐余无之戎，克之，命为牧师。五年，周
作程邑。七年，周公季历伐始呼之戎，克。十一年，周公季
历伐翳徒之戎，获其三大夫，来献捷。王杀季历。

周季历继亶父征伐商西北诸戎人，使文丁高兴而封季历为牧师。徐
中舒说：

---

① 古本《竹书纪年》季历作"周王季历"。
② 《甲骨文合集》6657 正，8472 正甲乙。
③ 《甲骨文合集》6649 反。
④ 《甲骨文合集》1084 正。
⑤ 《甲骨文合集》20074。

牧师为殷牧养牛羊，颇似蒙古四额鲁特主牧马牛羊驼之事，姬族穴居野处，羌族为西戎牧羊人，游牧是他们经常从事的职业。《楚辞·天问》说："伯昌号衰，秉鞭作牧。"伯昌即文王，当文王名号衰微之时，他还要继承其父为殷牧师"秉鞭作牧"。季历称王既见于《竹书纪年》，《吕氏春秋·首时篇》也说："季历困而死①。"

可见周王季对此封号乐于接受，同时又在程作邑，继续伐戎人，并向文丁献捷。商王朝设有情报官见于卜辞，如田猎的情报官称"犬"。在四方有驻外使官，对四周方国监视，有驿站传递信息，能使"边报"很快传递到京师②。周人的一切动向都在商王朝的情报人掌握中。文丁恐周人势力日益强大不利于商，才乘季历入商献捷之机会，将季历囚禁，后季历忧愤而死③。自此商、周关系交恶，虽然其子帝乙继位后有"归妹"之事，试图以联姻来改善其父文丁造成的不良关系，但终是为商灭亡埋下了祸根。廪辛、康丁、武乙、文丁和帝乙部分事迹除见于上述古文献外，其他事迹只能求助于甲骨刻辞。20世纪70年代初小屯南地甲骨出土，80年代初期著录出版，对于殷墟甲骨文的分期研究又有新的发展。从目前的情形来看，根据新资料研究的分期有的一时还难以取得共识，故除有明确的贞人"历"之卜辞外，仍按董作宾"五期断代法"来使用甲骨

① 《周原甲骨初论》，《古文字研究论文集》，《四川大学学报丛刊》第十辑，成都：四川人民出版社，1982年5月。
② 郭沫若：《卜辞通纂考释》第513片。
③ 《吕氏春秋·首时》，陈奇猷《吕氏春秋校释》注。

文资料。我在参加《甲骨文合集》编纂过程中，涉及廪辛、康丁和武乙、文丁时期（即第三和四期）卜辞中无贞人为证者，的确难以区别。如果单纯依赖字形，有的字形与武丁时期的很相似，经长时间摸索，最后发现此两期的贞人比前两时期少（武乙、文丁时期更少），字形又不同于祖庚、祖甲时期。卜辞类别也比武丁时期少，总的看来除祭祀天神地祇外，田猎较多，求年、受年次之，开垦农田比武丁时略多。可以说自武丁奠定了稳固的统治基础后，子孙们在继承中最主要的是不仅要继续巩固王朝的统治，还要加以改革发展，使农田有所扩大，农业有所发展，才能保证社会生活的稳定。由于社会生产发展，生活较安定，故以商王为核心的统治者们每旬、每天对吉凶祸福都非常关心，所以占卜"旬无祸""今夕无祸"的卜辞很多。

田猎卜辞仅次于卜旬、卜夕。田猎是商王们经常的活动，如"王其田"，是商王亲自参加，有的则是派大臣或武将们参加。田猎的规模也不小，从猎获野兽即可看出，如卜辞中有：

（1）"丙戌卜，丁亥王陷擒，允擒三百又四十八。"

《合集》33371

（2）"……擒……百又六，在小箕。戊寅卜，王陷，易日允。辛巳卜，在小箕，今日王逐兕擒，允擒七兕。"　　《合集》33374 正反

从（1）条得知一次能擒获野兽三百四十八头，一定是一次大规模的田猎活动。(2) 条中的小箕是商王朝西部田猎区，在今山西东南部和河南西北部太行山一带，一次能擒获七头兕（野生大青牛，重达千斤），也是一次规模很大的田猎活动。我一直认为甲骨文中大量的田猎卜辞，不完全是商王和统治集团的一种单纯的游乐活动，

是具有社会生产和训练士卒的作用，此问题还将在本节以后阐述。

为使农业有好收成，商王出行、田猎和征伐的顺利，对气象也有大量的占卜，气象的种类比前两期减少了一些，但占卜风雨的比例很大。"其遘大风"，"不遘大风"；"其雨"，"不其雨"；"遘雨"，"不遘雨"等常见于卜辞中。如：

(1)"戊寅卜，何贞：王往，于夕傅不遘雨，在五月。"

《合集》27865

(2)"庚午卜，贞：翌日辛，王其田，马其先，擒，不雨其擒……"

《合集》27948

(3)"癸未卜，翌日乙，王其田，不风，大吉，兹用。王往田，湄日不遘大风，大吉。"

《合集》29234

(4)"兹雨。其雨。甲子贞：求禾于高祖。丙辰卜，丁巳侑，岁大丁，不雨。"

《合集》33308

地处商王畿西南（今山西中部和东南部）一些氏族、方国自祖甲末期以来陆续叛商，加之羌人对商王朝的骚扰始终未停止过。如"召方""刀方""甗方""绛方""甶方"① 和族居在商东部（今山东东北部）的"夷方"，在廪辛、康丁时卜辞中都出现过。可能廪、康两王在位时间短，征伐方国的规模不大②。如征伐卜辞中有：

(1)"辛未卜，王其田，惟翌日壬，屯日无灾，泳王，吉。王其田于刀，屯日无灾，泳王，大吉。"

《屯》2341

(2)"辛巳卜，惟生月伐夷方，八月。"　　　《合集》33038

---

① 后三个方国名是依原形暂定。
② 原有征伐召方的大部分卜辞为武乙、文丁时期（即第四期），因这些卜辞是属"历组"，应列入武丁后期。

（3）"侯告伐夷方。"　　　　　　　　　　《合集》33039

（4）"癸亥卜，王惟夷征。"　　　　　　　《合集》33112

武丁后期卜辞（即历组）中，曾征过刀方，被征服臣商才可能有"王其田于刀"的田猎活动。"夷方"（也有释为尸方）自武丁时就是时叛时服，武丁时期卜辞中既有"伐夷（方）"，也有"惟夷犬呼田"①。"夷犬"即设在夷方的田猎情报官，如果不是臣服于商王朝，则不会在夷方派驻田猎情报官。夷方可能后来又叛商，故才有"王惟夷征"。

《尚书·无逸》书中所谓：

> 自祖甲以后，自时厥后立王，生则逸，生则逸！不知稼穑之艰难，不闻小人之劳，惟耽乐之从。自时厥后，亦罔或克寿，或十年，或七八年，或五六年，或四三年。

周公姬旦发表这番自祖甲以后诸商王的评论，不能认为是毫无根据的瞎说。至少廪辛（在位四年）、康丁（在位八年）、文丁（在位十一年）三王"罔或克寿"说得对，但武乙和帝乙、帝辛都在位二十年以上，说他们是短命的就错了。至于说这些商王只贪图安逸，"不知稼穑之艰难，不闻小人之劳，惟耽乐之从"，是对这些商王要求过高。武丁下放民间劳动锻炼，祖甲自动下放到民间，并不是商王朝的"下放劳动"体制，故不能要求其后每个商王都如此，他们只要将武丁开创的大好形势加以巩固和发展就很不错了。"惟耽乐

---

① 《甲骨文合集》11000。

之从"是指沉湎于"田游",即卜辞中的田狩(打猎),周公当时还未看出商代田猎不是单纯的游乐活动,是具有生产和练兵的作用,也可能是有意地说给周人听,因此才出此言。这与《尚书》的《酒诰》《多士》《多方》中周公自己所说"自成汤咸至于帝乙"都是明君贤相,都致力德行,重祭祀,慎刑罚,不敢贪图安逸自乐,一心为治理殷国等话,形成的反差很大。看来周公总的对商诸王除商纣外评价还是不错,《无逸》中所说那段话也可能是当时的政治所需才有意如是说,以此来警戒周人要以商王祖甲以后诸王为鉴。

十三　商纣的功与过

　　商王朝经过武丁的振兴后发展了一百七十多年①，可以说在世界历史中是个文化、经济都发达的大国。商纣登位为王时，全国仍是处于继续发展时期，在王朝内部无大忧，对外对一些方国的征伐都能取胜，而征人方之大事，是继其父帝乙未完成的统一大业。纣是商王朝最后一位国王（第三十一位），是个亡国之君，我国历代亡国之君都是挨后人骂的，因为守不住祖先给打下的江山，而骂得最凶的是灭他的后一个王朝。以一个"小邦周"的姬周乘纣伐东夷重兵驻于东南方，商都空虚，灭了"大邑商"，本来就是捡了个便宜，反而不分功过地给商纣加上种种罪名，故周人骂商人似不太公平。对此，早在春秋末的子贡（孔子之弟子）就提出自己的看法。据《论语·子张》载：

　　　　子贡曰："纣之不善，不如是之甚也。是以君子恶居下流，

---

　　① 《夏商周断代工程 1966—2000 年阶段成果报告》定武丁至帝辛亡商为 205 年，帝辛在位为 30 年。

天下之恶皆归焉。"

子贡认为商纣并不是如人们传说的这样坏。看来儒家对历史人物的评价比后世的史家们要公允得多。夏、商、周三代亡国之君——履癸、帝辛、宫涅（或作宫湼），都是被后人痛骂的国王。史官首先是称他们为"桀""纣""幽"，后世史家们又加以发挥。如夏桀，谓之"贼人多杀曰桀"；商纣，谓之"残义损善曰纣"①；又有"残义损善曰桀""贼仁多累曰纣"②。可见两者之名可以任意解释或互换，真可谓"欲加之罪，何患无辞"。历代史家们动辄以"桀纣"代表暴君。夏桀暂不论，商纣之暴虐则要有分析。

纣又称商纣王、殷纣王。商纣又作商王受，因纣、受音近而混。商纣庙号帝辛，因此有的古文献中又称"商王帝辛""殷辛""受辛""后辛""辛纣"等等。《史记·殷本纪》谓：

> 帝乙长子曰微子启，启母贱，不得嗣。少子辛，辛母正后，辛为嗣。帝乙崩，子辛立，是为帝辛，天下谓之纣。

《索隐》：

> 此以启与纣异母，而郑玄称为同母，依《吕氏春秋》，言母当生启时犹未正立，及生纣时始正为妃，故启大而庶，纣小而嫡。

---

① 蔡邕：《独断》。
② 《吕氏春秋·功名》高诱注。

《吕氏春秋·当务》谓：

> 纣之同母三人，其长曰微子启，其次曰中衍，其次曰受
> 德。受德乃纣也，甚少矣。纣母之生微子启与中衍也，尚为
> 妾，已而为妻而生纣。纣之父、纣之母欲置微子启以为太子，
> 太史据法而争之曰："有妻之子，而不可置妾之子。"故纣为
> 后。用法若此，不若无法。

又《史记·宋微子世家》载：

> 微子开者，殷帝乙之首子而纣之庶兄也。

微子启，因避汉景帝刘启之讳以"开"代"启"。纣与启"同母"
或"异母"，历来是史家们在有关商代古文献注疏中的争论点之一，
我认为启与纣是异母兄弟之说较确，还是以《史记》中所说为是，
因《当务》中所说与商王室的继承法不合。

商纣的恶名多为周人制造，要推翻一个政权必先制造舆论，否
则是师出无名。商纣并不是如他的先祖成汤、祖乙、武丁一样被后
人颂为"天下之盛君"，相反是一直被后人骂为淫乱、暴虐的暴君。
从他最后的所作所为来看，完完全全是一个暴君。但是商纣并不是
从上台后就是如此，儒家的继承、发展者孟子对商纣也做出过公正
的评价。如《孟子·公孙丑上》所说应是纣继位后的实际情形。其
文称：

　　武丁朝诸侯，有天下犹运之掌也。纣之去武丁未久也，其故家遗俗，流风善政，犹有存者；又有微子、微仲、王子比干、箕子、胶鬲，皆贤人也，相与辅相之，故久而后失之也。尺地，莫非其有也；一民，莫非其臣也。

从武丁死后至商纣只有百余年①，商纣统治时期不仅还保持"故家遗俗，流风善政"，而且还有微子启、微仲、比干、箕子、胶鬲一班贤臣辅政。在商纣时的贤臣中还有祖己、商容、辛甲、向挚②、太师、少师等。郭沫若曾认为：

　　据古本《竹书纪年》，言"文丁杀季历"，大约是实在的事。自此以后殷、周遂成世仇，周文王蓄意报复，没有成功，到周武王的手里公然也把仇报了。

　　但周武王之所以能够报仇雪恨把殷朝的王室颠覆了的，倒并不是因为殷纣王（帝辛）怎样暴虐，失掉了民心，而是另有一段历史原缘的。这段古史的真相也因卜辞的发现才得大白于世③。

商纣在位的时段中也不是完全坐享祖宗们给留下的基业，更不是一直都过着淫乱不堪的生活和对臣民们实施暴虐，也不是不思进

---

　　① 《夏商周断代工程》定为116年。
　　② 向挚，古文献中多认为是太史、太史令。
　　③ 《十批判书·古代研究的自我批判》第一节。

取的败家之子孙。我国古代社会中"国之大事，在祀与戎"①，在商王朝中反映尤为明显。"祀"即祭祀，"戎"即兵戎。从甲骨卜辞中看，商王朝的祭祀几乎天天举行；征伐从未停止过，即使是田猎活动也具有练兵性质。帝乙、帝辛父子对于人方的征伐从未终止过，从《小臣艅犀尊》的铭文和甲骨文中帝乙、帝辛时期征人方的卜辞得知，从十年、十五年、二十年等都有征伐人方的行动②。至于帝辛对人方的征伐共有几次，目前还不能准确的看出来。从帝乙、帝辛时期征伐卜辞中还反映出被征伐过的方国还有盂方、林方、危（方）③、敌方、羌方、羞方、庚方等④。后四个方国即"四封方"⑤，又有征"三封方"⑥。这些方国都分布在商东南和西部，当是属于时服时叛的方国，服时被封为侯、伯，叛时则被征伐。"四封方""三封方"就是曾臣服于商王朝时被封过的方国。目前要从卜辞中区别出征伐行动出自帝乙还是帝辛，有很大的困难。

在古文献中也记载有商纣时期征伐之事，如：《左传·昭公四年》有：

商纣为黎之蒐，东夷叛之。

今本《竹书纪年》载为："大蒐于黎。"蒐，是古代的"春猎"，也

---

① 《左传·成公十三年》。
② 《三代吉金文存》11，34，1；《甲骨文合集》36482 至 36497。
③ 《英国所藏甲骨集》2524，2525。
④ 《甲骨文合集》林方：见 36968；盂方：见 36509 至 36517；危（方）：见 36481 正。
⑤ 《甲骨文合集》36528 反。
⑥ 《甲骨文合集》36529，36530。

是种祭祀活动。因有打猎的内容，必然要有军队参加。蒐也是一种军事演习，带有以军示威作用。黎为古国，在今山西长治西南。此事如果发生在商纣上台之初（今本《竹书纪年》载为帝辛四年），则东夷（即卜辞中的人方）在帝乙时已被征服，因有"大蒐于黎"又才反叛。我认为此事不可能发生在商纣初期，很可能发生在中后期，因为商纣不可能将主力军驻守在东夷地区二十余年。征伐东夷自其父帝乙时期就开始，也不可能要花上二三十年的时间。

《国语·晋语一》载：

> 殷辛伐有苏，有苏以妲己女焉，妲己有宠，于是乎与膠鬲比而亡殷。

伐有苏氏之事更不应在商纣初期（今本《竹书纪年》载为九年，不足信），《晋语一》中与此排比，谓夏桀伐有施，有施以妹喜女，有宠而与伊尹勾结而亡夏。周幽王伐有褒，有褒以褒姒女，有宠而亡国。

《韩非子·喻老》载：

> 周有玉版，纣令胶鬲索之，文王不予；费仲来求，因与之。是胶鬲贤而费仲无道也。周恶贤者之得志也，故予费仲。

崔述称《晋语一》中的这种表述是：

> 余按：《孟子》以胶鬲与傅说并称，又与微子、箕、比皆

称为贤，焉有与妲己比，与周人盟，以倾其国者哉！盖《国语》亦战国人所作，战国之士固多毁圣贤以快其意者，至《吕氏春秋》尤不足为怪①。

因周灭商后周人是胜者，后人总是将败者说得一无是处，贤者也会被说成恶者，这些都是对亡国之君臣的套路。

《左传·昭公二十四年》载：

> 《大誓》曰：纣有亿兆夷人，亦有离德；余有乱臣十人，同心同德，此周之兴也。

有的注疏家释"夷"为"语助词"，定为无义。对此解释从一般古文字面上说当然可以，但是，《左传·昭公十一年》载："纣克东夷，而陨其身。"即是商纣如果不继其父伐东夷，则不会被周所灭。正因为想征服东夷完成对东南方的统一，才将重兵用于征东夷。周人也正是看准了这个空子才在一个上午就攻下朝歌城，逼使商纣自焚而死。故郭沫若认为：

> 殷末在帝乙、帝辛两代，曾长期和东南夷发生战争，据卜辞所载，帝乙十年及二十年屡次征讨夷方，地点不是在山东的齐与雇，便是在淮水流域的条与濩，和"渐居淮岱"的东南夷合拍，可知夷方即指东南夷。在帝辛的一代，《左传》也屡屡

①《崔东壁遗书·商考信录》。

说到，说他"为黎之蒐而东夷叛之"，说他"克东夷而殒其身"，说他"百克而卒无后"；可见帝辛继承父业，屡次用兵，终于把东南夷平定了，故尔他能"有亿兆夷人"作他的"臣"——就是奴隶。俘虏能有亿兆，战争可见猛烈，殷将士的损失也未必不在少数。就在这样的情形下边周人乘虚而入，殷纣王用俘虏兵对敌，卒致"前徒倒戈"，遭了失败。这便是殷、周之际的所谓征诛的实际①。

郭沫若所分析的是商纣灭亡的外因，也是主要的原因。虽然古文献中有不少颂扬周人很早就看出殷人"暴虐"决心要灭殷，这只是武王伐灭纣商后，以胜利者的口气说，看起来似乎都说得通，尤其是姬周之后裔怎么颂扬先祖似都是事实。如《诗·鲁颂·閟宫》颂为：

> 后稷之孙，实维大王，居岐之阳，实始翦商。至于文武，缵大王之绪。

这是姬周后人吹捧自己的先祖。《鲁颂》是否是鲁僖公时作暂不作探讨，据今本《竹书纪年》载：武乙"三年，命周公亶父，赐以岐邑；二十一年，周公亶父薨"。古公在豳不能忍受戎狄的不断侵扰，率族人"逾梁山，上于岐下……于是古公乃贬戎狄之俗，而营建城郭室屋，而邑别居之"②。20世纪70年代，在陕西岐山和扶风两县北部，东西约3公里，南北长约5公里范围内发现先周遗存，发掘

---

① 《十批判书·古代研究的自我批判》第一节。
② 《史记·周本纪》。

证明此处就是古公所迁岐下之地，即后人所称的"周原"①。周人在此建立城郭居邑，才脱离戎狄的生活方式而渐发迹。1977 年在"周原"还发现有字甲骨，周文王被商封为"方伯"。上节介绍过武乙、文丁时期卜辞有"周侯"，可能是古公亶父。又引徐中舒师研究认为：周文王时还要继承其父为"殷牧师，秉鞭作牧"。从当时所处的社会发展时段来说，古公时就有翦商思想，实难说得通。可以认为周人灭商想法，是"官逼民反"所造成的，自商王文丁囚古公之子季历后，周才与商结仇，此时才可能有报仇的想法。

除外部之外，还有内部原因。总的来说是：商纣荒淫，生活腐化，施行酷刑，不听贤臣劝谏，阶级矛盾加深激化等等。王玉哲在近著中对商纣的分析说：

> 晚周人对商纣这些荒淫腐化生活传说，不见得都是实录。因纣为亡国之君，而周人又视之为仇敌。所以周人对其罪恶必言过其实，任意夸大，方能显示其征商为拯民伐罪②。

崔述在《商考信录》中对商纣罪状，根据《尚书·微子》《牧誓》列出五条③。顾颉刚所写的"纣恶七十事的发生次第"一文，也是根据《尚书》中资料列举出六条：即"酗酒、不用贵戚旧臣、登用小人、听信妇言、信有命在天、不留心祭祀"④。多出了"信有命在

---

① 《周本纪》《集解》引徐广说。
② 王玉哲：《中华远古史》，第 480 页，上海：上海人民出版社，2000 年 7 月。
③ 见《崔东壁遗书》。
④ 顾文见：《古史辨》第二册，上海：上海古籍出版社，1982 年 3 月。

天"一条，可知晚周以前对于商纣罪行也就如此。总之，前辈学者对商纣的评价还是比较公平。司马迁编写《殷本纪》时，也是有选择地采用了战国以来的一些传说资料，如：

> 帝纣资辨捷疾，闻见甚敏；材力过人，手格猛兽；知足以距谏，言足以饰非；矜人臣以能，高天下以声，以为皆出己之下。好酒淫乐，嬖于妇人。爱妲己，妲己之言是从。于是使师涓作新淫声，北里之舞，靡靡之乐。厚赋税以实鹿台之钱，而盈钜桥之粟。益收狗马奇物，充仞宫室。益广沙丘苑台，多取野兽蜚鸟置其中。慢于鬼神。大聚乐戏于沙丘，以酒为池，悬肉为林，使男女倮相逐其间，为长夜之饮。

在《周本纪》中，太史公也写道：

> 崇侯虎谮西伯于殷纣曰："西伯积善累德，诸侯皆向之，将不利于帝。"帝纣乃囚西伯于羑里①。闳夭之徒患之，乃求有莘氏美女、骊戎之文马、有熊九驷、他奇怪物，因殷嬖臣费仲而献之纣。纣大说，曰："此一物足以释西伯，况其多乎！"乃赦西伯，赐之弓矢斧钺，使西伯得征伐，曰："谮西伯者，崇侯虎也。"西伯乃献洛西之地，以请纣去炮格之刑。纣许之。

太史公对商纣还并不是全盘否定，而是称他是个很聪明的人，

---

① 《左传·襄公三十一年》载："纣囚文王七年，诸侯皆从之囚，纣于是乎惧而归之。"

186

灵敏多才，身体高大，勇力过人，能手格猛兽。又是一个能言善辩，很自负而听不进臣僚劝谏的人。至于"好酒淫乐，嬖于妇人"，"新淫声、北里之舞、靡靡之乐"，"厚赋税"等，未加上什么罪行，只用"慢于鬼神"一句。"酒池肉林"也未加以批评，从中透露出司马迁也不全相信他所见到的资料，但是既有所记载又不能不在文中有所反映，所以对这些资料也只是一般表述。以下还可就司马迁所记作一些分析：

"好酒淫乐，嬖于妇人，爱妲己，妲己之言是从"：

象牙雕夔鋬杯

应当是"嬖于美女，宠妲己"①，《尚书·牧誓》中载有："王曰：古人有言曰：'牝鸡无晨，牝鸡之晨，惟家之索。'今商王受惟妇言是用。"统治者沉湎酒色不问政事最易失民心，在战前为鼓动士气用"牝鸡之晨，今商王受惟妇言是用"，不管事实如何，都令人愤慨。而《微子》中只说"我用沉酗于酒，用乱败厥德于下"。《酒诰》中周公要康叔在卫国颁布"禁酒令"，认为殷国之灭亡主要是酗酒之过。历来"酒色（女色）"相连，夏桀时有妹喜，商纣时有妲己，周幽王时有褒姒。三代之君必然是"唯妇人之言是从"而亡国，这似乎是让这三位女性背了黑锅，此问题从古到今都有史家辨过，就不再重述。

① 《史记·殷本纪》《集解》引皇甫谧曰："有苏氏美女。"

"新淫声，北里之舞，靡靡之乐"：

应当说这些乐舞是社会发展的创新，一个时代有一个时代的乐舞，如同礼制的发展一样，在不同的时代礼制都有所不同。如果说自原始氏族社会的乐舞一成不变地延续下来，则社会就不会发展。乐舞是礼制的一个重要组成部分。即使此种是供商王室欣赏的宫廷乐舞，也是一种创造。

"厚赋税"：

在历代王朝中遇到财政困难时期，大多数帝王都有过增加赋税之举措。尤其是有过大的征战，国库空虚，从人民身上压榨钱粮是必然之事。如果商纣厚赋税完全是为了修建"鹿台"，自己淫乐，则完全是横征暴敛之罪恶。据《新序·刺奢》载："纣为鹿台，七年而成。其大三里，高千尺，临望云雨。"这简直是一座摩天大楼。刘向（约前77—前6年）与司马迁同是西汉人，刘向晚司马迁约十年出生①，应当说所见资料相同，司马迁未将"鹿台"作较详的描述，说明对传说得太离奇的资料采取保留的态变。即使是修了一个很大的"鹿台"和"益广沙丘苑台"，所需费用也不至于使商王朝的财政吃紧要在全国厚赋税。

"以酒为池，县（悬）肉为林，使男女保相逐其间，为长夜之饮"：

《韩诗外传》卷四第二章亦有："桀女酒池，可以运舟，糟丘足以望十里，一鼓而牛饮者三千人。"对此崔述在《夏考信录》指出：

---

① 据王国维《太史公行年考》（《观堂集林》卷十一），司马迁生于汉景帝中元五年（前145年），卒于汉昭帝始元元年（前86年）。

"此皆后世猜度附会之言，如子贡所云'纣之不善不如是之甚'者"①。《孟子·滕文公下》载：

> 尧、舜既没，圣人之道衰，暴君代作，坏宫室以为污池，民无所安息；弃田以为园囿，使民不得衣食。邪说暴行又作，园囿、污池、沛泽多而禽兽至。及纣之身，天下又大乱。

孟子所分析应是有所根据，"坏宫室以为污池，民无所安息；弃田以为园囿，使民不得衣食……园囿、污池、沛泽多而禽兽至"。这种行为只可能发生在商王都附近，是为了供商王和王室亲贵们玩乐之场所，亦可看作是我国最早的野生动物园。但强占民宅、毁农田的做法当然会引起人民的反对，这种举动是不得人心，必然是商纣罪行之一。此即孟子所说："桀、纣之失天下也，失其民也；失其民者，失其心也。"（《孟子·离娄下》）

商纣的暴行主要是在他即位的后期，尤其是被灭亡前的一段时间。其暴行见于先秦古文献有：《尚书》②《左传》③《国语》④《竹书纪年》《吕氏春秋》，在一些先秦诸子中也有所记述。司马迁取材于上举各种著述和西汉初期的记述编入《殷本纪》中，综合来看有：商纣"重刑辟"，设置了"炮格之法"，引起了老百姓和诸侯们的怨

---

① 《崔东壁遗书》。
② 《西伯戡黎》《微子》《牧誓》《泰誓》《酒诰》《召诰》《多士》《无逸》《立政》《泰誓》等。
③ 《宣公三年》《宣公十二年》《宣公十五年》《襄公七年》《昭公四年》《昭公十一年》《昭公二十四年》等。
④ 《周语》《鲁语》《晋语一》等。

恨，有的开始叛商。西伯昌、九侯（一作鬼侯）、鄂侯为商王朝的"三公"，地位可谓很高。九侯女貌美被纣纳为妃，"九侯女不憙淫，纣怒，杀之"。又迁怒于九侯，将九侯杀后剁为肉酱。鄂侯力争强谏，又将鄂侯杀害。凡荒淫暴虐之君身边必然有几个谄媚、好利的奸诈小人勾引国君做坏事，如商纣身边有费仲、恶来等。费仲在商末还掌了商王朝中的实权，成为名副其实的奸臣。费仲，一作费中，嬴姓。其先祖为费昌，夏末见桀无道遂弃夏归商汤，为汤驾车。商汤灭夏后，因助汤灭夏有功被封为诸侯，子孙世代为商的诸侯。恶来，亦嬴姓，商时蜚廉之子，力大，为助纣为虐之臣。商纣就是在这些奸谄之臣包围中，日夜听这些人的吹捧而过着荒淫生活，对不顺己者则施以暴行。

前引《史记·周本纪》中，商纣囚禁西伯周姬昌（周文王），周臣闳夭等人找来美女、奇物、好马献给商纣而得释囚。姬昌又献出"洛西之地"请纣除去炮烙之刑。这种以铜柱上捆绑人后，在下加火烧柱将人活活炀死的酷刑，当然会引起人民和诸侯的反对，姬昌请除此酷刑是深得人心。姬昌死后，由子姬发继其父为西伯，即周武王。此时诸侯多叛商归西伯，周的势力日渐强大。武王欲报仇伐商，经过积极的准备，遂于十一年率兵东进伐商，至盟津（又作孟津，今河南孟津），诸侯不约而来助战者"八百"。这次至盟津"东观兵"，实际是姜太公等谋划的一次试探商纣反应的出兵，故以"天命不合时"为借口撤军。鉴于周的军事动向，商的贤臣们十分担忧。纣之叔父比干、大臣祖己力谏，纣不但不听反被谄臣们天天颂扬冲昏头脑，说"我生不有命在天乎"！不做任何备战的措施，仍然我行我素。微子数次劝谏，商纣根本不理，微子只得与朝中大师、少师商议，共同的结论是商早晚会被周灭亡，于是一同隐蔽起来。纣嫌比干多次苦谏妨碍他的玩兴，干脆将比干杀害，剖尸"观其心"；箕子惧怕而装疯，也被纣下令囚禁。王室中的乐官太师疵、少师强抱起乐器逃出商都投奔了周武王。于是商纣及其谄臣们成为众叛亲离而孤立的一小撮。周武王就是抓住这样一个有利时机，于十三年再度出兵和众诸侯汇合伐商纣①。据《史记·周本纪》载：

> 于是武王遍告诸侯曰："殷有重罪，不可以不毕伐。"乃遵文王，遂率戎车三百乘，虎贲三千人，甲士四万五千人，以东伐纣。十一年十二月戊午，师毕渡盟津，诸侯咸会。……武王乃作《太誓》，告于众庶："今殷王纣乃用其妇人之言，自绝于天，毁坏其三正，离逷其王父母弟，乃断弃其先祖之乐，乃为淫声，用变乱正声，怡说妇人。故今予发维共行天罚。勉哉夫子，不可再，不可三！"二月甲子昧爽，武王朝至于商郊牧野，乃誓。……誓已，诸侯兵会者车四千乘，陈师牧野。帝纣闻武王来，亦发兵七十万人距武王②。武王使师尚父与百夫致师，以大卒驰帝纣师。纣师虽众，皆无战心，心欲武王亟入。纣师皆倒兵以战，以开武王。武王驰之，纣兵皆崩畔纣。纣走，反

① 《史记·周本纪》《集解》：徐广曰"谯周云《史记》武王十一年东观兵，十三年克纣"。

② 对于周武王伐纣时，纣出兵"七十万"，历来史家就疑不可能有如此之多。拙著《夏商史话》（中国青年出版社，1986 年 7 月出版）中据前人推测定为"七万"。宋镇豪著《夏商社会生活史》（中国社科出版社，1994 年 9 月出版）中认为"商初约为 400—450 人，至晚商增至 780 万人左右"（第 111 页）。商纣时即使有几十万兵力，但重兵驻于人方，周东伐时临时调集畿内兵力不会超过十万。

入，登于鹿台之上，蒙衣其殊玉，自燔于火而死。

《尚书·牧誓》载："时甲子昧爽，王朝至于商郊牧野，乃誓。"周武王率军至商郊牧野（今河南淇县南 35 公里处），举行誓师，之后攻入朝歌城，商纣自焚而死。灭商在"甲子昧爽"已得到出土铭文证实，1976 年在陕西临潼零口乡一个周代窖藏中发现一件西周早期的青铜器，即著名的《利簋》，《利簋》上有铭文三十二字，因先秦史家对铭文考释至今未达成共识，这里只取一释列于下：

> 珷征商，唯甲子朝，岁，鼎、克。昏夙有商。辛未王在阑
>
> 自，赐右史利金，用作旃公宝尊彝。

此例也与《逸周书·世俘》所载吻合，也是《夏商周断代工程》研究"克殷"主要依据之一。《断代工程》综合各类相关资料将"克殷"年代定在商纣在位第三十年（公元前 1046）。

商纣一死，商王朝当然就灭亡，周武王率领周的亲贵、大臣和助战的庸、蜀、羌、髳、微、卢、彭、濮八国联军的君长以及各路诸侯入朝歌城，做了一些商已被他灭亡的表演。根据司马迁在殷、周两《本纪》中的表述，如到纣自焚之处射了三箭，下车用佩剑挥了挥，用黄钺斩纣头等，表演完后出城处理善后之事。首先是周公旦、叔振铎、姜太公、散宜生、太颠、闳夭、毛叔郑、康叔封、召公奭等亲贵大臣们各执其事为周武王举行了登基仪式，宣布周王朝建立。

在一个上午就如此快地灭商，大概连周武王都未想到。这就是

《左传·宣公三年》所说的"商纣暴虐，鼎迁于周"。象征统一王朝政权的鼎，因商纣的灭亡而转至周武王姬发的朝中。周武王又召集了亲贵、大臣们开了一次御前会议，商讨对殷遗民的处理。姜太公提出"爱人"，召公认为"有罪者杀，无罪者活"，周公认为应以"仁"来对待。周武王又找了些殷遗老询问有什么要求。在了解各方面的情形后，做出决定：首先将妲己处死，又将费中、恶来等商纣的谄臣杀于牧野。命大臣们分别"释箕子之囚"，"表商容之间"，"封比干之墓"，"散鹿台之财"，"发钜桥之粟，以振贫弱萌隶"；为了安抚商之遗民，又封商纣之子武庚于朝歌北之邶地（今河南汤阴东南）以续商祀。

十四　商代的神权与王权

在叙述商王朝的神权与王权之前，有必要先来对"神"字之义作一些简明的了解。根据《说文》的解释是：

神，天神，引出万物者也。从示、申。

南唐朝的徐锴（小徐）所著《说文系传》谓："天主降气以感万物，故言引出万物也。"徐灏笺："天地生万物，物有主之者曰神。"可知神是天地万物之主，可以主宰所生的万物，即万物各有其神。在我国传统的古文化中有所谓的"中华神文化"，就是从远古时代起，人们的思想境界中就有"神"在主宰社会生活中的一切。其实就是远古时代人们对自然界中的一切还无法认识和解说其原因，感觉神秘不可知，就以神来代替自然界中解释不了的一切。从示从申的"神"字是汉字发展过程中形成的，或称为"引申"字。甲骨文和金文中的"神"字为"申"。原形象雷电形。叶玉森考释甲骨文"申"字，认为：

象电耀屈折。《说文》虹下出古文䌞，许君曰："申，电也。"与训"申，神也"异。余谓象电形为溯谊。神乃引申谊①。

许慎为东汉人（约公元 50—147），解释字多据他当时能见到的古文字资料，甲骨文他当然未见过，但他意识到"申，电也"。电为后起字，甲骨文中申用作天干，另有雷字，原形作 𤴐、𤴐、𤴐 等。此字象形，即闪电后的雷声以●●或○○表示。反映出远古时代的人们见天空的雷声和闪电无法解释，只能认为是有神所为，故造出雷的象形字，其后世人们则引申为"神"。

与神相对的是"祇"字。《说文》解释是：

祇，地祇，提出万物者也。从示，氏声。

《玉篇·示部》："祇，地之神也"。《尸子》卷下："天神曰灵，地神曰祇，人神曰鬼。鬼者归也，故古者谓死人为归人。"就是说神、祇、鬼在支配着上古人们的精神境界和社会生活。上引的神、祇、鬼虽都是战国及其后世学者解释，但都有传世古代资料为依据。

宗教起源很早，正如摩尔根所说：

只有在氏族中，宗教意识才会自然而然地萌芽，崇拜仪式才会制定出来。但这些意识和仪节会由氏族扩展到部落，而不至于保留为氏族所专有②。

---

① 《殷墟书契前编集释》一卷十七页下。
② 摩尔根著：《古代社会》（中译本），上册 79 页，北京：商务印书馆，1981 年。

我国古文献中所记载和新石器时代考古出土资料证明，在传说时代自开天辟地的盘古至三皇五帝等等都是被神化的人，神话学家认为这些历史人物都是神，他们都是神话学家和宗教史家研究的对象。在无文字作系统记录的时代，对神祇的信仰全由氏族长来主宰，对自然界一切不可知现象解释权就掌握在他们的手中，这种人就是后来被称为"巫"者。在古文献中注疏家解释巫是能够"降神"及"接事鬼神之人"①，即是神与人之间的"中介人"。女巫称"巫"，男巫称"觋"。他们既能请神，也能装神，故后世称他们为"装神弄鬼"的人。最早产生的图腾崇拜、祖先崇拜、自然崇拜、祭祀仪式、乐舞祈求、占卜吉凶、习俗禁忌、疾病治疗等等皆由巫设计和主持，这些综合起来就称作巫术。这是人类还处于原始群体时代，人们智商还达不到认识自然界发生的各种现象，于是产生了神秘、恐惧的心态，认为人力不能战胜外物，反映出对于超自然力的信仰、希望和祈求。祈求于神灵的方式就是顶礼膜拜，巫就是引导人们去礼拜求神的组织者，这就是原始宗教（有学者认为我国夏、商前的原始巫与巫术更多的是对自然的崇拜，尚不能构成完整的宗教体系，此是另一学科探讨的问题）。我国的原始氏族社会经过缓慢的数千年发展后进入王朝时期，最早的巫也起

青铜人面具

---

① 《周易·巽》，孔颖达疏。

了很大的变化，他们脱离了氏族长或部落首领兼巫的职能，成为一种专职的职业，氏族长或部落首长们，也只能自然成为宗教领袖。有了文字能记录事物时段，这种专职的巫是最早掌握和使用文字的人。王朝时期这种人由宗教神职转向朝中的职官，这就是最早的史官。宗教的巫者们就是为本氏族、部落统治者效力的人群，成为巫史后就更加政治化。近代有学者将我国先秦时代巫与史的发展过程称为"巫史文化"，对巫与史在社会生活中所起的作用做过不少探讨。我认为在对商代史的研究中最能说明这方面的问题，前面已介绍过甲骨卜辞中的"贞人"，就是这种具有巫史双重身份的人。

《尚书·君奭》谓：

> 率惟兹有陈，保义有殷，故殷礼陟配天，多历年所。天惟纯佑命，则商实百姓王人，罔不秉德明恤。小臣屏侯甸，矧咸奔走。惟兹惟德称，用乂厥辟，故一人有事于四方，若卜筮，罔不是孚。

《君奭》的原文较难懂，应是周公在赞扬了商王朝的贤臣伊尹、保衡、伊陟、臣扈、巫咸、巫贤、甘盘之后所说的这段话。大意是：

> 正是有了这些有道德的贤臣辅佐治理殷国，所以殷礼是能配天，殷王死后都能升至天国称后、称王。经过许多的年代，都得上天专一佑助，因此商朝的异姓和同姓的人们，没有不保持美德而贤明的，朝臣和诸侯们，全都奔走效力。也正是这些官吏们崇尚道德，以此来辅佐他们的国君，所以国君对天下四

方颁布政令，就如同占卜、占筮一样，没有人不相信的。

周族原来就是商王朝的一个诸侯，在礼制上继承商较多，在周公看来商自成汤建国以后之所以能够发展，主要是"殷礼陟配天"。得到上天佑助，又有一批辅助国君的贤臣，所以一切政事都由卜筮决定。

《礼记·表记》谓：

> 殷人尊神，率民以事神，先鬼而后礼，先罚而后赏，尊而不亲。

这是对商王朝迷信鬼神作了一个概括的表述，即：商王室领导全民敬事鬼神，重鬼神轻礼教，重罚轻赏，虽有尊严但不可以亲近。这不仅在其他古文献中有所记述，商周甲骨文中也得到充分的印证。商王朝对鬼神的迷信仍是沿袭远古的宗教使用占卜术来"通神"，以此来决断社会生活中所要做的一切事情。

占卜的材料主要是龟甲和兽骨，用龟甲和兽骨作占卜起源很早，考古出土的资料证明，我国早在新石器时代早期文化遗存中就有发现。在古人看来乌龟能活到千年，这种长寿有灵性的生物能够通神①。《尔雅·释鱼》中分龟为十种，即：神龟、灵龟、摄龟、宝龟、文龟、筮龟、山龟、泽龟、水龟、火龟。这十种中只有神龟、宝龟、灵龟、筮龟四种不入动物学上的分类，可知是《尔雅》以占

---

① 《庄子·秋水》中有庄子曰："吾闻楚有神龟，死已三千岁矣。"《史记·龟策列传》："余至江南，观其行事，问其长老，云：龟千岁游于莲叶之上。"

卜术来定名。因远古人们是狩猎和饲养家畜并举，在社会生活中是以食肉为主，故兽骨易得。卜骨主要是牛骨，其次是羊骨，少数是猪和其他兽类的骨头，到了商代绝大多数都是用牛的肩胛骨。从对殷墟出土的甲骨上的祭祀卜辞研究证明，到商代已发展为具有很完整的一套占卜术，目前已知从商王武丁时期几乎天天有祭祀，事事必占卜而后决断。《说文》："占，视兆问也。从卜，从口。"此在甲骨卜辞中得到证明，卜辞中不少的"王占曰，吉"，即是商王举行祭祀，通过占卜亲自检视坼裂兆象后说是"吉兆"，可以做所要祈求之事。商王也参与占卜，卜辞中的"王卜""王贞"，即是商王亲自占卜。

商代人认为人死以后都能成为神，商族的先公远祖和先王都是在天国，和一位称作帝（或上帝）所在的天庭共同为神，仍然为后、为王。《尔雅·释诂上》："后，君也①。"（夏代大禹称"夏后氏"）商王生时称王，已死远祖称后，近祖称先王。《尚书·盘庚》中多处用"先王""古我前后""我古后""高后""先神后""我先后"等。以这些祖先神的意志来教训亲贵、大臣和诸侯。这些祖先神就是活着的人崇拜的主要对象，这方面的史实在甲骨卜辞中得到了印证。目前出土甲骨文中祭祀祖先的卜辞中，从高尊远祖的夒和一些目前还不能确认的远祖，直至王季、王亥、上甲、报乙、报丙、报丁、示壬、示癸都是经常受祭祈求的对象。除这些先公远祖之外，具有自然神和祖先神双重身份的河、岳也是受祭祈求的对象。至于从成汤起一代代的先王更是累祭不断，有功的先臣如伊

---

① 《说文》："后，继体君也，象人之形。施令以告四方。"

尹、甘盘等也同样受祭。除了单祭外，还有与先公远祖分别合祭，但直系先王被合祭的机会多一些。商王朝不断的祭祀这些已死的神不单是为怀念先人们的业绩，而是有所祈求，即是利用人们对先人们的崇拜，对神祇的信仰来统治人们的思想和社会生活中一切行动①。列宁曾经说过：

> 所有一切压迫阶级，为了维持自己的统治，都需要有两种社会职能：一种是刽子手的职能，另一种是牧师的职能②。

商王朝也具有这两种职能，王朝有较完整的一套统治机器，又有一套很完整的宗教（巫史结合为主）手段，使人们的灵魂深处信仰人间确有鬼神在支配着生活中的一切。故我很同意一些学者对在研究殷商史的有关问题中，认为商王朝的政权是带有"政教合一性质"的看法。因为卜辞中反映出的不仅是国之大事，甚至连商王做梦、牙疾和王室成员疾病（巫医结合）等等，都必须通过占卜来决断。商王颁布的一切"诏书"都说成是神的意志，这是具有权威性的最高指示。要是有人反对或不执行，就会按神的指示用王法来惩罚；如果有人阳奉阴违，或暗中捣乱，神一定会知晓而降祸于他。故人们只有拥护神权，听神的话，信神敬神，才会得以平安地生存。在商王室统治者心目中的神很多，其中以祖先神为主，商王盘

---

① 日本学者赤冢忠在所著的《中国古代的宗教文化——殷王朝的祭祀》（日本自川书店，1977年出版）将商王朝所祭祀的神分为祖先神、族神、先公神、巫神、天神、上帝六种，可作参考。

② 列宁：《第二国际的破产》，《列宁选集》中译本第二卷，北京：人民出版社，1960年4月。

庚迁殷就说是由占卜后神的意志所决定，又多次用"先王""先神后"等，连唬带吓地将这些反对迁殷和不适居住的人安抚下来。卜辞中常见有一事多卜，即《尚书·金縢》中所说"乃卜三龟，一习吉"。实际上就是要达到商王祈求的事来占卜，占卜不出吉兆就要多次占卜，甲骨学中称"一事多卜"。从形式上看是通过祭祀某位（或几位）祖先，用占卜来祈求祖先神的同意，实际还是王一人说了算。神权与王权的密切结合统一，在甲骨卜辞中体现得很完整。

商王们以祭祀占卜来决断一切，其中掌握占卜术的"贞人"起着重要作用。这一批人可能是世袭的，是整个占卜过程的运作人，代替商王作占卜言事，可能还懂得医术。他们掌握文字，有丰富的社会知识，是当时的高级知识分子。官职虽不大，但手中权力很大，无论是大小巫史都会利用手中神权来对付不听话的善男信女。商王率全民敬事鬼神中，他们扮演了商王所需与神祇"联系"的各种角色。目前所见的商代甲骨中，祭祀神祇的卜辞占卜祈求绝大多数是祖先神，各种自然神祇虽也被祭祀，然只居其次。郭沫若认为商代已有至上神的观念。卜辞中有"天"字，但"天"字只与"大"字同义，与周人所说之"天"不同。他说：

由卜辞看来可知殷人的至上神是有意志的一种人格神，上帝能够命令，上帝有好恶，一切天时上的风雨晦冥，人事上的吉凶祸福，如年岁的丰歉，战争的胜败，城邑的建筑，官吏的黜陟，都是由天所主宰，这和以色列民族的神是完全一致的。但这殷人的神同时又是殷民族的祖宗神，便是至上神，是殷民族自己的祖先①。

陈梦家也认为：

> 殷代的帝是上帝，和上下之"上"不同。卜辞的"天"没
> 有作上"上天"之义的。"天"之观念是周人提出来的②。

两位先辈所说虽有道理，但也有不足之处。如"上帝""帝"（帝应
是上帝之省称），此"上帝"也不是基督教信仰能造万物之造物主
的上帝，也不是居于众神之上之总神，因他不会造万物，只管具体
的事，如呼风唤雨，降吉凶和灾祸，也会保佑商王所祈求的事，可
以说是当时世界众神之中一位管事较多的神。卜辞中的帝字有三
义：（一）神灵；（二）祭名，与禘同义；（三）用在商王庙号中，
如帝甲（即祖甲）、文武帝乙。现举有这位管事多之神的卜辞来看：

(1)"……卜，争贞：上帝其降大旱③。"　　　《合集》10166

(2)"贞帝不降大旱，九月。"　　　　　　　《合集》10167

(3)"庚戌卜，贞：帝其降旱。"　　　　　　《合集》10168

(4)"丙寅卜，争贞：今十一月帝命雨，二告。贞：今十一月帝
不其命雨。"　　　　　　　　　　　　　　《合集》5658 正

(5)"癸未卜，争贞：生一月帝其弘命雨。贞：生一月帝不其
弘命雷。"　　　　　　　　　　　　　　　《合集》14128 正

---

① 郭沫若：《先秦天道观之进展》，《青铜时代》，第 9 页。
② 陈梦家：《殷墟卜辞综述》，第 581 页。
③ 此是一条有残字之卜辞，据辞例将残字补入。又原形旱字隶定为暵、莫。

（6）"翌癸卯，帝不命风，夕雾。"　　　　《合集》672 正

（7）"（辛）丑卜，贞：不雨，帝惟旱我。"《合集》10164

（8）"卯，丁帝其降祸，其韧。贞：卯帝弗其降祸。"

《合集》14176

（9）"辰甲卜，争贞：我伐马方，帝受我佑，一月。"

《合集》6664 正

（10）"壬寅卜，宁贞：若兹，不雨，帝惟兹邑宠，不若，二月。
王占曰：帝惟兹邑宠，不若。"　　　　《合集》94 正反

（11）"贞：大甲不宾于帝。贞：大甲宾于帝。贞：下乙宾于帝。
贞：咸宾于帝①。"　　　　　　　　《合集》1402 正

商王朝统治者们的心中虽是把帝（上帝）看作是自然神之一，但也
和祖先神一样能够主宰人间生活中的一切。而商人们不是一切事都
直接去向帝（上帝）祈求。商王更多的事情是向祖先祈求，可以说
这类占卜为全部卜辞之大多数，因为祖先神虽和帝（上帝）同在天
国，却能更多地了解人间社会，主宰人间之大小事情似更比帝方便。
晁福林根据 20 世纪 80 年代所见到商代甲骨卜辞作过统计，认为：

　　　据粗略统计，关于上甲的卜辞有一千一百多条，成汤的有

八百多条，祖乙的有九百多条，武丁的六百多条。在整个卜辞

中有明确记载的祭祀祖先的卜辞多达一万五千余条②。

---

　　①　上举卜辞都是武丁时期，有"上帝"的卜辞还见于祖庚、祖甲时期（《合集》
24979）武乙、文丁时期（《合集》30388）。

　　②　晁福林著《天玄地黄——中国上古文化溯源》，成都：巴蜀书社，1990 年 12 月。
又见所著《先秦社会形态研究》，第 165 页，北京：北京师范大学出版社，2003 年 3 月。

如果我们再将 20 世纪 90 年代陆续出土和新著录出版的资料，作一次重新统计，必然会比这个统计总数字还要多。

商王朝的统治者既然要"率民以事神"，就必须要有个统一的信仰。商以前或更远一些时候对各种自然神的崇拜是分散的、各取所需的。商王朝的巫史们非常聪明，他们很了解夏王朝"夏道尊命，事鬼敬神而远之，近人而忠焉"的情形①，即夏王朝治国之道是重教育，对鬼神是"敬而远之"，而且能够使人忠于国事。夏代已经开始政教合一的造神运动，从氏族社会继承了崇拜自然神，又加以人格化。自然界的山川可以对应为守土的公侯，自然界的其他也可以对应为人间的某些官吏，自然神属于上帝，人间公侯和诸官吏当然属于王。如《国语·鲁语下》载孔子的话谓：

> 丘闻之，昔禹致群神于会稽之山。……客曰："敢问谁守为神？"仲尼曰："山川之灵，足以纪纲天下者，其守为神；社稷之守者，为公侯。皆属于王者。"

韦昭注：

> 群神，谓山川之君，为群神之主，谓之神也。山川之守主，为山川设者也。足以纪纲天下，谓名山大川能兴云致雨以利天下也。

商原来是个流动性很大的游牧氏族，没有一个统一信仰的主神，这

---

① 见《礼记·表记》。

对商族的发展很不利。于是创造出上帝（帝）和祖先神来作为全民共同信而不疑的两位大神，并将商王室的先公远祖和先王安排为能替上帝管理人间一切事（巫史们本来就是商氏族中的上层人士），这也能使商王室统治者们深信不疑。"成汤革命"的实际证明"率民以事神"是行之有效的。用鬼神来麻痹人们的思想，首先必须是能欺骗统治者自己，才能欺骗被统治者。商王朝的"牧师"群体做得似乎比夏代还要到位。但对于被统治的广大人民来说，一旦被认为是犯了王法也会被囚、被杀。有关这方面的论述可参考《中国刑法史》中的第二篇第一章①。

伴随社会的发展，人们对世界的认识也起了许多变化，思想观念的变化就会反映在行动上。商王朝末期，商王对于实施四百余年用甲骨占卜决断一切的行为开始产生怀疑，反映在代王占卜言事的贞人上。贞人的变化，从有贞人卜辞的统计来看：武丁时期（第一期）的贞人有六十二位（含武丁晚期）。祖庚、祖甲时期（第二期）有二十六位，其中跨期有四位。廪辛、康丁时期（第三期）有十四位，其中跨期二位。武乙、文丁时期（第四期）有五位。帝乙、帝辛（第五期）六位。当然这只是我的粗略统计，研究分期问题的专家也许不会完全同意。有学者早已注意到贞人的变化，这个统计数字说明商王朝神权与王权的变化。因为是"人创造了宗教，而不是宗教创造了人"②。既然是人创造的宗教就可以全信，半信，怀疑或不信。对于"率民以祀神"的商王们来说，对鬼神由深信不疑，逐渐产生半信半疑，是从祖甲开始起了这样的变化。武丁时期的贞

---

① 周密：《中国刑刑法史》，群众出版社，1985 年 3 月。
② 马克思：《黑格尔哲学批判·导言》，《马克思恩格斯选集》第一卷第 1 页。

人多达六十多位，但自祖甲后诸王时期的贞人逐渐减少，到武乙、文丁时期只有五位，帝乙、帝辛时期只有六位，说明贞人的作用在削弱。

卜辞中除贞人代王占卜外，还有不少的是"王卜""王贞"，即商王亲自占卜。从武丁时期的"王卜""王贞"有八百多条来看，商王借对神鬼的迷信来行使王权。目前所见卜辞资料，祖庚、祖甲时期后王亲自占卜逐渐增加，贞人逐渐减少，到武乙、文丁时期只有几位，说明是商王在加强自己的王权，亦可能是那世袭的巫史们借占卜后神的意志来控制商王的言行，甚至谋害无能为的商王，聪明的商王有所觉悟。灭商后周公旦一段话值得思考，他对自祖甲以后商王的看法是：

> 自时厥后，亦罔或克寿，或十年，或七八年，或五六年，或四三年①。

周公在前面所说之意思，似这些短命商王是不知稼穑之艰难，只知游乐才"罔或克寿"，也未具体指出是哪几个商王。但祖甲后只有廪辛、康丁、文丁三王在位时间在几年或十年②，如果说只知游乐而短命实在是太勉强。历史证明自古以来统治集团中争权夺利的政治斗争不曾断过，商王朝自仲丁以后就发生过诸弟子"争相代立，比九世乱"的宫廷内乱。为了争夺王位什么残酷的手段都能使用，也不排除商王室中亲贵与巫史们上下勾结采取过极端的手段，造成

① 《尚书·无逸》。
② 《夏商周断代工程1966—2000年阶段成果报告》。

了几个短命商王。

《史记·殷本纪》载：

> 帝武乙无道，为偶人，谓之天神。与之博，令人为行。天神不胜，乃僇辱之。为革囊盛血，卬而射之，命曰"射天"。武乙猎于河、渭之间，暴雷，武乙震死①。

这样具体的记述未见于其他古书中，司马迁必有所本。因侮辱天神在商王朝来说是大不敬，应当废除王位。但司马迁说武乙是被雷击死，可能表明是报应。即使武乙在打猎的森林中因无避雷电的知识被雷电击死，也是一种自然现象，不足为奇。此记述说明武乙对天神也不相信，不仅可以辱，还可以射，显示了王权已大于神权。有的学者对商代王权多从国家的政体去探讨，这当然是无可非议，但对于对神鬼迷信的商王朝统治者来说，无论国之大事和生活中的小事皆以祭祀占卜来决断，神的意志还是由王来宣布和执行。宗教并非是简单存在于人们思想中的主观理念，或心理作用，它同时也是现实社会中宗教领袖用来作统治的工具。商王在甲骨上一事多卜以求能得到吉兆，适合于所祈求的结果，足以说明神权与王权的密切关系。《尚书·西伯戡黎》（《殷本纪》亦引用）载周西伯伐黎国战胜后，商贤臣祖伊恐周将对商不利，奔告商纣说，老天恐怕要终止殷的国运，贤人和神龟恐怕都会得不出吉兆，劝商纣改过从善。商纣却说："呜呼！我生不有命在天！"这句话也反映出商纣自认为他

---

① 《三代世表》作"帝武乙慢神，震死"。

就是天，是神。这一切都说明自商王祖甲时对神鬼的信仰率已在逐渐降低，到武乙时竟敢辱天神、射天，藐视天神。这就是王权加强、神权削弱的具体表现。

十五　商代的武装力量

　　本文所说的武装力量，是指商王朝中央军和臣服于商之诸侯（氏族、方国）地方军总的武装力量。由于古文献中缺乏这方面具体记载，对于商代军制了解甚少，以往研究商代军事史的学者们，大多根据周代的军制来推论。周灭商之前后都继承了许多商的制度，但商、周两族有自己治国的特色，礼制上不完全相同，故才有周公"制礼作乐"之说，即是周制有所改革和发展。现在所见《周礼·夏官》中所讲的军队编制主要是根据东周的军制。商是我国第二个统一王朝，如同夏王朝一样仍保有较多的联盟形式，从卜辞和记事刻辞中明显反映出还有不少的氏族、方国，他们对商王朝是时服时叛。臣服时被商王封为侯、伯，要尽力向王朝贡纳；反叛时又不惜一切侵犯商王畿和臣服商的诸侯（氏族、方国）。为了完成统一全国大业，历代有所作为的商王们都在对不臣服者进行征伐，征服后不仅只是保持贡纳的关系，族居地还要纳入疆土，开辟农田，发展社会生产，保障王朝的安宁（详见本书第十一章）。因此商之武装力量（含臣服于商王朝氏族、方国）要比夏王朝强大，甚至超过西周初期，致使周灭商后周公还要花上数年去征伐反周王朝的商残部。

商是一个古老的游牧氏族，游牧氏族的特点是流动性大、武力强盛。商氏族早期的游牧史虽在古文献中无系统的记述，但后世关于古代游牧民族的记载可作参考。如司马迁在《史记·匈奴列传》中描述为：

> 随畜牧而转移。其畜之所多则马、牛、羊……逐水草迁徙，毋城郭常处耕田之业，然亦各有分地。毋文书，以言语为约束。儿能骑羊引弓射鸟鼠；少长则射狐兔，用为食。士力能弯弓，尽为甲骑。其俗，宽则随畜因射猎禽兽为生业，急则人习战攻以侵伐，其天性也。

商氏族早期当与此类似，但不是单纯"逐水草迁徙"，而是有自身的特色。他们赶着马、牛、羊游牧，为求生存和发展，很早懂得饲养家畜。《管子·轻重戊》中有："殷人之王立皂牢，服牛马，以为民利"；《世本·作》中有："相土作乘马。"说明先公相土时不仅饲养马、牛、羊等家畜，还能驯牛马使能乘驮负重，商族人就是如此以自产的马、牛、羊去交换所需的物品来丰富自己的生活。商人之名因此为不少有联系的氏族、部落所知，今称做买卖之人为"商人"即缘于此。因商人是致力于发展马、牛、羊等牲畜去各地做交易，就不如自儿时就要习弓箭，成长后练攻战的其他游牧氏族武力强盛。但是，发展到尧、舜、禹时期已成为一个较大的部落，商在小邦林立的古代社会中，还算是一个有财产有势力的部落，是尧舜部落联盟中的主要成员之一。

商的先公契是部落首领，又因助大禹治水平土有功，夏王朝建立后被封为诸侯。作为一方诸侯应有自己的武装力量，然古文献中缺其资料，只能从一些零散记载去寻求。如子孙有在夏王朝为官者，在夏王杼时的商侯冥，为夏之水正，勤于职守死于水中，因以身殉职受到子孙们永远祭祀①。但到了先公王亥时似又不在夏为官，抑或是挂个职务又不在职，专门去做牛羊生意。《山海经·大荒东经》中载有王亥作牛羊生意被杀的故事：

> 有人曰王亥，两手操鸟，方食其头。王亥托于有易，河伯仆牛。有易杀王亥，取仆牛。河伯念有易，有易潜出。

此内容也见于《易·大壮》六五和《旅》上九之爻辞、《楚辞·天问》，而《竹书纪年》记述较详。王亥被有易氏杀后，其子上甲微借助于河伯的兵力杀了有易氏之君绵臣并灭有易氏，算是报了杀父之仇。可见商侯当时武装力量较弱，对付一个不大的有易氏还要借助河伯之力。这是历史教训，故自上甲以后开始积蓄武装力量，到商汤时定居于亳，以此地作根据地发展势力，重组更多的武

共人五千伐方国的卜辞

---

① 《国语·鲁语上》。

装。据今本《竹书纪年》载：夏桀"二十一年（按：此年代不一定
可靠），商师征有洛，克之"①，又"遂征荆，荆降"②。这是古文献
中所出现商的军队——"商师"和征伐其他诸侯之记载。一年中连
续征伐两个氏族（部落），灭夏前又先后伐灭了与亳相邻的小国葛、
昆吾、顾、温等多个夏的诸侯，有所谓"十一征而天下无敌"之
说③。可见商汤时的武装力量已很强大。

《尚书·甘誓》载："大战于甘，乃召六卿。"注疏家大多将
"六卿"解释为"六军之将""天子六军"，并说"三代皆同"④。我
认为夏初尚无六军之建制，六卿只不过是参战的六个氏族首领。
《周礼·夏官·序官》中说：

> 凡制军，万有二千五百人为军，王六军，大国三军，次国
> 二军，小国一军，军皆命卿。

这是周的军制，在夏、商时期是否也是如此，目前还未见有关具体
记载。夏脱胎于部落联盟，在不少方面还保留着联盟时期的旧制。
而作为凌驾于社会之上国家机器之一的军队，夏当然有一套军事
编制。商汤灭夏后在一些制度上应当有所继承，但夏商两个民族
各有自身的特色，军制方面有所不同。商王朝的武装力量有多少？
军事编制如何？虽古文献中也缺完整的记载，但还有一些零散记

---

① 《逸周书·史记》载："昔者有洛氏宫室无常，池圃广大，工功日进，以后更前，
民不得休。农失其时，饥馑无食，成商伐之，有洛以亡。"
② 《越绝书》三：商汤是以仁义使荆伯归商。
③ 《孟子·滕文公下》。
④ 孙星衍：《尚书今古文注疏》卷四。

述，同时还可从甲骨卜辞中了解大致情形。董作宾认为卜辞中商王朝在对氏族、方国战争中使用的兵力是不稳定的①，因此目前学者们在研究商代军事史时，对商的武装力量还未达成共识，只能是各抒己见。

据《吕氏春秋·简选》所载：

> 殷汤良车七十乘，必死士六千人，以戊子战于郕，遂禽推移、大牺，登自鸣条，乃入巢门，遂有夏。

"良车"即战车，商之战车从殷墟发掘中证明与文献所记相同，每辆战车甲士三人②，如按周制，战车下尚有徒卒七人，则七十辆战车共有七百人。加上敢死队的六千，商汤伐夏桀共出动了约七千人的精锐兵力，当然不是当时商的全部兵力，估计当时的武装力量最多二万余人。灭夏桀时除了商汤的军队，还有助汤灭夏桀的各路诸侯，即《吕氏春秋·古乐》中所谓"汤于是率六州以讨桀罪"。这些"六州"的武装总数也当在一万人以上。按《夏官》中说"大国三军"，商是诸侯大国应有"三军"，一军一万二千五百人，至少要有三万七千五百人，此数是西周末和春秋时期的军制，不合商的实际。如果说商汤当时军队的兵员总数有二万多人，出动精锐一万三千人，加上助商诸侯兵力万余人，则可能性较大。武乙、文丁时期卜辞有："丁酉，贞：王作三师右、中、左。"（《合集》33006）

---

① 董作宾在《殷历谱·武丁日谱》中认为"殷人师旅无定数"。
② 石璋如《殷虚最近之重要发现附论小屯地层后记》，《中国考古学报》第4期，1949年12月。

1989 年在安阳殷墟小屯村中发现一块有字甲骨（编为 140 号），卜辞为"丁酉，贞：王作三师右、中、右"。后一"右"字当是"左"字的误刻，发现者认为属武乙、文丁时期①。可知发展到商王朝晚期才有右、中、左三师的建制，军队的编制才更加完善。设立师一级是代替以"族"为基本战斗单位的军队建制，"王作三师"并不一定是反映商王朝晚期只有三个师的兵力。

我曾有一文论及商的军队，谓：

> 商代的军队从卜辞中来看，是由王室的中央军和诸侯、方国的地方军两部分组成。卜辞中的"王族"、"多子族"、"三族"、"五族"等，都是族为基本单位组成的军队。"王族"是商王的近卫军，相当于后世的御林军，"多子族"、"三族"、"五族"是王室的嫡系部队。这两种部队为商王朝直接管辖的中央军。诸侯、方国的军队是服从王朝调遣的地方军②。

用作军队所称的"族"，在武丁时期卜辞中常见，使用的概念有所不同。研究者多认为仍保持着原始父系氏族以血缘关系联结的传统习俗，但是，经过上千年的发展变化已成为以家族为核心的宗法制。从卜辞中看商王室是以"示""宗"来联结。商王朝的中央军（嫡系部队）以"族"命名，因为王族、多子族都是商王室的亲贵

---

① 刘一曼：《安阳小屯殷代刻辞甲骨》，《中国考古学年鉴》1990 年，第 248 页，北京：文物出版社，1991 年 9 月。

② 《商代田猎与军事训练的关系》，《先秦史论集》，郑州：中州古籍出版社，1989 年 4 月。

子弟和一般的宗族中的人，是职业化的军队。因此"王族""多子族""三族""五族"都是军事编制的基本单位。"王族"当是商王室宗族之人组成的御林军，类似于后世的警卫部队。这种部队首长由族长兼任，但卜辞中无这一官名，研究者用周制来推测为某官，是否可靠尚待考证。这种军队因是精锐之师，一般是布防于王畿内，除保卫商王、警卫王城外，还可以参加对外的征伐。在对外征伐的战阵中王族将中军，正如《左传·成公十六年》中所载："楚之良将，在其中军王族而已。"如卜辞有：

（1）"庚申卜，㱿贞：呼王族延从。庚申卜，㱿贞：勿呼王族从。甲子卜，争贞：雀弗其呼王族来。甲子卜，争贞：雀弗其呼王族来。雀其呼王族来，二告。"　　　　　　　　《合集》6946

（2）"戊戌卜，争贞：惟王族命伐。"　　　　《合集》14915

（3）"……巳卜，争贞：命王族从禀、蜀古王事，六月。"

　　　　　　　　　　　　　　　　　　《怀特》71

（4）"己亥贞：命王族追召方及，于……"　　《合集》33017

（5）"丁酉卜，王族爰多子族，立于舌。"　　《合集》34133

上举五条前三条为武丁时期，后两条为武乙、文丁时期。（1）条是占卜呼王族从其征伐，雀是诸侯，可能是雀有征伐事呼王族来协助。（2）条是占卜命王族伐，亦是征伐之事。（3）条是占卜命王族从禀、蜀勤劳王事。（4）条是占卜命王族追召方能否抓到。（5）条是占卜能否命王族支援多子族。

关于"多子族"，朱凤瀚认为：

　　"子族"在卜辞中被较多地称作"多子族"，"多子族"是

> 多个"子族"集合称谓。……"子族"是王族以外的与王有近
> 亲关系的同姓家族①。

这些由商王室同姓的亲贵子弟组成"多子族"的军队，是仅次于王族的商王嫡系部队。如卜辞有：

(1)"贞：惟多子族命从禀、蜀古王事，二告。"

《合集》5450

(2)"己卯卜，充贞：命多子族从犬侯璞周古王事，五月。"

《合集》6812 正

(3)"庚寅卜，多子族于舌。"　　　　《屯南》4026

上举前两条是武丁时期，后一条是武乙、文丁时期。（2）条的"犬"即犬侯，周即周侯。"璞周古王事"，是以兵戎相迫其勤劳王事。(3)条的"舌"与王族第（5）条之"舌"同为祭祀场所。

"三族""五族"，是以商王室三个、五个亲族所组成的军队（也有可能这些原来就是以三或五个家族所组合之宗族集团），其家族长就是部队首领，宗族长就是大部队首长，也同样是属于商王的嫡系军队。如卜辞有：

(1)"……戌卜，争贞：命三族从汕或（伐）土方受（有佑）。"

《合集》6438

(2)"己亥，历贞：三族，王其命追召方及，于或。"

《合集》32815

---

① 朱凤瀚：《商周家族形态研究》，第48—49页，天津：天津古籍出版社，1990年6月。

（3）"五族其雄王众。"　　　　　　　　　　　　《合集》32879

（4）"王惟次，命五族伐羌方。王弜命次，其悔。"

《合集》28053

（5）"癸巳卜，王其命五族伐舌，……伐弋。"《合集》28054

上举五条中第一条是武丁时期，第二条是"历组卜辞"应是武丁后期，后三条是廪辛、康丁时期。（1）条中虽有残字，但参照有关卜辞补齐后知是商王武丁命令三族随同大将沚馘征伐土方。（2）是商王命令三族追捕召方首领，而且在战地追捕到（及）。（3）条中"雄王众"，陈梦家认为"雄可能是部别，编理人众"①，即是编军阵。（4）条的"次"为人名，是商王占卜能否命次率五族伐羌方。（5）条中的"舌"是商之诸侯，可能有不服商王朝之事，故王命令五族伐舌。

自从张政烺发表了《古代中国十进制氏族组织》一文以后②，已为研究商史的大多数学者所认可。王族、多子族、三族、五族是商氏族制的延续，王朝的军队也是按"十进制"来编组。商王朝的中央军兵力有多少人，历来研究者各说其是。对商的许多问题大多都是以后世记述的制度去套用，未免与商王朝的史实有出入，从卜辞中去求证还是较为接近。如：

（1）"丙申卜，贞：肇马左、右、中，人三百，六月。"

《合集》5825

（2）"乙未卜，宾贞：立事于南，右从我，中从舆，左从曾。"

《合集》5504，5512

---

①《殷墟卜辞综述》，第609页。
②《历史教学》1951年第2卷，第3、4、5期。

（3）"登射三百。勿登射三百。"　　　　　《合集》698 正

（4）"贞：命禽致三百射。贞：勿命禽致三百射。"

　　　　　　　　　　　　　　　　　　　《合集》5769 正

（5）"丙午卜，永贞：登射百，命莫射……"　《合集》5760

（6）"乙酉卜，于丁命马。惟三族马命。"　　《合集》34163

（7）"右戍不雉众。中戍不雉众。左戍不雉众。"《屯南》2320

上举前五条为武丁时期，后两条是武乙、文丁时期。（1）条学者多认为是操练用马之阵，与"王作三师"不同。（2）条中"我""舆""曾"是带兵之人名。（3）条是卜征召三百个射手。（4）条中"禽"是武将。（5）条中是征召一百个射手。（6）条中"马命"即"命马"之倒句，可能命令带上骑射的马队。（7）条中右、中、左三戍之"戍"即戍卫。

　　从卜辞中来看商王朝的军队是由徒卒、弓箭手、战车三个兵种组成。是按十、百、千的人数来编队，军事编制可能是"三三制"。编制最小单位是小队，每个小队一百人（相当于现代军队的一个连），三个小队组成一个三百人的战斗单位（相当于一个营）。再分为左、右、中各三百人的三个战斗单位，其中含战车人数（每车甲士三人）。加上后勤保障的兵员至少一百人，总兵力应是一千人左右。以族为基本军事集团，每一个族也不会多于此数，可能这就是一个子族的兵力。这种与实战阵法相结合的建制，与商王和军队经常要从事田猎活动有关。姚孝遂认为商代"田猎的一般情况都是三面包围"[①]。因商王的田猎活动就是一次练兵的机会，一次大的田

————
① 《甲骨刻辞狩猎考》，《古文字研究》第六辑，北京：中华书局，1981 年 11 月。

猎活动就是一次阵战演习①，自然形成三队的阵形。王族是商王御林军，应比子族人数多，若是三族则是三千人，若是五族则是五千人。武丁前和武丁至武乙、文丁时期视其社会发展情形、征伐多少而有所变动，每个王也不完全相同。从上述情形来看，我认为商的中央军主要由步卒、弓箭手、战车三个兵种组成。总的兵力是由王族一千人、子族一千人、三族三千人、五族五千人组成的一万人，其中包括弓箭手、战车在内。

卜辞中的"三百射"，可能为骑射的骑兵（有的学者认为甲骨卜辞中有骑射的资料，我认为有一定的可信度），算是特种兵。有学者认为"三百射"是战车上的射手，此说似与卜辞之意不合。战车上如全是射手，三百射就是一百乘车，商王动辄"登三百射""致三百射"，无论是亲贵，还是民间都不可能有如此多的常备战车，如果是向诸侯、方国征召，可能性也不大。因有车百乘的只有大的诸侯、方国才如此②，然而这些大的诸侯、方国还常有对付反商之氏族、方国侵扰的任务，不可能经常应付征召。商王朝的武装力量平时还有开垦农田和田猎任务，田猎也不是完全固定在平原或丘陵地区。除了武丁时期在今河南中北部一带的田猎区外，还有其他不少地区，到商王朝晚期田猎区范围很大，武乙时远到河渭之间。野兽出没的地方又较为复杂，如虎、豹、兕（野生大青牛）、象所出没之处皆不是平原或草地，许多山地和沼泽地战车用不上，骑兵或徒卒中的弓箭手更能在这些地方发挥作用。如果是出征打仗

---

① 《商代田猎与军事训练的关系》，《先秦史论集》，郑州：中州古籍出版社，1989年4月。

② 商汤伐夏桀之前是一个大诸侯，伐夏之军中才用"良车七十乘"。

则战车能起较大的作用,但最后还要靠徒卒去获取胜利品。如同现代化的战争一样,"非接触作战"(即空中优势)摧毁了敌人主要军事防御设施和战斗力,最后还是靠地面部队去处理一切。

商王朝的作战部队除中央军外,还有征召的地方军队和预备兵役,卜辞中的"登人""共人"就是反映征召的军队。如:

(1)"登射三百。勿登射三百。"　　　　　　《合集》698′正

(2)"贞:登人三千呼伐舌方,受有佑。勿呼伐舌方。"

《合集》6168

(3)"戊寅卜,㲋贞:勿登人三千呼伐舌方,弗受有佑。"

《合集》6171

(4)"……登人三千呼伐土方……"　　《合集》6407

(5)"己未卜,㲋贞:王登三千人,呼伐舌方戋。"

《合集》6439—6443

(6)"……寅卜,㘡贞:冒三千人伐……"

《合集》7345

(7)"贞:登人五千,呼见舌方。贞:勿登人五千。"

《合集》6167

(8)"贞:登人五千,惟王自……"　　《合集》7312

(9)"丁酉卜,㲋贞:今载王共人五千征土方,受有佑,三月。"

《合集》6409

(10)"……泳,王登众,受(有佑)。"　　《屯南》149

(11)"……族共人于帛……"　　　　《屯南》2909

上举前九条为武丁时期,后两条为武乙、文丁时期。十一条卜辞中的"登""共""冒"为征集、召进之意。(7)条中的"见"字,为

侦察，窥伺。曾有文章认为武丁以后商王军队不再有"登人""共人""臿人"，乃作者对分期不太懂所致。有"共人"的卜辞还见于帝乙、帝辛卜辞（《合集》36518），从这十一条中可知征召兵力主要是反映在武丁时期卜辞，武丁王朝的常备军主要是中央军。而武丁为了征服叛商的氏族、方国经常出外征讨，可以说当时是征伐不止，尤其是舌方、土方长期与商王朝为敌，流动性大的方国，仅中央军去征伐，兵力当然不够，因此必须征召更多的兵力。兵源来自商王封在各地的诸侯和派驻各地武官征召当地预备兵役（其中有自由民众，即农民、牧民，也有侯伯们的奴隶）。我曾有一小文论述商的军队：

> 商王朝的军队分为王朝的中央军和方国、诸侯的地方军两种。是采用"兵农结合"、"养兵于农"的治军方针。在训练军队的方式上是"平战结合"，平时通过田猎活动来训练士卒，因此也可以说"以猎练兵"。一次大规模的田猎就是一次大的实战演习①。

到商王朝晚期"登人""共人"的占卜减少，这可能与军事力量有所增强有关。自武丁以后的商王为了适应社会的发展对军事进行了改革。"王作三师"就反映出中央军的改革，即不再是以王族、多子族等来命名，而是组建了"师"一级的中央军。此时的一个师也是一万人，一个师人数相当于武丁时的中央军总兵力，三师则是

---

① 《商代田猎与军事训练的关系》，《先秦史论集》，郑州：中州古籍出版社，1989年4月。

三万人。《尚书·盘庚》有："邦伯，师长，百执事之人。"武丁时期未见有占卜"三师""师长"的卜辞，既是将师长与邦伯同称，则"三师"之长当然就师长。卜辞中又有"旅"字，但并不是专指军队的名词，还有贞人旅①、祭名旅②、地名（或族名）旅③。用作军队专称旅的完整卜辞较少，今举廪辛至文丁时期两卜辞说明：

(1)"翌日王其命右旅暨左旅舌见方，戈，不雉众。"

《屯南》2328

(2)"……王其以众合右旅（暨左）旅于舊，戈。"《屯南》2350

武丁时期卜辞中未见"左旅""右旅"，只有"登旅"，如：

"辛巳卜贞：登妇好三千，登旅万，呼伐（羌）……"

《英》150 正

这也是目前卜辞中所见一次征伐时征召最多的兵力，可见有大的征伐商王就会征调预备兵役。刘钊认为：

> 然而"旅"并非专业军队，这是由于"旅"可称"登"，而作为专业军队的"师"从不称"登"的缘故。可知"旅"也是临时征集的④。

刘钊的认识合乎商王朝的史实。《尚书·大禹谟》："班师振旅。"孔安国《传》："兵入曰振旅，言整众。"孔颖达疏："振，整也。言整

---

① 祖庚、祖甲时期贞人。
② 《甲骨文合集》17100 号。
③ 《甲骨文合集》20500、30267 号。
④ 《卜辞所见殷代的军事活动》，《古文字研究》第十六辑，1989 年 9 月。

众而还。"可知"旅"还是指军队，如后世称军队为"军旅"一样。商王还未将"旅"作为一级军事编制，"登旅万"虽目前仅此一见，也足以说明旅是指预备兵役才能应征。卜辞中的"左旅"，"右旅"是临时组成阵形的左右两翼。

周武王第二次出兵伐商纣时，据《史记·周本纪》载：

> 乃遵文王，遂率戎车三百乘，虎贲三千人，甲士四万五千人，以东伐纣……诸侯会兵者车四千乘，陈师牧野。帝纣闻武王来，亦发兵七十万人距武王。

按此记述，周武王的兵力约五万人，加上诸侯四千乘，总计也不会超出十万人。商纣于周武王第一次"观兵孟津"后又自恃其统治稳固、实力强大而不作任何准备。周武王二次伐商时，出于商纣晚期暴虐不得人心，虽下令征召诸侯勤王之师，但七拼八凑，加上自己的中央军共得七万人（见本书第十三章）。因两军之斗志悬殊过大，商军争斗不久就"前徒倒戈"，商纣见其大势已去遂自焚而亡。其实此时的商王朝应有超过周数倍之武装力量，但是，帝乙、帝辛父子二人为统一东南方的疆土，长期致力于征伐东夷，将重兵开赴东南地区驻守，使得王畿内军力薄弱，周武王在姜尚等人的谋划下乘机伐商。后世一些文献对"牧野之战"多有"胜者王，败者寇"之记述，夸大商纣损失之兵力。《孟子·尽心下》谓：

> 孟子曰："尽信《书》，则不如无《书》。吾于《武成》，取二三策而已矣。仁人无敌于天下，以至仁伐至不仁，而何其血

之流杵也。"

杨伯峻译注：

　　　"血流漂杵"为商纣士兵倒戈自相残杀所致，与孟子原意
　　不合，自不可信。

　　从上述情形来看，商末帝乙、帝辛时期的中央军可能已扩至五
至六个师，兵力有五至六万。诸侯、方国大者（如姬周）兵力不会
超过五万人，中等也就是一二万人，小者不过三五千人而已。据宋
镇豪的分析统计："商初为 400—450 万人，至晚商增至 780 万人左
右[1]。"如果商代末期总人口大致是此数字，则商全国武装力量也
不会超过八十万，商王朝能控制、征调的兵力也超不过五十万。

---

[1]　《夏商社会生活史》，第 111 页，中国社会科学出版社，1994 年 9 月。

十六　商代的农、牧和田猎

中华民族自古以农立国，农耕起源很早，几千年来就是以农、牧、渔为基础的食物而铸就了"民以食为天"的饮食文化，伴随农作物种类和饲养物种的增多，人们的物质生活也大为丰富。目前之所以对商的农耕、畜牧和田猎有较多的了解，全赖于当时遗留在甲骨上的文字和考古出土的其他物证。自20世纪二三十年代起，老一辈的甲骨学家就开始从卜辞中研究商代的农、牧和田猎。但限于当时的条件和认识水准，虽在文字方面解决了不少，也存在许多不足的问题，但他们首开之功不可没。到50年代，用甲骨文资料结合古文献、出土文物等研究日见全面深入，其后由于众所周知的原因，研究一度处于滞留状态。社会进入改革开放以后，给学术界创造了一个宽松的研究环境，甲骨文与商史研讨重新启动并以全新的面貌出现于社会大舞台上。《甲骨文合集》的陆续出版，尤其是1981年创刊的《农业考古》和有关刊物的创办，给研究者提供了集中的资料和研究的阵地，发表了许多有关商代农、牧、猎的论述，专著（有的专著是论述古代农史，商是其中一部分）也出版不少。

到 21 世纪始可以说成果丰硕，虽然一些问题仍要有更长的探索过程，但研究的前景非常乐观，在 21 世纪中将会有更多丰硕的成果。

考古资料证明在距今一万年左右的南方新石器早期遗址中，就发现有水稻种植的遗存，在距今七千多年北方的仰韶文化遗址中，也出土不少的炭化谷物。前已述及商是个古老的氏族，最早也是经过游牧的生活，其后逐渐由"逐水草迁徙居无定处"转变为基本定居，过着农、牧和田猎结合的社会生活，但还不完全是农耕为主的氏族，因饲养业先于农耕发展，而且一直很发达。因为较早的驯服牛马作乘驼负重，又会利用牛羊等家畜到各氏族、方国中交换所需物品来丰富自己的生活。故自 20 世纪以来有些学者认为：商族大部分还是处于"田猎游牧时代"；"主要生产是畜牧业"；是由"游农"向农业过渡阶段等等。对灭夏建商前和建商最初阶段来说，他们的这些研究无疑都较正确。正如王玉哲说："商族在先商时期，一直有着比较发达的畜牧业[①]。"研究商代的社会生活时，应将商族早期和商王朝时期区别开，因为我国从古至今在广大的国土上，社会经济一直是不平衡的发展，如果不作全面分析则许多问题就说不清。即使是在商王朝的前期农耕的发展也是较为缓慢，目前所见到的甲骨文是盘庚迁殷以后的遗物，所反映的只是商王朝后半期的农耕、畜牧和田猎。当然，商文明比夏文明要发达许多，夏王朝的社会经济我们知之甚少，估计农耕的发展仍是较缓慢。众所周知，直到 20 世纪 80 年代前，我国农业生产方式与一千多年前的西汉时期相比，不但在一些地区没有太多变化，相反还有不少的倒退，可

---

① 《中华远古史》，第 193 页，北京：人民出版社，2000 年 7 月。

见几千年中农业一直是对社会发展影响较大的一个基础部门。

农耕离不开土地，商王朝经过近三百年的发展到武丁时期，农业种植也有所进步。伴随疆土的不断扩大，经过不断的田猎，尤其是"焚林而田"开垦土地，农田也逐渐增多。商王朝后半期的农业生产卜辞中有"求年""受年"和"求禾""受禾"。求亦作桼，意为乞求。受即授，意为授给。年即稔，禾谷成熟为稔。禾有广义和狭义之分，广义指禾谷总称，狭义指粟米。武丁时期卜辞中已有向东、南、西、北"四土"受年的占卜。如：

（1）"甲午卜，延贞：东土受年。甲午卜，延贞：东土不其受年。"　　　　　　　　　　　　　　　　　《合集》9735

（2）"甲午卜，亘贞：南土受年。甲午卜，（亘贞：南土不其受年）。"　　　　　　　　　　　　　　　　《合集》9735

（3）"甲午卜，宾贞：西土受年。贞：西土不其受年。"

《合集》9742

（4）"甲午卜，宁贞：北土受年。甲午卜，宁贞：北土不其受年。"　　　　　　　　　　　　　　　　　《合集》9745

（5）"贞：我北田不其受年。贞：我北田受年。"

《合集》9750甲乙

上举五条中（2）条干支后残，对贞卜辞可补齐所缺的字。（5）条中"北田"即"北土"，可知田土能互用。前四条是由四位贞人（史官）同于甲午日占卜东、南、西、北四方田土中种的庄稼能否有好收成（受年），足见商王对庄稼收成的重视。因为农耕在商王朝统治区域内还是主要的生产部门，商王的愿望是四土所种植的庄稼年年都能获得丰收。

"受黍年"的卜辞 田猎卜辞

商王除祈求四土外也要祈求王畿农耕种植丰收，如卜辞有：

(1) "癸卯卜，争贞：今岁商受年。"　　　《合集》9661—9663

(2) "丁未卜，王商其橐，不其受年。"　　《合集》20654

(3) "癸卯卜，大贞：今岁商受年，七月。"《合集》24427

(4) "己巳王卜，贞：今岁商受年，王占曰：吉。东土受年。南土受年，吉。西土受年，吉。北土受年，吉。"《合集》36975

上举四条中 (1)、(2) 条为武丁及后期，(3) 为祖庚、祖甲时期，(4) 为帝乙、帝辛时期。卜辞中的商、王商都是指商王畿，为祈求王畿内的庄稼今岁有个好收成。从此类卜辞中反映出商王的农耕生产有"四土"和中央（商）五方，如今人所说的"全国各地"。"今岁"①、

————————

① 《甲骨文合集》9646—9652；24427，24429，24431，24432 正；36976—36979；《小屯南地甲骨》750，2134 等。

"来岁"①、"今来岁"② 的 "求禾" "受禾" 于卜辞中常见。"今"
"来"（未来的农耕期）义与现今用法基本相同。岁字有两义：一是
祭名；一是指庄稼从种至收的周期，相当于一年。《尔雅·释天》：
"夏曰岁，商曰祀，周曰年，唐虞曰载。"故此岁也是与年同用。受
年较多，受禾的卜辞少，大多见于廪辛至文丁时期。

农耕更离不开水，尽管有学者认为商代农耕已有沟洫可灌可
排，但这种沟洫可能只是王畿和一些较先进的农业地区才有。三千
年前的商王朝后半期并非全国都是农田，只有在商王畿内的农田较
多，因王畿的农田早已开发种植多年。在其他许多地区还是处于未
开发的原始生态中，自武丁时期才有占卜开垦农田的卜辞。田猎卜
辞中有一些是反映 "焚林而田"，就是猎、农两利的反映，即利用
焚烧森林打猎，同时也烧出一大片空地，经过短时期的开辟就可成
农田③。这些农田还不能成为沟洫纵横的良田，仍然要靠老天的恩
赐雨水，故卜辞有求雨录，如：

（1）"丙寅卜，争贞：今十一月，帝命雨。贞：今十一月，帝不
其命雨，二告。"　　　　　　　　　　　　　　　《合集》5658 正

（2）"求雨于上甲，牢。于上甲，牛。"　　　　《合集》672 正

（3）"壬午卜，于河求雨，燎。"　　　　　　　《合集》12853

（4）"庚午卜，求雨于岳。"　　　　　　　　　《合集》12855

（5）"庚寅卜，甲午奏，舞雨。庚寅卜，癸巳奏，舞雨。庚寅

---

① 《甲骨文合集》9656—9658 正；9661，9662，33241，33256 等。
② 《甲骨文合集》641 正，9653 正—9655；《小屯南地甲骨》506，646 等。
③ 参见拙作《商代田猎初探》，收入《甲骨文与殷商史》，上海：上海古籍出版社，
1983 年。

卜，辛卯奏，舞雨。" 　　　　　　　　　《合集》12819

上举五条都是武丁时期卜辞，（3）条中"燎"是祭名。（5）条中
"奏"是奏乐祭祀，舞是求雨仪式。《周礼·春官·司巫》："若因大
旱则帅巫而舞雩。"郑玄注："雩，旱祭也。"即跳舞求雨。

　　人类以农、牧、渔和部分野生动物为基本原料铸就的饮食文
化，在我国可追溯到距今七八千年的新石器时代早期。北方种植的
黍（俗称大黄米）和稷（北方称谷子，去皮后称小米）较多，如西
安半坡、甘肃秦安大地湾、河南新郑裴里岗、河北武安磁山等遗址
中都有所发现。尤其是磁山文化遗址中发现的炭化粟多达十三万多
斤。长江流域和南方沿海稻的种植很早，如湖南道县寿雁镇白石寨
玉蟾岩、江西万年县仙人洞等遗址都发现距今至八千年前的稻谷遗
存。尤其是 1996 年广东英德市牛栏洞中（距今一万至八千年）的
文化遗址发现的稻谷，是目前时代最早的稻谷遗存。又如河姆渡文
化遗址，江苏连云港市二涧村遗址中都发现了稻谷的遗存。应当说
到了商代农作物的品种已不少。20 世纪的三四十年代的前辈学者
都先后作过专题研究，如郭沫若、徐中舒、万国鼎、吴其昌、胡厚
宣、日本白尾阳光等，在论述商代农业中都对农作物考释过。后世
对粮食作物总称为"五谷"，即黍、稷、菽、麦、稻，都可在卜辞
中找出例证。而卜辞中的农作物不止五种，20 世纪 50 年代以来，
陈梦家①、于省吾②、裘锡圭③、彭邦炯④等十几位学者，都先后研

①　《殷虚卜辞综述》，第 525—529 页。
②　于省吾：《商代谷类作物》，刊《东北人民大学人文科学学报》1957 年第 1 期。
③　裘锡圭：《甲骨文中所见的商代农业》，刊《农史研究》第 8 集，1985 年。
④　彭邦炯：《甲骨文农业资料考辨与研究》，吉林文史出版社，1997 年 12 月。

究过卜辞中禾、黍、稷、菽（即豆）、麦（大麦和小麦）、稻、秬、秜等十几个作物名称。他们不仅做出自己的解释，还对三四十年代研究中的释读错误给予纠正。但有的作物实是何名仍是见仁见智，商王朝农作物究竟有多少品种，还有待于今后再深入探讨。

农耕的发展，农作物种类增多，必然给畜牧业提供更多的饲料，促进畜牧业更加兴旺发达。过去治古史者传统的说法认为畜牧业一定是农业的副业，是依附于农业丰歉而兴衰。这似与我国古代国情不完全吻合，从商代的畜牧业就可了解，畜牧业在商王朝完全是与农业并行的社会生产门类。农业对它没有致命的制约，最多也只是为其提供饲料多少而已，因为马、牛、羊都是食草性的动物，豕（猪）、鸡直到现在一些少数民族和农村中仍然以放养为主，吃粮食的猪、鸡是现代科技发达才实行工厂化的饲养。犬（狗）也是多食性的动物，即使是猎犬以食肉为主，但只要有牛、羊、猪、鸡则不缺其食。家畜的饲养大约从原始狩猎经济就开始，在北方的裴李岗—磁山文化遗址中就发现猪、狗、羊、鸡的遗骨；南方的河姆渡文化遗址中也有猪、狗和水牛遗骨，学者们认为这可能都是饲养的家畜遗骨。后世所称"六畜"的马、牛、羊、鸡、犬、豕遗骨已见于龙山文化时期的不少遗址中。商族人有长期饲养家畜的历史和专业经验，遗憾的是古文献中记载的只言片语都是商先公驯养牛、马之事，未见商王朝时的如何饲养"六畜"的记载。

要了解商王朝畜牧业兴旺发达的情形，仍然要从卜辞中去寻找，如有：

（1）"丁巳卜，争贞：降册千牛。不其降册千牛、千人。"

《合集》1027

（2）"贞：御自唐、大甲、大丁、祖乙，百羌、百牢，二告。

贞：御惟牛三百。" 　　　　　　　　　　　　　《合集》300

（3）"……登羊三百。" 　　　　　　　　　　　《合集》8959

（4）"……致牛四百。" 　　　　　　　　　　　《合集》8965

（5）"乙亥卜，……丙册大……五百牛，……伐百……"

《合集》39534

（6）"丁巳卜，侑，燎丁，百犬、百豕、卯百牛。"

《合集》32674

（7）"癸酉，贞：帝五丰臣，其三百四十牢。" 　《合集》34149

上举前五条为武丁时期卜辞，后两条为廪辛至文丁时期卜辞。

（1）条中的"降"字，义有下降、降临、停止。此条为对贞卜辞，指占卜祭祀时是否停止册（杀）千牛，或是千人（人牲）？这说明商王祭祀要用大量的牲畜，经常要有上千头牛羊犬豕等家畜备用。（2）条是占卜祭祀先王成汤、太甲、太丁、祖乙，是用一百个羌人，一百牢（此牢字从羊），或是用三百头牛。卜辞的"牢"字有从牛、从羊之区别。从牛之牢是否就是《周礼》中的"太牢"，即三牲？从羊之牢是否就是"小牢"，即二牲？至今学者尚无共识。暂以一牢为牛羊二牲，则百牢则是牛羊各一百头。（3）条是征调三百头羊。（4）条是进贡四百头牛。（5）条的卜辞虽过残，但仍能知是祭祀先王时用五百头牛。（6）条占卜用一百条狗、一百条猪，还要剖（对剖为卯）一百头牛祭祀（"侑、燎"都是祭名）。（7）条是祭祀上帝和五位自然神，用三百四十牢（牢字从羊），若是二牲三百四十牢，共六百八十头牛羊。

从上举祭祀用牲较多的，但还不是最多之数字。郭沫若将《尚书·召诰》和《洛诰》中所载周公、成王郊祀时用"牛二",祭社用"牛一,羊一,豕一",祭文王、武王时各只用"骍牛一"与《逸周书·世俘》作对比。他引《世俘》:

> 五日乙卯,武王乃以庶祀馘于国周庙……断牛六,断羊二。……用小牲羊、犬、豕于百神水土。……用牛于天子(与)稷五百有四。用小牲羊、豕于百神水土社,二千七百有一。

又说:

> 这些超级的数目,旧时的人不大相信,如孔晁注便以为"所用甚多,似皆益之"。但我以为《世俘》这一篇倒可算是真实纪录,以后人的头脑,就要夸张也夸张不到的。但周武王之所以能够这样慷慨地用一次,并不表示周人养猪养羊特别地讲究,而是用的殷人的遗产!而且只慷慨了这一次,以后便倒楣了。在历史上只留下了这么空前绝后的一例[1]。

无论是王朝或诸侯、方国都有畜牧场,由专业人员去饲养、管理,否则不会有如此众多的牛、羊、豕。臣服于商的氏族、方国还要向王朝进献家畜,除上举的(3)、(4)条外,还有"……春,登马……致御方"[2]、"贞:呼共牛"[3]、"呼共羊"等[4]。

---

[1] 郭沫若:《十批判书·古代研究的自我批判》。
[2][3] 《甲骨文合集》6759。
[4] 《甲骨文合集》8949,8950。

除了"六畜"外，其他野生动物是否有驯养？《吕氏春秋·古乐》中载：

> 成王立，殷民反，王命周公践伐之。商人服象，为虐于东夷。周公遂以师逐之，至于江南，乃为《三象》，以嘉其德。

此一记述引起一桩讼案。治商史者认为：商人驯服象并作为一支"象队"去征东夷。有的史家认为《古乐》所载的"商人服象"是"南人服象"之误，"谓南人即南蛮之人"①。卜辞中虽无明确用驯养象为牺牲的记录②，但殷墟武官北地祭祀场中发掘出一象骨架。商纣在沙丘苑台放置有许多野兽蜚鸟，可认为是商王的野生动物园，如鹿、麋、象这类动物在商代可能已有围栏驯养。值得注意的是武丁时期卜辞有"王梦牧石麋，不惟祸，惟佑，三月"（《合集》376正）。可能是商王已有放养的麋（四不像），因此才连做梦都关心石麋有无灾祸。甲骨文的"牢"字还有从马的区别。《说文》："牢，闲也，养牛马圈也。"罗振玉谓："牢为阑不限于牛，故其字或从羊③。"商代的牛、羊、犬、豕当是自由放牧，因数量多只有冬春天寒冷时才收入"画地为牢"的围栏饲养，20 世纪 80 年代前西部地区草原牧民的马、牛、羊大多仍是如此饲养。甲骨文也有"畜""牧"二字，卜辞有"王畜马在兹写"④。这是商王的"御马监"，当

---

① 陈奇猷《吕氏春秋校释·古乐》校释。
② 《甲骨文合集》8983 号的"致象，侑于祖乙"。"致（以）象"亦可能是进贡捕获象。
③ 增订《殷墟书契考释·中》。
④ 《甲骨文合集》29415，29416。

与民间饲养有别。放牧有"商牧""南牧""北牧"，诸侯、方国中也有牧。

商王朝的田猎在古文献中的记述很少，原因是灭商后周公将商的田猎说成是"游田"，一种单纯的游乐和亡国原因之一。但周王朝的田猎不但未止住，还制度化为"春蒐、夏苗、秋狝、冬狩"的"大蒐之礼"，又建立起称为"四时皆田"的献禽制度①。卜辞中的田猎也称狩猎。自1980年起我有四文论及商王朝的田猎是社会生产和练兵活动，并非单纯是商王吃饱喝足后的游乐。我认为：

> 我在参加《甲骨文合集》编纂过程中作过一些分类统计，仅当时所见商代甲骨文中，占卜田猎的卜辞和有关田猎的记事刻辞约占九分之一多。如果就田猎卜辞内容来分类，大体上可分为田猎的规模，商王亲自出猎，呼命近臣出猎，军队出猎，方国、诸侯进献所获禽兽。商王"省田"，呼命近臣"省田"田猎情报等②。

我的统计是到1978年，此后又有《小屯南地甲骨》等八种著录出版，除《小屯南地甲骨》是新出土外，其他大多为重著，新资料不多，加上这八种，至今田猎卜辞仍然只占九分之一多，从这比例可以看出田猎在商王朝社会活动中的位置。

距今三千年前，商的疆域上不仅有广袤的原始森林，还有不少

---

① 《商和西周的献禽制度》，刊《史学月刊》1987年第3期。
② 《商代田猎与军事训练的关系》，收入《先秦史论集——庆祝徐中舒教授九十诞辰纪念文集》，郑州：中州古籍出版社，1989年4月。

的泽薮，如《禹贡》《周礼》中所说的"九州之泽薮"仍然存在。《诗·郑风·大叔于田》："叔在薮，火烈并举。"《毛传》："薮泽，禽之府也。"《说文》："禽走兽总名。"即泽薮是野生动物赖以生存之场所。西周末郑桓公率族人和商人后裔从关中迁至再封地郑（今河南新郑），要到披荆斩棘艰苦地开发以后，才能与商人共处（《左传·昭公十六年》）。西周末春秋初的中原地区尚且如此，其他地区更甚于此。要发展农耕首要是多开垦土地为农田，开垦农田也见于卜辞，如：

(1)"癸巳卜，宾贞：命众人……入羊方垦田。贞：勿命众人，六月。"　　　　　　　　　　　　　　　　　　　　《合集》6

(2)"戊辰卜，宾贞：命永垦田于盖。"　　　　《合集》9476

(3)"癸卯卜，宾贞：命禽垦田于京。"　　　　《合集》9473

(4)"癸亥贞：王命多尹垦田于西，受禾。"　　《合集》33209

(5)"甲戌卜，王命刚垦田于龙。"　　　　　　《屯南》499

上举前三条为武丁时期卜辞，后两条为武乙、文丁时期卜辞。卜辞中"命"字后"一"字为人名，多尹是官名，垦字后是地名。从所举卜辞来看，由武丁至文丁都在不断开垦农田。田猎卜辞有"焚"猎，《尔雅·释天》："火田为狩。"郭璞注："放火烧草亦为狩。"历史上学者对"火田为狩"有不同解释，卜辞存其古义，如：

(1)"翌癸卯其焚擒，癸卯允焚。获……兕十一、豕十五、虎……兔二十。"　　　　　　　　　　　　　　　《合集》1048 正

(2)"王其焚㲚洒麓，王于东立，虎出擒，大吉。"

　　　　　　　　　　　　　　　　　　　　《合集》28799

上举一条为武丁时期，二条为廪辛、康丁时期。（1）条有残辞，是

占卜癸卯日能否用"焚林而田"的方法打猎，癸卯日果然去焚烧森林打猎，共获得兕、豕、虎、兔这些野生动物。可能这次田猎规模很大，因为获野生大青牛（兕）、虎这些凶猛动物，获兕有十一头，虎也会是一二头。被焚烧后空出很大的土地，能开垦一个较广的农田，由此可知商代人为何将打猎叫"田"？因为"焚林而田"是将打猎与开辟农田二者结合，达到猎与农双利之效果。（2）条是在"兖"地之山麓用焚烧森林的方法打猎，商王在东面观阵，老虎从被焚烧的森林中逃出后被擒获。曾有学者认为（2）条辞中的焚字，上从林下从双手执火把与（1）条中的上从林下从火之焚应有区别①。其实两字只是时期前后和简繁不同，武丁以后的形声字增多，有的字笔画增加，此例不少，不必找证据说是两个不同意义的字。时至今日"野生动物保护法"公布实施十多年，在一些边远地方仍在焚林打猎。

卜辞中也常见打猎用"狩"字，《说文》"狩，犬田也。从犬，守声"。田猎卜辞中有用猎犬的记录，如：

（1）"其从犬，擒。王惟犬从，无灾。"　　　《合集》27926

（2）"戊午卜，贞：王其田衣，犬无灾。"　　　《合集》28877

（3）"王惟綏犬从，无灾。惟盖犬从，无灾。"《屯南》4584

上举三条都是廪辛至文丁时期卜辞，辞中的"犬"都为动物犬，（1）是商王打猎，猎犬跟从无灾祸。（2）是商王带了猎犬在衣地打猎，无灾祸。（3）是商王以綏、盖两地的猎犬跟从去打猎，都无灾祸。故狩为"犬田"，自古有之。

---

① 姚孝遂、肖丁：《小屯南地甲骨考释》，第162—163页，北京：中华书局，1985年10月。

商王朝还设立专门的田猎情报官叫"犬"，训练猎犬官叫"犬师"，如：

(1)"乙未卜，在盂，犬告有鹿。"　　　　　《合集》27919 反

(2)"乙酉卜，犬来告，有鹿，王往逐。"　　《屯南》997

(3)"丁酉卜，翌日王惟犬师从，弗悔，无灾，不遘雨，大吉。"

《屯南》2618

上举三条为廪辛、康丁时期，（1）是盂地的田猎情报官犬向商王报告发现有鹿出现。（2）是田猎情官犬来报告有鹿出现，商王去猎逐。（3）是商王去打猎，犬师带猎犬跟从。犬师是专门饲养、训练猎犬的官，当是有军职的武官。由此可知，田猎也是社会生产的一个重要部门。卜辞中狩与田同用，动词的"田"是指田猎的具体活动，用"狩"无论是"火田为狩"或是"犬田为狩"，都是指打猎的方法，当是田猎总名。

商王朝田猎方法有焚、车逐、设陷阱、网罗等，工具有弓箭、戈、矛、刀、钩、棍等等。凶猛大兽如虎、豹、兕、象藏身于密林深山用焚田。奔跑快速的兽类如鹿、麋、豕、狼等等用陷阱。小型兽如狐、兔、貍、猴等等和飞禽鸟类用网罗及其他工具配合运用。焚田、车逐、人追、箭射等这样的打猎活动，就是商王陈兵布阵训练兵卒的演习。商之频繁田猎还有驱兽害的作用，如卜辞有：

(1)"王获鹿，不其获，允获四。王获兕，王弗其获兕。获不。允获麋四百五十一。"　　　　　　　　《合集》14344 正反

(2)"……卜，贞：乙亥陷，擒麋七百，用彘……"

《屯南》2626

上举前条为武丁时期，后条为武乙、文丁时期。不同时期田猎获麋

都是几百头，可知这种以谷苗为食、鹿属的"四不像"动物非常之多。《春秋·庄公十七年》："冬，多麋。"杜预注："麋多则害五稼，故以灾书。"又《礼记·月令》：孟夏"驱兽毋害五谷"。郑玄注："兽，麋、鹿之属，食谷苗，驱之令勿害也。"

渔业也是商王朝一项社会生产，除捕获野生的鱼外可能当时已有养殖的鱼，但是否用作观赏的鱼类，目前从卜辞中难以区别。如卜辞有：

(1)"癸卯卜，大豕获鱼其三万，不……"　　　《合集》10471

(2)"戊寅卜，王狩膏鱼，擒。"　　　　　　　《合集》10918

(3)"甲辰卜，不其网鱼。"　　　　　　　　　《合集》16203

(4)"庚寅卜，翌日辛，王兑省鱼，不遘雨，吉。"《屯南》637

以上所举前三条为武丁时期，后一条为廪辛、康丁时期。(1)条中大豕为合文，当是人名，三万可能是三万尾。此也是目前卜辞中出现的最多数目。(2)条是商王打猎在膏地擒获鱼。(3)条是占卜商王去不去用网打鱼。(4)条是商王急速去省视鱼，未遇下雨，此可能是饲养的鱼。

总之，商王朝的田猎如果从卜辞中所反映的情形来看，具有开发土地、保护庄稼、促进农耕、军事演习的性质。同时也给人们提供吃（肉）穿（皮毛）用（骨牙）的生活资料，是商的社会生活中一项不可缺少的重要生产活动①。

---

① 《商代田猎初探》，刊《甲骨文与殷商史》，上海：上海古籍出版社，1983年3月。

十七　商代的方国、侯、伯

　　商甲骨刻辞中的人名、族名（方国）、地名目前所见有近一千一百个，其中许多人名、族名、地名同是一个字形，要区别是人名、族名或地名，只有根据刻辞的内容来判断。卜辞中也有一些称为方、侯、伯的称谓，这些都是生活在商王朝疆域内后世叫作氏族、部落的人群。氏族、部落不是原始的名词，它的出现较晚，先秦以后的文献中虽有所见，但到了近现代才在研究古代史和社会学时普遍地使用。甲骨文有"族"字而无"氏"字，有甲骨学家认为有氏字，就是商的氏族，并做了不少考释。从理论上说商就是一个大氏族，商王朝就是由疆域内大大小小的氏族所组成，故认为甲骨刻辞中应当有氏族之"氏"字，只是见仁见智的一家之言。我同意晁福林对此的分析，他谓：

　　　　氏的出现比较晚，殷墟卜辞中似无明确的"氏"称，而周代则大量行用，并且习用来称谓远古时代大而有影响的族，如"陶唐氏"、"御龙氏"、"豕韦氏"、"唐杜氏"（《左传·襄公二

十四年》）、"高阳氏"、"高辛氏"、……①

　　注疏家认为上古氏与族是一回事，如郑玄就说："族者，氏之别名也。姓者，所以统系百世，使不别也。氏者，所以别子孙之所出。"孔颖达也说："氏，族一也，所以言之异耳。《释例》曰'别而称之谓之氏，合而言之则曰族②。'"卜辞中的"族"字是指商的亲族、宗族，卜辞中的"王族""子族""多子族""三族""五族"等，这些都是商的军事组织（参见前第十五章）。只有"犬延族"为非商的氏族。甲骨刻辞中许多只有名而无"族"字之氏族（一般能直接释读原形卜辞者能区别出是族名），卜辞中的"方"字有不同之义，如方位、自然神、方国。商的方国似都不小，如舌方、土方、人（夷）方、危方、蒙方等等，这些"方"不一定完全由一个氏族组成，即使原来是一个以血缘关系所组成的大氏族，也早就分为若干支族扩散到相关地区生活，故也可称为部落，有的可能已联合为一个部落联盟。所以在论述甲骨文或商史时，一般习惯上将无"族"字的族称作氏族，也有学者称为民族。在甲骨文和商史研究中常见用氏族、方国或氏族、部落的称谓都是指卜辞中的氏族、部落（方国）。

　　《墨子·非攻》所谓"古者天子之始封诸侯也，万有余"。《左传·哀公七年》载："禹会诸侯于涂山，执玉帛者万国。"此是对夏代氏族、部落数量多的形容词。到了商代则数量大大减少，《逸周书·殷祝》谓："汤放桀而归亳，三千诸侯大会。"因社会经过夏王

---

①　晁福林：《先秦社会形态研究》，第 47 页，北京师范大学出版社，2003 年 3 月。
②　郑玄说见《史记·五帝本纪》《集解》引。孔颖达说见《左传·隐公八年》疏。

朝近五百年的发展，到商汤灭夏桀时这些
诸侯已减至三千。又经商王朝近六百年的
发展，到周武王东伐商纣时"至盟津，诸
侯叛殷会周者八百"。又"诸侯不期而会
盟津者八百诸侯"①。《吕氏春秋·用民》
亦载："当禹之时，天下万国，至汤而三
千余国，今无存者矣，皆不能用其民也。"
这些在不同时代的"万国""三千余国"
"八百诸侯"，也就是些大大小小的氏族、
方国。从商汤至武丁近三百年的社会进程
中有的融合，有的被灭亡，剩下只有数
百。到周灭商前这些被称为诸侯者并不是
自始至终都臣服商王朝，多数则是视王朝
的兴衰时服时叛。如司马迁在《史记·殷
本纪》中所说："殷道衰，诸侯或不至"，
"殷复兴，诸侯归之"。再经西周、春秋到

有"东画"和"倪伯"的卜辞

了吕不韦组织编写《吕氏春秋》的战国末年，除了边远地区，这些
氏族、部落可能已没有数百个，甚至还会更少一些。

　　这些诸侯（氏族、部落）是否都是如《墨子》中所说都是为
"天子之始封"？如果按司马迁在《史记·五帝本纪》中的记载：轩
辕之时，诸侯"相侵伐，暴虐百姓"，轩辕率兵在涿鹿（今河北涿
鹿县）与蚩尤和炎帝为争夺统一氏族、部落而战。经过涿鹿、阪泉

①　《史记·殷本纪》。又《史记·周本纪》。

有土方的卜辞

（在今涿鹿县矾山镇）两大战役，轩辕战胜蚩尤和炎帝后，"而诸侯咸尊轩辕为天子，代神农氏，是为黄帝"。黄帝遂东巡西视，南下北逐，"合符釜山，而邑于涿鹿之阿"，即在涿鹿定居立邑，作为统治氏族、部落的政治、文化中心。无论古史学界对此中不少问题认识有多大分歧，但都认为我国有五千年的文明史，就是从黄帝开始。应当说黄帝作为一个大氏族的首领，经过多次争战后将许多氏族、部落联合起来，以涿鹿为基地建立起五千年前一个最大的部落联盟，而且是一个对全局有很大影响的部落联盟。按《五帝本纪》中所载，也可视为已具备了最早国家的基本职能。既然黄帝被众多氏族、部落尊为天子，说明黄帝封这些拥戴他的氏族、部落为侯不是没有可能。则《墨子》中所说为"天子之始封"，就不难理解。

商王朝封侯也见于卜辞，如：

（1）"甲申贞：其执三封伯，于父丁。"　　　《合集》32287

（2）"……巳卜，其刖四封，舌庐……惟邑于丁。"

《屯南》2510

（3）"乙丑王卜，贞：今囚巫九咎，余无陣徇告侯、田，册叔方、羌方、羞方、庚方。余其从侯、田，叶夌四封方。"

《合集》36528 反

（4）"己酉王卜，余征三封方，惟艰，命邑弗悔不，无……在大邑商。王占曰：大吉，在九月，遘上甲……五牛。"

《合集》36530

上举前两条为武乙、文丁时期，后两条为帝乙、帝辛时期。（1）条中的"三封伯"，即是受商王所封的三个诸侯，因反叛所以才被逮捕（执），可能用来作人牲祭祀父丁（即康丁）。甲骨中的"人头骨刻辞"就刻有"方伯"二字，是将被俘的诸侯用作人牲杀了以后，在头盖骨上刻辞用以炫耀武功①。（2）条中的"刖"字是商的一种锎脚酷刑，"四封"后面省去伯或方字，当是四位所封的诸侯被施以刖刑。（3）条中的"田"即甸，"册"是册封。前一段是通告侯、甸，册封敀方、羌方、羞方、庚方四个方国。后一段则是侯、甸忠心随从商王一同去剿除四位被封方国。当是封四个方国在前，四封方叛变在后才有此卜辞。（4）条是商王征伐三个曾被封的方国，在大邑商举行祭祀上甲等祖先。除以上的"三封方""四封方"外，也有"二封方"（《合集》36243）。

羌是个古老的部落，分布地方很广，相传夏禹就是出自西羌。到了商代羌也是一个很大的部落，大体上分布于今青海的东南部，内蒙古西南部、甘肃大部、四川的北部和山西的西北部。分支也较多，见于卜辞中有：北羌、马羌、羌龙、羌方等等。商王朝对羌人十分残酷，经常出兵征伐羌，又以俘获的羌人为奴隶，如武丁时期卜辞有："呼多羌逐兔，获②。"武乙、文丁时期卜辞有："王命多羌垦田③。"又多以羌人为祭祀之人牲，如祭祀时常用三五羌至数十

---

① 参见拙著《甲骨学小词典》"人头刻辞"条。
② 《甲骨文合集》154。
③ 《甲骨文合集》33213。

羌，最多的一次祭祀就用了"三百羌"①。即使是如此残酷，终商之世也没有将所有的羌人征服。但也不是所有的羌人都与商王朝为敌，羌方被征伐后，到了商的后期臣服于王朝，故才有被册封为"四封方"之一。记事辞中有："戊寅，羌目示三屯，叙"，"己丑，羌立示四屯，岳"，"丙寅，羌徭示一屯，岳"等②。辞中"目""立""徭"都是羌部落的各个分支氏族中的一些头领之名，他们都是臣服于商后才向王朝进贡用作占卜的牛胛骨。帝乙、帝辛时期有"田羌，往来无灾，王占曰：吉，获鹿"的卜辞。这支羌氏族已臣服商，而且族居地已纳入了商统治的田猎区，因此商王才经常去打猎。

在小邦林立的商代，诸侯也不可能都是由商王所封，何况卜辞中反映出有一些侯、伯就是自称。有的虽不称侯、称伯，但势力很大，活动范围也很广，如长期不服商王朝的舌方、土方和方方，这三个武丁时期常见的方国不但不是商的"斥候"（外服官），还是商王朝的劲敌。武丁时期卜辞中就多次记录了他们侵犯王畿和商王占卜征伐的情形，如：

(1)"癸巳卜，㱿贞：旬无祸，王占曰：有祟，其有来艰。迄至五日丁酉，允有来艰自西。沚馘告曰：土方征于我东鄙，戋二邑；舌方亦侵我西鄙田。"

(2)"王占曰：有祟，其有来艰。迄至五日己巳，允有来艰自西。长友角告曰：舌方出，侵我示禀田，七十五人。"

《合集》6057 正

① 《甲骨文合集》294，295。
② 《甲骨文合集》5177 曰，5385 曰，14807 曰。

（3）"王占曰：有祟，其有来艰。迄至九日辛卯允有来艰自北，蚁妻笶告曰土方侵我田，十人。"　　　　　　　　《合集》6057 反

（4）"壬子卜，㲴贞：舌方出，惟我有作祸。壬子卜，㲴贞：舌方出，不惟我有作祸，五月。"　　　　　　　　《合集》6087

（5）"乙卯卜，争贞：沚㦰称册，王从伐土方，受有佑。贞：勿从沚㦰。"　　　　　　　　《合集》6087

（6）"贞：舌方无闻。贞：登人五千呼见舌方。贞：勿登人五千。"　　　　　　　　《合集》6167

（7）"丁酉卜，㲴贞：今载王共人五千征土方，受有佑，五月。"

《合集》6409

上举七条前三条是占卜后的验辞，内容都是土方和舌方的人侵入商都郊区（鄙）抢掠庄稼的记录。辞中沚㦰是武将，长友角、蚁妻笶都是人名，可能是负责军事的情报官。（4）是说占卜舌方的人是否出来给商王畿作灾祸。（5）是占卜沚㦰奉了王的册命随从商王去伐土方。（6）是无报告舌方的信息，是否命征召五千人的兵力去侦察舌方的动向，以便征伐。（7）是今年五月，商王征进五千人的兵力去征伐土方。

舌方和土方的地望据郭沫若考证，认为土方"当在殷之北"，舌方"当在殷之西北"①。学者大多也认为在商都北和西北。综合各家之说，这两个方是两个较大的部落，族居地和活动区域大体当在今河北、山西北部，内蒙古西南部和太行山以西一带，在此区域的还有"沚""㞢""方"等一些氏族、部落。"方"即方部落，研究者称为"方方"，也是一直与商为敌。如武丁时期卜辞有：

---

① 郭沫若：《卜辞通纂考释》第 513 片。

(1)"……四日庚申，亦有来艰自北，子夒告曰，昔甲辰方征于牧，俘人十又五人，五日戊申，方亦征，俘人十又六人，六月。"

（《合集》137 号反）

(2)"己酉卜，宾贞：有来告，方征于寻，福夕告于丁。"

（《合集》6672）

上举两条中的"方征"是方方侵扰，(1)条中"俘人"就是抢掠后又将人虏走。(2)条中的"寻"是地名。这些方国还处在游牧社会生活时段，其特点就是活动范围很广，善于掠夺农耕区的农产品，甚至抓走农人，虽族居地距商都千里之外，常侵扰其他氏族和商郊。这些是长期与商为敌的方国，经武丁长期征伐，武丁之后不再见于卜辞中，虽偶有所见，但可能是残余。

目前卜辞中所见方国除舌方、土方、方方以外，还有：危方、兔方、兴方、龙方、马方、虎方、夷方、巴方、卌方、蒙方、叡方、鬼方、大方、鬲方、刀方、召方、嬴方、𢦔方、林方、人方等六十余个（含残辞）。其中一些方国并不是长期与商王朝为敌，如龙方，武丁时期卜辞有：

(1)"甲辰卜，……惟妇好伐龙，弋。"　　　　《合集》6584

(2)"贞：勿呼妇井伐龙方。"　　　　　　　《合集》6585 正

(3)"贞：龙来致。"　　　　　　　　　　　《合集》9076

(4)"……卜，㲉贞：呼龙田于……"　　　　《合集》10558

上举四条中的龙方也单称龙。龙方的族居地学者各释不一，我认为当在今山东泰山东南部①。此一带地区是商族老根据地，也是武丁

---

① 《左传·成公二年》："二年春，齐侯伐我北鄙，围龙"。杜预注："鲁邑"。在今泰山东南。

王朝经营的东土重点地区之一。(1)条是占卜妇好伐龙(方),有无灾祸。(2)条是占卜是否不呼命妇井去伐龙方。(3)条是龙方首领到王朝来致送贡品。(4)条虽有残,但主要部分意思清楚,是呼命龙方首领去打猎。从上举四条卜辞可以看出龙方曾经与商为敌,武丁派妇好和妇井两位女将其征伐后又臣服,所以才来进贡,并受武丁之命去打猎。记事刻辞有:"……妇龙示……囧"①。妇龙,即龙方之女嫁与商王族某人为妇者,只有关系改善才有联姻的可能。又如周方和周,卜辞有:

(1)"丙寅卜,宾贞:王惟周方征。贞:王勿惟周方征②。"

《合集》6657 正

(2)"己卯卜,允贞:命多子从犬侯戡周叶王事,五月。"

《合集》6812

(3)"辛卯卜,贞:命周从永止,八月。"　　《合集》5618

(4)"贞:妇周。"　　　　　　　　　　　《合集》22264

上举前三条为武丁时期,后一条为武丁后期。(2)条是商王命令多子族从同犬侯出兵威逼周方忠于王事。(3)条中是商王命令周从同永止(人名)。(4)条中的妇周,即周族之女嫁于商王族为妇者。这种商王族与氏族、方国联姻的事常见于甲骨刻辞中。这种通过征伐使之臣服后再联姻,有的是将商王室之女嫁给方伯,如商王帝乙时将王室之女下嫁周伯姬昌(即周文王)。商王从武丁至其后诸王就是以相互联姻来联合诸侯,其目的是逐渐达到更大的统一。

---

① 《合集》17544。
② 徐中舒认为此条卜辞中的"周方",是早于古公亶父姬周约二百年的周族(《甲骨文字典》卷二)。

卜辞中的侯有五十余个（含残辞），有的侯字在人名（或族名）后，如：雀侯、仓侯、崔侯、✶侯、✶侯、垂侯、杞侯、黍侯、戈侯、犬侯、竹侯、虢侯、✶侯、覃侯、有侯、攸侯等。有的侯字在人名（或族名）前，如：侯光、侯专、侯告、侯郑、侯前、候商、侯涅、侯田、侯虎（或释侯豹）、侯屯、侯敔、侯唐、侯印等。《尔雅·释诂》："侯，君也。"又郑玄谓："侯者，候之。言候为王斥候[1]。"此候之意，为伺候，斥候为侦察，故侯是王在外地的耳目。卜辞中的这许多侯大多臣服于商，故被商王征伐者少。武丁时期的卜辞中还常见"王从侯""侯称册""命侯归"的占卜。有的还是王朝的重臣，如仓侯虎、侯告还奉命去征伐。仓侯虎曾奉王命伐免方（《合集》6553，6554）。侯告也奉命伐夷方（《合集》6816，6817）。帝辛、帝乙时期的侯喜跟随商王伐人方（《合集》36482，36483）。这许多侯大多不见于古文献，只有杞侯的历史了解一些，如杞是夏禹之后裔所封的侯。但司马迁在《史记·陈杞世家》中对商代杞的具体活动已经不太了解，故叙述杞的只从周武王所封开始，而且只排出一个不完整的世系。开篇只说：

> 杞东楼公者，夏后禹之后苗裔也。殷时或封或绝。周武王克殷纣，求禹之后，得东楼公，封之于杞，以奉夏后氏祀。

"封之于杞"的杞在今河南杞县。1999 年 10 月在山东新泰市召开的"全国首届杞文化学术研讨会"，与会学者根据出土的杞器铭文对杞

---

[1] 《周礼·夏官·职方》注。

国史作了较全面的探讨，取得了阶段性的研究成果。虽然探讨的重心是周所封之杞，也有根据卜辞中的杞侯论述了商之杞。司马迁在《杞世家》中所写西周以后杞国的世系，而且还漏记两世，会议有论文给以补正①。从卜辞中看，有许多侯当如司马迁所说："殷时或封或绝。"如仓侯，武丁以后不再见于卜辞。又如侯虎、尖侯、侯专等亦是如此。侯屯只见于武乙、文丁时期卜辞，当是此才受封之侯。犬侯、✛侯、垂侯、侯告等，都见于从武丁至武乙、文丁时期的卜辞中。

甲骨文的伯有近四十个（含残辞），有的伯字在人名（或族名）后，如：祝伯、宋伯、微伯、去伯、雇伯、有伯、羌伯、易伯、沚伯、丹伯、兒伯、髟伯、孽伯、不伯、子伯、而伯、艺伯、哭伯、促伯、帚伯、盧伯、莫伯、危伯、归伯、帷伯、盂方伯炎等等。有的伯字在人名（或族名）前，如：伯伊、伯由、伯吹、伯兌、伯商等等。《尔雅·释诂》："伯，长也。"又《左传·哀公十三年》："伯合诸侯，则供帅子、男以见于伯。"杜预注："伯，诸侯长。"从卜辞中看似侯、伯在商王朝无多大区别。卜辞有"方伯"，如廪辛、康丁时期有："盧方伯"（《屯南》667）。又："王寻二方伯"（《合集》28086）。辛乙、帝辛时期卜辞有"惟王来征盂方伯炎"（《合集》36509）。又"多伯征盂方伯炎"（《合集》36511）。盧方伯、二方伯、多伯（即很多个方伯），都是臣服商王朝的方伯。盂方伯炎是盂方首领名炎，此当是自称的方伯，因不臣服商而被征伐。方伯当是商王册封，如周原出土的甲骨刻辞有："贞：王其求侑大甲册

---

① 王尹成主编：《杞文化与新泰——全国首届杞文化研讨会文集》。北京：中国文联出版社，2000 年 6 月。

周方白，豊（礼）西正不佐，于受有佑。"（《周原甲骨》H11∶84）
是周文王受到商王册封为周方伯后，祭祀商先王大甲，求其保佑。
据今本《竹书纪年》和《史记·殷本纪》都载商纣时封周文王为西
伯，得专征伐。可知册封的方伯有专征伐大权，如果不是商王册封
者则会受到征伐。周灭商以后周公曾说："自成汤至帝乙……越在
外服：侯、甸、男、卫、邦伯①。""大盂鼎"铭文中亦有"殷边侯
田（甸）"。这些都应是商王所封，拱卫和向王朝贡纳物产的外官。
这些外服官距王朝远近，据《尚书·禹贡》载：

> 五百里甸服，五百里侯服，五百里绥服，五百里要服，五
> 百里荒服。

周人也有自己理想的划分，《周礼·夏官·职方氏》载：

> 职方氏掌天下之图，以掌天下之地，乃辨九服之邦国，方
> 千里曰王畿……凡邦国千里，封公以五百里则四公，方四百里
> 则六侯，方三百里则七伯，方二百里则二十五子，方百里则百
> 男，以周知天下。

到了《礼记·王制》中则说：

> 天子百里之外以共官，千里之内以为御。千里之内设方

---

① 《尚书·酒诰》。

伯……二百一十国以为州，州有伯……千里之内曰甸，千里之外曰采、曰流。

如此具体的分域置官的制度倒是很理想，但是，这可能是史官们的设计，连周王朝也只能是在地图上规划，更不用说还处在氏族、方国联盟向组合统一时期的商王朝。何况商又有多次迁都，有的时段还连续迁徙，如仲丁、外壬、河亶甲、祖乙四王，在约五十年内就三迁其都。作为统治中心的都城在不断地变化，这些侯、甸、男、卫外服官的统治区域如何划分？外服之地域划分设官既不可能定，何来爵位？亦可能目前所见到的卜辞反映还很不全面。因此，我认为在商史研究中，古文献中既缺其具体记载，商王朝有自己的特色，不必一切都勉强按周人的设想去套。即使是商王朝后期出现类似的外服官，也不可能是在商的域内都完全实现。前面多次述及商的诸侯（氏族、方国）以商王朝兴和衰来决定服和叛，到商末王朝统一战争从未停止。帝乙、帝辛时期征伐方国的卜辞还不少，最大的征伐行动当然是征人方。商之所以被周所灭，就是帝乙、帝辛父子对人方长期发动战争，将主要兵力驻于东南地区，才使得王畿内正规兵力空虚，临时又无法征调，被周武王一个上午就打败而亡。

十八 商代的诸妇、诸子

　　20世纪在探讨商代史中有的学者认为：商王朝还是处于母系氏族社会阶段，根据是甲骨刻辞中妣、母、妇、女字样的称谓很多，有的"妇某"权力还很大。这诸多"妇某"都不见于古文献，殷墟甲骨出土以前无人论及。甲骨出土以后刻辞中的"诸妇"引起研究者的重视，有的学者以此考察商发展史中所处的社会阶段，认为商王朝还处于母系氏族阶段，这是一家之言，可以存疑。如郭沫若早在1929年就根据卜辞研究商代社会，认为：商代还是处于摩尔根所说美洲土著民的"彭那鲁亚"制，即亚血族群婚制。他说：

　　　　商代犹保存其先氏舜象亚血族群婚之遗习，故卜辞中颇多母权中心之痕迹。……这彭那鲁亚家族的亚血族群婚制，自男女而言为多妻多夫，自子女而言则为多父多母。而卜辞中则确有多父多母之征迹。……可知商代已到了氏族社会末期，一方面氏族制度尚饶有残余，而另一方面阶级制度已逐渐抬头①。

十五年以后，郭沫若出版了《十批判书》②，在该书《古代研究的自
我批判》一章中作了自我批判。他开篇即说：

> 我首先要谴责自己。我一九三〇年发表了《中国古代社会
> 研究》那一本书，虽然博得了很多的读者，实在太草率，太性
> 急了。其中有好些未成熟的或甚至是错误的判断，一直到现在
> 还留下相当的影响。

他所说的"错误的判断"，就是将商王朝判断为还是处于"彭那鲁
亚"群婚制，以母权为中心的氏族社会末期。郭沫若这种治学的态
度受到大家的尊重和学习。

用甲骨文资料研究商代史有长期的认识过程，伴随甲骨文资料
的增多和认识的深化，只要不是有意追赶政治风云变化，就会发现
过去有许多问题是不为人们完全了解的，甲骨刻辞中的"诸妇"
"诸子"就是如此。在对"诸妇""诸子"研究中也是经历了考释文
字、解释卜辞意思的过程。甲骨刻辞中的"妇"字，最早为郭沫若
所释出，他在所著《卜辞通纂》第307片考释谓：

> 帚字罗振玉一律释为婦。案其下大抵乃从女之字实当读为

---

① 郭沫若：《中国古代社会研究》第三编《卜辞中的古代社会》，上海：上海新新书
店，1930年3月。
② 郭沫若：《十批判书》，重庆文治出版社，1945年出版（以上两书有多次再版，
参见《百年甲骨学论著目》）。

妇，"妇某"乃人名也①。

自此刻辞中的"妇某"始为冰释，"妇某"在辞中的用法也较明确。1934年5月，他又发表了《骨臼刻辞之一考察》，重申刻辞中"帚"为妇字，并说：

> "帚某"之位甚尊，生时可参预兵食行政之权，死后同与妣母列于祀典，是知必殷王之妃嫔矣。……则帚姘、帚好、帚嫇、帚饮、帚姪、帚鼠等均为武丁之妇也。此等妇名仅见于武丁一代，盖为其子者追祀之时已改称庙号。武丁之配所知者有妣辛、妣癸、妣戊，不知于此等妇名孰当于孰矣②。

由于郭沫若的考释给后代学者启发很大，研究甲骨文、商史者皆以此为准来表述。1929年至1937年对殷墟考古发掘，出土有字甲骨中带有"妇"字者其数不少，其中以武丁时期最多，这批甲骨文资料因抗日战争原因未能及时发表，外人实不得见。胡厚宣在参加整理这批出土的甲骨文时，积攒了许多第一手资料，1940年他离开中央研究院史语所以后经过两年的研究，写出一部《甲骨学商史论丛》。在其中的《殷代婚姻家族宗法生育制度考》，受到郭沫若考释帚（妇）某"均为武丁之妇也"的启发，对甲骨刻辞中凡有"妇"字者，皆定为是商王武丁之妻，谓"商代实行多妻制"，并统

---

① 《卜辞通纂》，东京：文求堂书店，1933年5月。
② 收入《古代铭刻汇考续编》，东京：文求堂书店，1934年5月出版；又收入《郭沫若全集》第一卷《考古编・殷契遗论》中。

计出武丁共有六十四位妻子。刻辞中凡有"子"字者,皆定为武丁之子,又统计出武丁有五十三位儿子。虽然有的老一辈甲骨学家称为"夸大其词",但是从他当年还是一位三十出头的青年甲骨学家来说,认识水平所限和不全面,是完全可以理解的,这种统计他后来也认识到是错误的①。然而近些年还有学者在论文中仍引用这些连作者自己都承认为是错误的统计,仍沿旧说言武丁有几十个妻子和儿子等。

有妇妌冥嘉的卜辞

甲骨刻辞中确实有几十个带"妇"字的人名,但是"妇某"并不是为武丁一人所有,甲骨刻辞中带"妇"的人名在不同时期都

---

① 1962年,胡厚宣曾对我说过他的《商史论丛》中有不少错误,有论断上的也有资料上的,"带妇字不一定全都是武丁妻子"。希望我协助他校对引用甲骨文的资料,以便将来出修订本。我在1963年开始给他先校了《卜辞中所见商代农业》引用资料错误八十余条(此稿至今仍在他的故居中),后因"四清""文革"而中断,未能全部校。

有。如"妇好""妇鼠",多见于武丁时期,在武乙、文丁时期也有
"妇好"(见《合集》32756,32760,32762和《屯南》917)、"妇鼠"
(见《屯南》3847)。妇娥见于武丁后期(《合集》22246,22247),
至诸侯、方伯、贵族之妇在武丁以后各时期都有。甲骨记事刻辞和
祭祀卜辞中有"妇"的人名究竟有多少,我曾统计为六十七位①,
宋镇豪统计为一百二十一位②,也有学者统计超过一百六十位③。
我一直认为对甲骨文资料的统计,过残不全者一定要持慎重态度,
并非是越多越好,否则就有"夸大其词"之嫌。按说商王朝统治集
团中的"诸妇"并不止此百余数,可能目前所见卜辞很不全。就目
前有"诸妇"较为齐全的卜辞来看,有不同的身份,属于商王武丁
的嫔妃者也只是十余位。正如宋镇豪所说:

> 这些生妇,有的是王妃,有的是时王诸兄弟辈即"多父"
> 之妻,有的是各宗族大小宗即"多子"之妻,甚至明言"亚侯
> 妇"、"师般妇"、"望乘妇"、"妇亚弜"、"妇沚戈"、"妇出伯"、
> "蚁妻娇妌"(《合集》6057)、"妇伯绎"、"五束午妇"、"冀妇"
> 者,大抵是臣正、诸侯或方伯之贵妇。今能判明为武丁之配
> 者,约十余位④。

国内外都有学者认为刻辞中的"妇"和"子"字不是妇字,而

---

① 《甲骨学小词典》附录六。
② 《夏商社会生活史》,第148—151页,北京:中国社会科学出版社,1994年6月。
③ 徐义华:《甲骨刻辞诸妇考》,《殷商文明暨三星堆遗址发现70周年学术研讨会论
文集》,北京:社会科学文献出版社,2003年8月。
④ 《夏商社会生活史》,第147、153页,北京:中国社会科学出版社。

是"服"和"保"字①。这显然是一种误释、误读，因为大量有"妇"和"子"字的人名在甲骨刻辞中的用法证明考释为"妇"与"子"没有错。如"妇"在卜辞中有：

(1)"壬寅卜，㱿贞：妇好娩，嘉。壬辰壹，癸巳娩，惟女。"

《合集》6948 正

(2)"甲申卜，㱿贞：妇好娩，嘉？王占曰：其惟丁娩，嘉；其惟庚娩，弘吉。三旬又一日，甲寅娩，不嘉，惟女。"

《合集》14002 正

(3)"……卜，争贞：妇妌娩，嘉？王占曰：其惟庚娩，嘉。旬辛……妇妌娩，允嘉，二月。"　　　　　《合集》14009

(4)"己酉卜，贞：娶妇嫀。"　　　　　《合集》19994

上举前三条为武丁时期，后一条为武丁后期。(1)条的"娩"是分娩，"嘉"意为是否子，"壹"之意为气不顺。此辞之意是：壬寅日占卜，问妇好将分娩，是否生子？到壬辰日天气不顺，次日癸巳分娩，生个女孩。(2)条是在甲申日占卜，妇好将要分娩，是否生子？商王看了卜兆说丁日分娩生子；庚日分娩大吉。第三十一天是甲寅日，分娩，不是男的，是女孩。(3)条是二月某日占卜，妇妌分娩是否生子？商王看了卜兆说：庚日分娩生的男孩。过一旬的辛日果然分娩生了男孩。(4)条占卜迎娶妇嫀之事。

由上举前四条卜辞中可以看出商王武丁希望生男，这是涉及王位继承的问题，有学者据此认为商代是重男轻女。其实不然，从刻辞中的"诸妇"来看她们的地位并不低，应当说体现出男女

① 日本岛邦男著《殷墟卜辞研究》(中译本) 第 449—455 页。

平等。郭沫若于 1937 年 5 月出版的《殷契粹编》在考释第 1234 片中说：

> 妌若帚妌亦武丁之妇，此与帚好二人最习见，亦每参加内治外攻，死则在祭典。

丁山在 40 年代写的《商周史料考证》第八节《武丁的内治》中，对武丁时期的"诸妇"作了较全面的分析，尤其是对妇好与妇妌作了突出分析，认为"妇好当然是武丁的元妃"。又说："元妃妇好陪王主祭，次妃妇妌管理稼穑；这就是武丁内治的两件大事[①]。"在研究商史中多数学者认为妇好与妇妌是武丁二位妃子问题不大。1976 年春在小屯村西北发掘一座大墓，出土青铜器中有"妇好"二字，故定为"殷墟妇好墓"。出土了一件青铜器司母辛鼎（重 117.5 公斤），研究者认为妇好就是武丁之配妣辛[②]。也有学者认为卜辞中廪辛至文丁时期也有一个"妇好"，当是康丁之配偶"妣辛"。我认为 20 世纪 30 年代末在殷墟出土的司母戊方鼎（重达 875 公斤），如甲骨刻辞中的妇好是武丁元妃，则武丁卜辞中的"妣戊"才当享有此重器。

目前尚未发现能证明妇妌（妌或作井）身份的其他考古资料，但卜辞中也出现不同时期的妇妌。《小屯南地甲骨》第 4023 号卜辞有：

---

① 此书丁山写于 20 世纪 40 年代，中华书局，1988 年 3 月。
② 李学勤：《论"妇好"墓的年代及有关问题》，《文物》1977 年第 11 期。

　　王其侑妣戊妌，鬯羊，王受佑。惟妣戊妌，小牢（牢字从羊），王受佑。小牢，王受佑。惟妣戊妌，小牢，王受佑。

青铜跪坐人像

此条从字形和辞例看，显然为廪辛至文丁时期卜辞，因此也出现两个不同时期的妇妌。当是"好""妌"两个氏族（或家族）长期与商王室世代联姻，所以相隔数十年仍袭原称，我曾有小文论及妇妌即武丁时井方之女①。据丁山的论证妇好是元妃，妇妌是次妃，则在武丁王朝的地位和作用非同一般，二妃确实是武丁的好内助，是商王朝的巾帼英雄。从卜辞中看，二人都有距王畿不太远的封地，她们有向王朝贡纳之义务。反映贡纳记事刻辞有："……好示五，宾。""妇井示三十，争。""妇井示十屯，宾。""井示四十②。"目前所见有妇好的刻辞二百二十余条（含残辞），主要的活动有：参与祭祀、征召兵力、奉命征伐、祈求生子、有无疾病、有无灾祸等等③。有妇妌的刻辞有一百五十余条（含残辞），妇妌的主要活动有：参与祭祀、祈求生子、受王呼命④、

①　杨文山、翁振军主编：《邢台历史文化论丛》，石家庄：河北人民出版社，1990年12月。

②　《甲骨文合集》938号反，116反，7629臼，10935反。

③　《甲骨文合集》94正，13926，760正，13931、17191、7283、7284、6412、6478、271正。

④　《甲骨文合集》2725正，2726正，1391、6344、6345。

奉命征伐①、管理稼穑等等。管理农业生产是妇妌的主要任务，卜辞有：

(1)"辛丑卜，殼贞：妇妌呼黍丘商受年。"　　　《合集》9530

(2)"乙丑卜，忠贞：妇妌鲁于黍年。"　　　《合集》10132

(3)"……贞：妇妌年蘿。"　　　《合集》9596

上举三辞(1)条中"丘商"是地名，即今河南商丘，为商之故地。(2)条中"鲁"有两释：一为嘉、美好；二为地名，今地有不同之说②。(3)条中的"蘿"即观，意为观察，观看；年是指庄稼。

　　从上简述妇好、妇妌可知她们能征战还能管理农作，在商王室中地位并不低，权力也不小。除此二妇外，还有妇婡、妇婡（疑与妇婡同一人）、妇鼠、妇婞、妇妏、妇妌、妇婳、妇婳、妇妌、妇汝、妇姓等，都有占卜她们分娩的卜辞。这些妇就应是武丁诸妃子，否则不会为她们占卜分娩是否生子。从记事刻辞看来武丁王朝诸妇有封地者不仅只是妇好、妇妌二人，其他的大多都有向商王朝贡纳的记录。亦有可能这些妇人从其娘家的氏族、部落嫁于王室各种身份的人后，原氏族、部落就从诸妇向王朝贡纳。商王朝中的诸妇从武丁王朝至帝辛（纣王）王朝都有。《史记·殷本纪》谓商纣："好酒淫乐，嬖于妇人。"又周西伯还使闳夭等人"求美女、奇物、善马以献纣"。可见商王们多有好色之徒，王室其他亲贵大臣则会更甚，能刻于甲骨，入祀典至少也有数百。从武丁时期诸妇的地位，虽只有妇好、妇妌二人反映突出，其他诸妇也可能各司其职，

① 《甲骨文合集》6584，6585，正有："呼妇妌伐龙方。"
② 有今山西垣曲，今河南鲁山，今山东汶河流域诸说。

并非全是家庭主妇。从作用来看还不像是商纣时的一般专侍王和亲贵大臣们的美女。因目前见于甲刻辞中武丁时期较多，就容易误以为是武丁的几十个妻妾生了几十个儿子，甚至以此为据认为商王朝还是处于母系氏族社会。

目前在甲骨刻辞中有上百个"诸子"，这些"子"在古文献中无记载。最早统计"诸子"的是董作宾，他于1932年编写的《甲骨文断代研究例》时，作为举例列出子渔、子央、子豐、子春等二十位①。随着新资料的增加诸子数目也增加至百多位，宋镇豪在所著《夏商社会生活史》中（第三章的第四节）根据甲骨金文统计出一百八十五名。按说从武丁至商纣二百七十三年中只有一百多位并不算多，可能还有不少仍被埋在地下未出土。可惜的是目前所见有关"诸妇""诸子"的刻辞表述较略，残者多完整者少，大多不知他们的具体事迹。这些见于甲骨刻辞中的人物都应当是在王朝中有头有脸的人，为了维护王朝的统治诸子应当都是担任过一定的职务，否则不会见诸甲骨刻辞。但这些诸子并非全都是武丁之子，是否都是历代商王的儿子或孙子？就值得重新考虑了。目前所见有"子"的刻辞武丁时期有，武丁后期有，如子宋、子歆、子疒、子辟等。到祖庚、祖甲时期也有，如子昌、子画。武丁时期有子渔、子效、子画，到武乙、文丁时期也有子渔、子效、子画。从武丁至文丁相距百余年，子渔、子效、子画不可能有如此长的寿命。宋镇豪认为：商代的诸子"事实上，这些子名，因受土分宗立族和世功官邑，在许多场合族氏名号难分难解②。"即"命氏"，受命于某地

---

① 《乙，武丁时代的人物》的"丑，武丁的妻子。2.武丁的二十个儿子"。

② 《夏商社会生活史》，第187—188页。

金面罩铜质圆顶人头像

后其子字后一字为地名。我认为并不完全是如此，即使有也不会每一个子都是如此。如子画其人，目前见于武丁，祖庚、祖甲，武乙、文丁三个时期的刻辞中。从内容看，子画在武丁王朝被商王关心过是否有疾病，也受命去打猎，也曾被征伐过。武丁和武乙、文丁时期卜辞中有"途（屠）子画"（《合集》6053，32770—32774）。以此来看子画当是一位有封爵之人，从武丁之后其子孙世袭其爵，才会在武乙、文丁时期出现。也有可能子画是个与商关系密切的氏族首领。我曾有一文论及卜辞中的"画"是商东部一个重要的农业和田猎地区，武乙、文丁和帝乙、帝辛时期的卜辞中的画邑因此地有画水又增加水作"湤"，今地在山东淄博市一带①。记事刻辞有"画入二十"，"画入二百五十"（《合集》463 反，952 反）。说明画原来就是一个商东土的氏族，子画当是封爵。伴随新的资料不断发

---

① 《画邑和商代东土》，《管子学刊》1994 年第 2 期。

现，研究的深入，过去许多不认识的问题也初见端倪，那种见卜辞中的凡"子"都认为是武丁的儿子已成为研究过程中的历史误会。

在诸子中还有一些人物，在甲骨文研究中性别成了问题，按过去的说法"诸子"应是男性，但武丁时期卜辞中确有是女性者，如：

(1) "甲辰卜，争贞：子昌娩，不其嘉，……女，五月。甲辰卜，贞：子昌娩嘉惟衣。" 《合集》14033

(2) "庚午卜，宾贞：子目娩嘉。贞：子目娩，不其嘉。王占曰：惟兹……嘉。" 《合集》14034 正

(3) "……贞：子要娩嘉。贞：子要娩，不其嘉。"

《合集》14035 丙正

(4) "壬午卜，舌子不其嘉。壬午卜，舌子不其嘉，允不。"

《合集》22102

上举卜辞前三条是武丁时期，后一条是武丁后期。"娩嘉"一词，学者大多释为"分娩求生子"，而四条卜辞中的子昌、子目、子要（此字暂定为要）和舌子的性别显然不是男性而是女性。称女性为子者于古文献有征，如《诗·周南·桃夭》："之子于归，宜其室家。"毛传："之子，嫁子也。"《左传·庄公二十八年》："大戎狐姬生重耳，小戎子生夷吾。"杜预主："小戎，允姓之戎，子，女也。"孔颖达疏："凡言子者通男女也，知子谓女也。二戎相对为大小也。"《仪礼·丧服》："子生三月则父名之。"郑玄注："凡言子者，可以兼男女。"古文献中"子"的称谓当是沿袭商代礼制中男女皆称"子"的称谓。可见古代称"子"是男女皆可以，并不是甲骨刻辞中凡是见有"子"字就是指儿子，甚至不分时期统统算为武丁

之子。

甲骨刻辞中的"子"有各式各样的情形，要有区别、有分析地去研究才能弄清楚真正意义。我认为"诸子"中有下列几种可供研究参考：

（一）商王或王室之子：首先要确认性别。如子商，因武丁时期卜辞有："丁亥卜，亘贞：子商妾娩，不其嘉。"（《合集》14036）"子商妾"，说明子商有妻，有妾是男性。又如子央，是否就是武丁之子还可以再研究，但他可能常在商王身边。因为武丁卜辞有他随王去打猎，同在小臣所驾的一辆战车上，在追逐兕时车马被撞而王车翻倒，"子央亦坠"（《合集》10405，10406）。记事刻辞有："壬戌，子央示二屯，小叔"；"壬戌，子央示二屯，岳"（《合集》11170 臼；11171 臼）。可知子央又有封地并要向王朝贡纳。卜辞又有："命永途子央于南"（《合集》6051）。武丁和武乙、文丁时期卜辞有"途子画"（《合集》6053，32770，32773 等）。"途子央""途子画"的"途"字原形上从余下从止，一般隶定为"途"，对其义则各释不同，主要有屠和除两说。我认为此字用于"屠首"为屠杀之屠，在此则当如《春秋繁露·玉杯》中所说："览其绪，屠其赘。"即堵塞，堵截，故都是堵截子央、子画之意，既不是屠杀，也不是为其除道。其余诸子中类似不少，要视其在刻辞中之意思才能定其身份。

（二）称"子某"或"某子"不一定就是男性：上举的子昌、子目、子要、舌子不称妇、称女，则是女性，古代对美女称为子者是通称。《战国策·赵策三》载有："鬼侯有子而好，故入之于纣。"司马迁写《殷本纪》时改为"九侯有好女，入之纣。"如古人称

"内子"是指发妻，也是一种爱称。据说日本人女性称某某子，就是吸纳了中国人的古代称谓文化。卜辞中的这些女性子者或是王室中亲贵之爱妻和宠妾。有的研究者对子昌、子目、子要"娩嘉"的解释是指子昌、子目、子要之妻或妾，这算一种说法，但总觉与卜辞之意不合。

（三）子是封号或是封爵：如武丁时期有以下卜辞：（1）"庚寅卜，争贞：子不骨凡有疾。"（《合集》223）（2）"侑往，王于不，呼从祟，弘。勿呼从祟于不。"（《合集》891反）（3）"追不，执。"（《合集》869）（4）"庚寅卜，王贞：余勿伐不。庚寅卜，余伐不，三月。"（《合集》6834）。这四条卜辞说明"子不"是武丁时一个叫不氏族的首领，被封为子称子不，武丁曾关心过他是否有疾病，商王还去过不地。可能曾叛过商王朝，被追捕而抓住，商王又亲自率兵去征伐过不。类似情形也见于两个时期卜辞中，如"子昌"其人，因是一个氏族首领，武丁时有"子昌归"（《合集》3076）；"呼伐"（《合集》7594，7595）的卜辞。祖庚、祖甲时期有"子昌弗疾。子昌有疾"（《合集》23531，23532，23533）的卜辞。又如"子效"其人，武丁和武乙、文丁时期都有。武丁时期称为"子效臣"（《合集》195甲乙）。

总之，商代的诸妇、诸子的问题，还需根据甲骨刻辞中的内容作全面、深入的对比研究，仅在甲骨统计学中作统计数目的多少不能解其内涵。尤其是诸子的问题比较复杂，既有"子族""多子族"的问题，也有封爵的问题；既有男女性别的问题，也有身份的问题。因此不能一见甲骨刻辞中有"子"字，就认为是商王和王室亲贵们的儿子、孙子。

十九　三星堆文化与商史

　　提到三星堆文化，人们自然就会与古蜀文化联系起来，但三星堆遗址令人们眼花缭乱的出土物，被一些人宣传得神秘而不可知。如说是西方传入的外来品；是一种目前还不知道的人创造的，甚至是外星人带到地球上的等等。由于种种原因，目前不少人对祖国历史，尤其古代史知之甚微，对祖国数千年的文明史的发展不知所云，更不用说先秦时代的人和事。四川省广汉市的"三星堆博物馆"已经于1997年开馆接待国内外的参观者，在该馆中所出售介绍三星堆遗址出土文物的书也不少，其中也不乏研究性的学术著作。由于四川地处祖国大西南，交通虽不再是"蜀道难，难于上青天"，仍多有不便，因此对三星堆文化的了解，更多地还限于学术界，就是在历史学界不是从事中国古代史的学者中，恐怕了解也不会太多。至于三星堆文化与商代史的关系，就只有业内人士才能了解。三星堆文化博大精深、文物丰富多彩，如金器有：长143厘米、直径2.3厘米的金杖，还有金面罩；青铜器有：平顶人头像、戴冠人头像、人面像、跪坐人、金面罩铜质圆顶和平顶人头像、龙虎尊、三牛六鸟尊、四羊四鸟尊、神树、孔雀、鸟、公鸡等等；玉器有：璋、琮、璧、佩、瑗、戈、剑、斧、斤、凿等等；还有石器、陶器都很有特色。根据专家、学者的研究鉴定，这些出土文物的时代在商代后期，证明这时期古蜀国就与商王朝发生联系，四川省的专家们认定三星堆遗址就是古蜀国，三星堆文化就是古蜀一个时段的文化。

周武王伐纣灭商，并非只有周方伯的军队，而是还有所谓的"八百诸侯"，在众多诸侯中只有八个出现在周武王的誓词中。《尚书·牧誓》说：

> 武王曰：嗟！我友邦冢君，御事、司徒、司马、司空、亚旅、师氏，千夫长、百夫长，及庸、蜀、羌、髳、微、卢、彭、濮人。

这是先秦文献中最早出现的蜀。徐中舒师认为：

> 战国以前，除《尚书·牧誓》外，就没有有关蜀的记载。其时秦楚国力未充，也没有力量向这方面发展。及至战国之世，蜀渐强大，北取南郑（今陕西汉中），东伐兹方（今湖北松滋县），竟与秦楚构兵[①]。

然而在战国人心目中，蜀是戎狄之国。因此《战国策·秦策一》

---

① 《巴蜀文化初论》，载《四川大学学报》1959 年第 2 期。

中有：

> 司马错欲伐蜀，张仪曰："不如伐韩。"王曰："请闻其
> 说。"对曰："……今夫蜀，西辟之国，而戎狄之长也，弊兵劳
> 众不足以成名，得其地不足以为利。"

司马迁根据《牧誓》变动了几个字编入《史记·周本纪》中，裴骃
《集解》：

> 孔安国曰："八国皆蛮夷戎狄。羌在西。蜀，叟。髳、微
> 在巴蜀。卢、彭在西北。庸、濮在江汉之南。"

《周本纪》张守节《正义》引《括地志》说：

> 益州及巴，利等州，皆古蜀国……武王率西南夷诸州伐
> 纣也。

可见唐朝时史家们受战国人的影响还不小，所以才认定蜀是蛮夷之
国。周武王建立起周王朝以后，原来商的不少诸侯叛周，就连周武
王和周公设立的"三监"也伙同殷武庚叛，又有东方的奄国及一些
方国也反周。周公花了三年的时间才平息反叛，于是周公在巩固、
治理王朝时"治礼作乐"，创立儒家的统治思想及其制度，以此来
控制商遗民。但反周的势力仍不断发生，因此给商王朝原来的氏
族、方国及侯、伯们戴上蛮夷之人、文化落后的帽子。周族人对儒

家思想宣传的力度很大，使不服者也自称为蛮夷，如周夷王时楚国君熊渠就说："我蛮夷也，不与中国之号谥①。"在有儒家思想的人士心目中，入主中原的王朝以外的各部族、诸侯们都是南蛮、北狄、东夷、西戎，文化不及中原的先进，社会经济落后。历史实际并非如此，如东夷、荆楚、吴越、巴蜀等古国的文化也很先进，社会经济也不落后，在许多方面还超越中原。

西南地区的四川、云南、贵州及其周围区域古称"西南夷"。四川自古就有山清水秀的自然环境，其中川西盆地尤胜，因有肥沃的土地，丰富的物产，人民殷实，生活安定，汉代以后一直被称为"天府之国"。但又是"其地四塞，山川重阻②"。李白的名诗《蜀道难》也称："蜀道之难，难于上青天。"可能正是因为自古交通不便，地理上的闭塞才使巴蜀文化具有独特性。先秦文献中，战国前

金面罩铜质平顶人头像

---

① 《史记·楚世家》。
② 《隋书·地理志》。

对巴蜀文化记载太少，《史记》中的《秦本纪》《楚世家》《六国年表》中有所涉及，有的还与战国时人所说不全相同。《后汉书·巴郡南郡蛮传》有些史料，但多是春秋战国时期的巴国。只有西汉扬雄的《蜀王本纪》①、东晋常璩的《华阳国志·蜀志》中有较多的记述，但其中也有一些神话传说。后世史家们对《华阳国志·蜀志》所载内容有所怀疑，因而影响到对巴蜀历史文化的研究。由于历史上对先秦、两汉以来的历史文献怀疑过多，以至形成了一股疑古风，这股风一直影响到近现代。对于历史文献中记述三代前的人物、事件多持怀疑态度，甚至夏、商、周的人物、事件不少也在其中。应该知道，现在我们所能见到的历史留下的古史资料，都是在几千年历史发展进程中，由古人口耳相授，代代传承，到有能完整记录事物的文字时才载入史册中而传于后世。在口耳传承过程中，所授所传各有所据，不尽相同是不可避免之事，何况有一些已被现代考古资料所佐证不是虚构。传承的古文献只要经过辨别、疏证后就能见到历史史实，或接近史实。对古蜀文化研究虽然在历史发展进程中没有太大的突破，但却于 20 世纪 30 年代以后有了突破性的变化。这个突破口就是 20 世纪 20 年代末或 30 年代初，四川省广汉县大兴乡真武村（原真武宫）月亮湾发现的玉器、石器等及其后进行的考古发掘。

今四川省广汉市地处四川盆地的腹心地带，距四川省省会成都市北约 30 余公里（高速公路），归德阳市所辖。南兴镇（原中兴

---

① 又称《蜀本纪》《蜀纪》。关于此书作者和有关问题，见徐中舒《巴蜀文化续论》，《四川大学学报》1960 年第 1 期。又与《初论》收入《论巴蜀文化》，成都：四川人民出版社，1982 年 4 月。

乡）距广汉市市区西约 8 公里。南兴镇的北面有一条马牧河，南面有一条鸭子河（即雁江的上游），两条河左右平行流向东南方，两河中间是真武村（原真武宫）。村中有一座小山，山旁有一片月牙形的土地，当地人叫作月亮湾。在月亮湾旁有三个土堆（即小丘），像三个星排列在月亮湾旁，当地称为"三星堆"。在月亮湾有个燕家院子，住着燕姓人家。民国十八年（1929）。一说是民国二十年，即 1931 年）春天，农户燕道成在自家院墙外清理水沟，用水车将水抽干后发现沟底有不少玉器。其后燕道成又陆续地从沟底挖出不少玉器、石器等，他虽然也先后向当时的华西博物馆（今四川大学博物馆）赠了数件挖

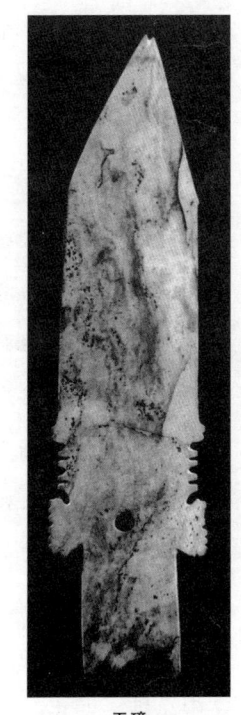

玉璋

出的文物，但还是有一部分玉器被他赠给亲友，甚至有的被流出国门。根据《县志》等记载，在这一带地方自明朝就有文物出土，其后农民耕种时偶尔也挖出玉器、石器等类文物。民国二十一年（1932 年。另又有民国二十二、三十三年两说）春天，由华西大学博物馆馆长葛维汉（美国学者）和林名钧率领考古队去中兴乡，得到了广汉县罗县长的协助，派了保安队去警戒防止盗贼抢劫。考古队在月亮湾的台地进行了十天的发掘，这是对三星堆遗址的第一次正式考古发掘。这次发掘出土的有玉器、石器、陶器、陶片等共 600 余件，其中有玉珠、玉刀、玉凿、玉剑等。这次发掘虽然规模不大，时间也短，应当说收获还是不少，同时证明这一带地方是古

蜀国历史文化的一个十分重要地区。

经过第一次考古发掘和对出土的器物初步研究后，葛维汉认为：

> 据目前这些资料，结论也只能停留在暂时假设阶段。等将来找到更多的考古证据，以及广汉收藏品极为详细的第一手材料与中国其他地区的早期收藏品比较后，再来改变或确定结论。我们考虑广汉文化下限系周代初期，大约公元前1100年，但更多的证据可以把它提前一个时期，其上限为铜石并用时代。我们这次在四川广汉县遗址发现的玉器、随葬物和陶器均系年代很早的标本①。

参加发掘的林名钧在所发表的《广汉古代遗物的发现及其发掘》一文中总结了四点，其中两点说：

> （一）古代之蜀，向皆目为戎狄之域，必无文化可言（《国策》记司马错伐蜀事，张仪曰"夫蜀，西僻之国，而戎狄之长也。"）。今观广汉出土诸器物，其制作之精工，实无逊于中土，加以玉器的使用，尤足显示其文化之崇尚复杂。由此可改变吾人对于古代四川之基本观念。（二）由前所述，可知广汉遗物与中原所得者有若干相关相似之处，则古代蜀中文化所受于中原文化之影响，实不难窥见其痕迹。盖四川与中原之交通

---

① 《汉州发掘的最初报告》（英文本），《华西边疆研究学会会志》第6期，1936年。中译本载于《葛维汉民族学考古论著》，成都：巴蜀书社，2004年4月。

甚早，《世本》谓：颛顼母，蜀山氏之子，名昌仆。《史记·五帝本纪》亦谓：黄帝之子昌意，降居若水，昌意聚蜀山氏女，生高阳。其说虽未可尽信，然蜀之名早见于殷代卜辞，武王伐纣，蜀人预焉（见《尚书·牧誓》）。故谓四川与中原同为一系之文化，亦无不可，则广汉遗物对吾国玉文化分布情形之研究上，实甚有贡献也①。

三星堆文化遗址第一次被发掘之后，20 世纪 50 年代以来，文物考古部门进行过多次的调查、搜集、试掘，使过去散失的部分文物也被收回了一些。王家佑、江甸潮在《四川新繁，广汉古遗址调查记》一文中说从采集到出土器物看其时代：

相当于殷商时期②。

在 20 世纪六七十年代，对三星堆的发掘，有四川大学历史系、四川省文管会、四川省博物馆考古队等单位。更大的收获是在 80 年代，1986 年 7、8 月，由四川大学历史系、四川省文物考古研究所、广汉市文化局和文物管理所共同发掘。发掘出土有金器、青铜器、玉器、陶器、石器等。这些令人感到既神秘又充满了魅力的文物，证明古蜀文化的博大精深，被世人称为"20 世纪中国最重大的考古发现"。由于这一次考古发掘收获巨大，"三星堆文化"之名也正式形成。经过专家、学者结合 1980—1984 年发掘的资料，对遗址

① 《说文月刊》三卷第七期，1942 年。
② 《考古通讯》1958 年第 8 期。

的地层、建筑基址、墓葬、出土器物等的研究，初步得出以下认识：

初步将三星堆遗址的文化堆积分为四大期：第一期的年代在新石器晚期年代范围内；第二期的年代大致在夏至商早期；第三期的年代相当于商代中期或略晚；第四期的年代约在商代晚期至西周早期[①]。

1988 年始，对三星堆遗址内的东、西、南三面陆续地进行了六次发掘，清理出东、西、南土坯垒筑的古城墙遗址，城墙虽已残缺，但还能测出东城墙长约 1 090 米，南城墙长约 1 150 米，西城墙长约 650 米，原来的城墙实际长度还可能超过此数。在月亮湾还有一段残存曲尺状的夯筑城墙，与南城墙北的内城距离约 460 米，还有一条残存约 200 米的土埂。古城墙遗存的发现给古蜀国所在地的研究增加了有力证明，古蜀国既不是在西北，更不是在山东，四川最迟在商代就已经是一个诸侯大国。

古蜀国与商代的关系，老一辈的专家，如郭沫若、徐中舒、董作宾、冯汉骥、蒙文通、董其祥等等，先后都进行过探讨。如徐中舒师认为：

最近在四川新繁水观音及忠县井沟遗址和墓葬里出土的陶器和铜兵器，已经是金石并用的时代了，至迟在殷商的末期，

---

① 四川省文管会、文物考古所、广汉县文化局：《广汉三星堆遗址一号祭祀坑发掘简报》，刊《文物》1987 年第 10 期。

四川与中原地区就已经有紧密的联系了①。

可见老一辈虽然限于当时所见资料，但能锐利地看到古蜀国与商王朝的关系密切。从甲骨文中探讨蜀与商王朝的关系，老一辈的学者也做过一些统计和讨论，但没有见到过三星堆遗址出土大量的资料，因此当时很难得出准确的结果。近年来探讨甲骨卜辞中蜀已经取得不少成果，如四川省考古学家林向教授研究甲骨卜辞中的蜀后认为：

蜀应是殷商的西土外服方国②。

林教授多次参加过三星堆遗址的发掘，我认为他对巴蜀文化有多年的研究，所得出的认识是正确的。根据目前我所能见到殷墟出土的甲骨文中有"蜀"字卜辞之统计，共有五十余条（含残辞），其中武丁时期（即第一期）三十条（含残辞），武丁后期（附一期）十八条（含残辞），廪辛、康丁时期（第三期）三条（含残辞）。在本节中只就有"蜀"字者，举其较完整能释读出基本意思的做些介绍并简单分析：

武丁时期卜辞有：

（1）"贞：惟多子族，命以廪蜀叶王事，二告，贞：惟束尹命，从廪、蜀叶王事。"   《合集》5450

---

① 见《巴蜀文化初论》。
② 《巴蜀文化新论》，成都：成都出版社，1995 年 10 月。

（2）"乙丑卜，允贞：命羽罘（暨）凤，致束尹从廪、蜀叶王事，七月。" 《合集》5452

（3）"贞：命多子族从犬罘（暨）廪、蜀叶王事。"《合集》6813

（4）"……己卜，争贞：命王族从廪、蜀叶王事。六月。"

《怀特》71

（5）"……命彳致王族从蜀叶王事，六月。" 《合集》14912

以上所举5条卜辞都是占卜"叶王事"。"叶"又隶定为"古"，或隶定为"载"。当从《说文》释"古"意为勤劳商王之事业。"王族""多子族"都是商王室的军事组织。王族是王的亲军、御林军。多子族是王室的嫡系部队，即中央军。（1）条中的"束"是束族（或方国）的族长（或首领）在商王朝供职者，"尹"是官名。卜辞中称尹的级别有大小，如伊尹则是商汤时的右相，是相一级的高官。一般的尹官阶也不一样，如"多尹"就是次于相的官。卜辞中有"呼多束尹次于教"（《合集》5617），可能束在朝为官的还不止一人。前四条卜辞中的"廪""蜀"是两个人名，是廪和蜀族（或方国）的族长（或首领）在商王朝供职者。从（5）条中就可看出叶王事者只有蜀一人。(2)条中的羽和凤也是族的首领在商王朝供职者，武丁时期辞中有："癸丑卜，宾贞：命羽敦致黄，执宰，七月。"（《合集》553）又"辛丑卜，宾贞：惟羽命致戈人伐吾方，戋，十三月。"（《英国所藏甲骨集》564正）辞中"敦"意为征讨，"执"意为逮捕。记事刻辞中有："凤入百。"（《合集》9245）(3)条中的"犬"是犬方的首领在朝为官者，卜辞中的官名有犬，是军事情报官（更多是提供野兽出没情况向商王报告）。由此可知，蜀国与商王朝在商王武丁时期就有密切关系，蜀族或蜀国的首领人物在王朝中供职，其地位不低，甚至还是身居要职起重要作用。理由有：一、能为商王关心而卜问，同时被关心卜问的人都是臣服于商的各地区的氏族、方国的领导人。二、能与商王武丁的亲军、王室的中央军、情报官一同勤劳王事，反映出深受商王的信任。三、占卜内容多是与军事有关，与亲军、中央军叶王事，有保护商王和警卫王畿的任务。武丁时期卜辞中还有：

    （1）"甲寅卜，㱿贞：王共人于蜀。"　　　《合集》6858，6859

    （2）"丁卯卜，㱿贞：王敦缶于蜀，二告。

    丁卯卜，㱿贞：王敦缶于蜀，二月。"　　《合集》6860—6863

    （3）"庚辰卜，㱿贞：王敦缶于蜀。"　　　《合集》6864

    （4）"贞：蜀受年。贞：蜀不其受年。"　　　《合集》9774 正

    （5）"贞：蜀不其受年，二月。"　　　　　《合集》9775

（1）条中"共"，意为征调，征召。即商王武丁在蜀地征调人力或兵员。（2）条中的"王敦缶于蜀"，昔者所释皆未深得其意。敦之意同前引，为征讨。"缶"是一个方国，族居地在今山西永济西北一带，常与商王朝为敌而累被商王征讨。将前三条卜辞联系起来看，就比较清楚：三条占卜的贞人是武丁时期常见的"㱿"，开始是甲寅这日卜问从蜀征调人是否吉利，得到吉兆以后征调。甲寅至丁卯共 14 日，可能是从蜀调至缶的人还没有到或未到齐全。14 日是二月丁卯，这天又占卜，卜问于蜀调来的兵员征缶能否取胜，并连卜两次（二告）得到吉兆。过 14 日至庚辰这天再占卜征讨缶之事。可知从派人到蜀征调人力，再从蜀到缶要花 28 天才能完成征讨缶的程序。（4）、（5）两条是"对贞卜辞"，祈求蜀地的庄稼有个丰收年而占卜。可知古蜀在商王武丁时期已经是商的一个诸侯国，

否则武丁不会在庙堂里举行祭祀占卜能否是丰年。

武丁后期卜辞还有：

(1) "癸酉卜，我贞：至蜀无祸。" 《合集》21723

(2) "癸酉卜，贞：至蜀无祸，余次。

癸未卜，贞：至蜀无祸。" 《合集》21724

(3) "……卯卜，帚贞：至蜀我有事。" 《合集》22730

(4) "甲寅卜，臣子来蜀。" 《合集》22374

占卜"至蜀无祸"的卜辞还有 12 条，可见在武丁后期蜀与商王朝往来非常频繁，否则不能经常占卜至蜀有无祸害。(2) 条是一事两卜的卜辞，"余"即我，"次"意为延续，延长。这条卜辞的意思是：癸酉这天占卜，至蜀有无祸害，如果是吉兆，我将延续在蜀的时日。到第十天癸未日再占卜，至蜀仍无祸害。(3) 条是占卜"至蜀我有事"，可理解为我到蜀有事，也可释为到蜀去的是我的右史。(4) 条中的"臣子"可能是一个官名，因公被商王派作使臣到蜀中去，也可以释为臣子是从蜀地来朝商王朝。

武乙、文丁时期卜辞有：

"癸巳卜，旬在蜀。" 《合集》33141，33142

武乙、文丁已经到了商王朝后期，此时商王朝的官员们可能有不少经常到蜀去，因此才有卜旬之举。商王们在生活中很关心时间，占卜时间的卜辞大多是在出外打猎、巡视、征伐的行程中。占卜分为：卜夕、卜日、卜旬，一旬是十天，只有出行时才多有卜旬，某位商王是否到过蜀，目前尚无文字证据，不敢妄言。

总之，本节主要是结合专家们对三星堆文化的研究成果，介绍什么是三星堆文化。举出殷墟出土的商代甲骨文中反映蜀与商王朝的关系，因篇幅所限，没有涉及在四川成都地区发掘过的古蜀文化遗址和资料。我认为：甲骨文中的蜀，就是以四川广汉三星堆遗址为中心的古蜀国。它是商王朝的中后期在西部疆土中的一个商的大诸侯国。可能在四周还有一些较小的氏族、方国归属古蜀国。自商王武丁至武乙、文丁时期，约150年，古蜀国至少有几代的若干人在商王朝中供职"叶王事"，同时五代商王也派过若干官员前往蜀中办事。古蜀文化与中原文化就是如此相互影响，古蜀人又自己创造、发展了具有特色的古蜀文化。

二十　深化商史的探讨

　　《夏商周断代工程 1996—2000 年阶段成果报告》向全世界公布以后，引起国内外学术界的重视，肯定和批评的声音同时出现。如果只听见颂扬声则是不正常的现象，有批评声是好事，本来两千多年以来，周武王灭商纣王确切之年和西周共和以前的各王在位之年就是众说纷纭。经过部分先秦史和相关学科学者们五年的努力，得出结果公之于众就是成绩，至于每位研究古史的学者接受或不接受这一结果，是学术研究自由的问题。对研究商代史者来说，将灭商定在公元前 1046 年，有此标准（或有学者称为刻度）总比没有好，过去是执行的一家之言，现在总算是有个集体之说，有个基本依据。回顾商代史的研究的过程大体可分为五个时期，即：

　　《史记·殷本纪》时期，此时期约经两千年。殷墟甲骨文发现和公之于世之前，商代史只有司马迁的《史记·殷本纪》，自西汉以后的历代史家虽有所论述，但终未突破《殷本纪》的范围，在内容方面没有新的增加。

　　甲骨文的初期和甲骨学始创期，此时期约三十年。清朝光绪末年殷墟甲骨文被发现和辨认出是"殷人刀笔文字"之后，光绪二十九年（1903 年）刘铁云（即刘鹗）著录的第一部甲骨文《铁云藏龟》公之于世，震惊了全世界的学术界，其后著录和考释的书陆续出版，国内外学者以甲骨文资料结合古文献对商代史进行研究。除从甲骨刻辞中印证了《殷本纪》所载世系基本可靠外，还在内容方面突破《殷本纪》的范围，增加不少从未有过的内容。

全面研究和甲骨学形成期，此时期二十年。主要是对殷墟发掘并出土大量有字甲骨，自民国二十六年（1937 年）后虽受抗日战争的影响，但在抗日战争前和在抗日战争中其他著录书和全面研究商代史论著也有较多面世。此时期郭沫若以历史唯物主义的观点、方法，用甲骨文资料对商代史做全面研究。董作宾对甲骨和甲骨文做系统的研究后，发表了甲骨文分期体系，建立了甲骨学的基础。

继续研究时期，此时期四十年。新中国建立后对殷墟采取保护和有计划的发掘，前三十年由于众所周知的原因，甲骨文出土不多，商代史的研究发展较慢。1973 年在小屯村南地发掘出土有字甲骨四千五百余片，此前后又在小屯村西地和小屯村一带有零星出土。加之《甲骨文合集》《小屯南地甲骨》等著录书

甲骨干支表

的陆续出版，就为其后研究的快速发展奠定了基础。

研究快速发展时期，自 20 世纪 80 年代初至今。改革开放以来不仅促进了我国经济建设快速发展，也给学术界创造了一个宽松的研究环境。商代史的研究，因主要资料甲骨文的集中编排、出版和足量地向国内外供应，给国内的研究者提供了使用的便捷，促使近二十年来的研究成果超过了前八十年，其中包括《夏商周断代工程》的研究成果。

在近二十多年中对甲骨文的研究，利用甲骨文和其他有关考古资料对商代史的研究，可以说涉及面不仅广而且有一定的深度，发表了数以千计的论文和出版了一本又一本的专书，足以证明是一个繁荣的时期。宋镇豪作过甲骨文和商代研究一百年的对比统计认为："两者相比，后 50 年有关论著总数几超出前 50 年的 10 倍强[①]。"应当说这十倍的大多数是属于后二十年，因前三十年有审批制度，能够发表和出版这方面论著者，只有极少数之人，加之不断遭到"运动"的冲击，成果自然出不了许多。有学者认为甲骨文和商代史的研究要是没有新资料的出土，可能又会停滞。这种担心不是没有根据，从目前研究来看确有这一迹象，因为有的问题重复论述较多，一些问题仍未有新的重大突破。用甲骨文资料探讨商代史各方面的问题，首先要解决的是释字，释出一个字之义和由此字所组成的词在刻辞中的意思，至少要能释读和了解全辞的大意。从20 世纪 80 年代以来出版的甲骨文和文字资料的工具书，如徐中舒主编的《甲骨文字典》（1988 年），姚孝遂主编的《殷墟甲骨摹释总

---

① 宋镇豪主编：《百年甲骨学论著目·序》，北京：语文出版社，1999 年 7 月。

集》（1988 年）、《殷墟甲骨刻辞类纂》（1989 年），于省吾主编的《甲骨文字诂林》（1995 年），所收能释读的字未超过目前所见甲骨文单字的一半。近二十年中虽然考释出不少甲骨文单字，然得到大多数学者共识者只是少数，其中不少的单字隶定出来后放在刻辞中就难以读通，更不用说解释商代社会生活中某一问题。

曾有学者认为甲骨文是"商代的百科全书"，这种说法虽有些过头，但甲骨刻辞确实涉及商代社会生活中的各个方面。也必须看到甲骨卜辞是商王室祭祀占卜的记录，所反映出的事物较为具体和有限，并不是包罗万象，不是如有的学者想象的要什么资料就有什么资料。目前可以说还有不少问题的研究还是不深不透，还有不认识和不了解的问题，如人名、族名、地名还有许多至今仍不清楚是何许人，什么族，今地在何处？又如除了农、牧和田猎方面了解得较多一些外，对林木、果蔬知之甚少；野生动物中也有一些不知为何种动物。有人认为现代动物园中有的动物甲骨文中基本都有，但愿在今后研究中能实现。再如属于科学技术方面究竟哪些字、词能反映有关的问题，如何去解释？这些方方面面都需要深入、系统地去探讨。可以说一方面，有的资料确实不存在，另一方面，在探讨过程中、在方法上还存在有许多不足之处，这就给研究甲骨文和商代史的学者提出：在今后不仅要对商代历史坚持更全面、深入系统的探讨，同时要对从甲骨刻辞中反映出商代社会生活各方面的资料作艰苦的探索。我认为今后要作更多的综合研究，这里就我所知的一些问题简述之，以供参考。

商代史的探讨：自殷墟甲骨文辨认出是商代遗文以来的一百年间，用甲骨刻辞结合古文献和其他考古资料探讨商代史取得了空前成果，国内外学者们所写的任何一部殷商史都比《史记·殷本纪》的内容要丰富得多。然而至今商代的世次仍是两种，即《殷本纪》世次和甲骨卜辞中世次。有学者根据卜辞中的世次为主编写了《新殷本纪》，但终未解决两者之不同。常玉芝在研究商代的祭祀制度后写出了《商代周祭制度》，她在书中将董作宾、陈梦家、岛邦男、许进雄四位所排的祀序和《殷本纪》的世次作了比较，根据卜辞中的"周祭"又排出一个"周祭中的商先王先妣世次"表，从上甲至帝辛的先王与《殷本纪》中世次先后不仅不同，且仍差两世①，可见今后仍需再探讨。又如《殷本纪》中的商族祖先，即先公远祖是否就只有六位？在卜辞中能互证者一般认为只有三位，而更多出现于卜辞中的人名或神名都与商的先公远祖有关系，而至今多数的字还不认识，更无从确定其是《殷本纪》或其他古文献中所载关于商代人物中的哪一位。这些只有寄托于今后新的甲骨文资料出土，或是在探讨原有的甲骨文方面有所突破。

甲骨文的探讨：关于分期，自董作宾于 1933 年发表《甲骨文断代研究例》以来，有的学者对分期也作过系统研究，提出一些新的分期法断代法，如分六期、九期等。20 世纪 80 年代以前，我们在编纂《甲骨文合集》过程中也花了不少的精力试图有所突破，当时一方面限于认识水准和无更多新的资料作证，另一方面当进行分期、分类时正是在"文革"的后期，有来自各方面的压力，为了加快编纂进度只得在董氏五期框架内做些力所能及的调整，至今回忆起来仍有不安之感②。我很同意李学勤所说的：

---

① 《商代周祭制度》第三章第五节，北京：中国社会科学出版社，1987 年 9 月。
② 《甲骨学一百年》第三章第三节。

　　分期的确定，对多种历史文物来说，都是研究的前提。董作宾的"五期"分法通行多年，由于新材料大批出现，已有改变的必要。特别是"第四期"究属何时，国内外已有很多争论。至于他的"新旧派"之说，更是很少有人接受。现在看来，甲骨分期问题比过去想象的要复杂一些，一个王世不仅有一种卜辞，一种卜辞也未必限于一个王世①。

今后若干年中，相信在甲骨文分期上将会有一个突破，对于探讨商代史，甚至夏、商、周三代历史文化都会有新的发展。至于文字的考释则是长期问题，如将超过一千之数的人名、族名、地名要一一考释出来，要是没有新的甲骨文资料之发现，没有其他考古资料作佐证，恐怕困难就更大，就不是短时期内就可以解决的，甚至也不是一两代人的问题。

　　夏、商、周关系的探讨：殷墟甲骨文的出土经过初期的研究，使我国上古史研究起了个大变化。自20世纪30年代以来田野考古事业不断地发展，使得大多数学者重新认识我国传说时代的许多问题，用更加科学的方法去综合探讨。甲骨文中是否有夏代和以前的尧、舜、禹乃至黄帝的资料？一些学者几十年来都在努力寻求，企图找出哪怕只有一个字也能说明相关的问题。至今似无一个足以令多数史家认可的结论。按说殷人是"先鬼而后礼"，对先人们应当在卜辞中要有所反映，也许是多数单字还不能认识，使研究者们暂时还不能区别其义。商是灭夏之族，商王朝是在夏王朝的基地上建立

---

　　① 《中国古史寻证》（为《名家与名编对话》之一）第183页，上海：上海科技教育出版社，2002年5月。

的，据《竹书纪年》《史记》等古文献记载，夏王朝也是一个有所作为的强大国家。商汤灭夏桀以后，夏的遗民是否就完全臣服于商，夏联盟中的氏族、部落是否无反抗及闹独立者？只有一种解释，即殷墟甲骨文是商王朝后半期的遗文，商王对于祖先们在商初期与夏的关系、争斗已经淡忘了，因此才在刻辞中无这方面的反映。当然也可能是有所反映，只是目前发现的刻辞中未见，只能将希望寄托于今后有新的资料发现来解决。自周原甲骨文发现以后，商周关系的探讨进了很大一步，商末的商周关系与古文献中可以互证，周是商的一个诸侯。对于武丁时期刻辞中的"周"是不是西周的周族仍有不同的认识，此是涉及周族先祖与商王朝的关系问题，是否如有的学者所认为：古文献中也缺商王武乙前的详细记载，见于武丁时期刻辞中的周、"周侯"，不一定是西周人的祖先？这些问题都还需深入探讨。

跨学科的综合探讨：因甲骨文是商王室祭祀占卜后的记录，从目前所见几乎每天都在祭祀占卜，卜辞中除"祀"与"戎"的国家大事外，也有不少社会活动中各种事物的反映。20世纪二三十年代以来就有学者对甲骨中有关天文、历法、气象、农牧、田渔、疾病、交通等等作过一些探讨。这些都是属于近现代科学技术最早的文字资料，如果研究落实对于我国古代科技史是很可贵的。以下也提供一些参考意见：

（一）商代科技史的研究：80年代以来由于科学技术得到重视，从殷墟甲骨文中系统的研究科学技术的专著也于1983年12月，由温少峰和袁庭栋编著的题为《殷墟卜辞研究——科学技术篇》出版。二位作者在《前言》中很谦逊地说："我们两人都不是专业的研究工作者。"当年虽然有个别老甲骨学家对此书不以为然，但还是得到了大多数研究者的肯定和好评，其中不少的问题为在其后编写我国古代科技史学者所采用。当然此书也存在一些不足之处，这是在此之前这方面的研究太少而难免产生的问题。到现在时光又过去二十年，新的研究成果又增添不少，应当在这方面投入力量加以研究。甲骨学家不一定对科技有很多的了解，科技史学者对甲骨文了解也不一定如甲骨学家，如果二者结合起来作跨学科的综合研究，相信多方面的学者协同编著出一本商代科技史，无论是内容还是论述一定会更加丰富、多彩和生动，出版后一定会受到读者欢迎。

（二）深化天文历法的探讨：卜辞中有一些天象、历法的资料，如日食、月食、星象、年（祀）、月、日（干支）、春、秋等等，这些都是属于天文和历法方面的记录。自20世纪的二三十年代以来，经过天文史家和甲骨学家的研究已取得不小的成果。如甲骨卜辞中带有干支的"日月食"，在《夏商周断代工程》的研究过程中，就以"宾组卜辞中的五次月食"作为主要参考之一推定武丁在位之年。可是在研究者中对于日食、星象、季节等等都有较多的分歧，这些都有深入探讨的空间。如商代的农业生产在古文献中几乎是空白，而甲骨文中有不少资料，从目前来看商代农业研究成果较多，涉及面也较广。我国自古就有"日出而作，日落而息"的生活习惯，因此几千年来农耕、畜牧、田猎与天象、历法、季节有密切关系，前人在这方面已有一些论述，如果在前人研究成果的基础上以农耕、畜牧、田猎的生产活动结合天文、气象、历法和古文献中有关记载作一些深入的探讨，不一定因循一种研究方法，可能在这方面会创出一条新的探索之路，一定会有所收获。

（三）深化商代医学的探讨：我国对于疾病的认识和治疗起源

很早，如按传说中的神农尝百草算起，也有五千多年的历史。卜辞中有不少疾病名称和与治疗疾病有关的字，自20世纪30年代丁山考释疾以来，有二十多位学者对卜辞中的疾病名称和有关治疗的字作过考释和探讨。20世纪40年代初胡厚宣在《甲骨学商史论丛》中还写出一篇《殷人疾病考》，根据前人研究的结果对卜辞中的疾病名称作了较系统的考释，用近代医学上的分科来解释疾病名所属科类。其后一些医学史家和古文字学家又先后研究发表了有关论述。温少峰、袁庭栋编著的《殷墟甲骨卜辞研究——科学技术篇》，又在前人研究基础上写出第七章《医学》，用卜辞中的资料作了更多的分析，将疾病分成三十四种，对医术和治疗也阐述了作者的看法。他们对疾病和治疗之解释在学者中有不同的认识，他们的解释是否确切还可再探讨，但是思路是值得肯定的，有的考释还很有启发性。商是一个文明发达的王朝，在医学上也不会是落后的，从大家公认的十余种疾病名称来看，商是一个医学发达的时代。目前所见卜辞中反映的许多疾病名称和医疗知识，其中有的还是不太清楚，关键在于考释的字不准确，如果今后有的字能较准确释出，甲骨学家与医学史专家互相配合作跨学科研究后，结合古文献和其他有关的考古资料，编写出一部商代医学史，则是一大贡献。

（四）深化商代生态环境的探讨：这个词看起来似是在眼前出现不久，但从内容上来说，老一辈的学者早在几十年前就注意到古文献和卜辞中有这方面的反映，如从卜辞中探讨商代气象、畜牧、农耕和田猎时都涉及商代生态环境的问题。古代气象变化不如近现代快，原因是还保有很多原始生态，如气温的变化是伴随环境的改变而起不同的变化。三千年前祖国大地上大多还是处于原始生态中，在中原地区气温比近代要暖和，黄河中游还生长有现在只有在云南西双版纳森林中才能见到的野生亚洲象，在今天河南安阳一带还生长有大片茂密的野生竹林。在距商王都不远的地方就是田猎区，在一些田猎活动中猎获动物种类有多种，如大的有兕、象、虎、豹，小的有兔、狐、猴、鹿。在我们对卜辞中反映出田猎是一种生产活动时，是否考虑过大面积的"焚林而田"，其结果是对林木植被的破坏；通过田猎开辟出的农田是否存在水土流失，给后世造成水灾的问题。目前已知从武丁至商纣近三百年间东征西讨，南征北战，在此过程中为了练兵和补充军队肉食，行军途中常有大规模的田猎活动，这种连年不断的田猎，给生态环境带来的后果有多大？如果用现代高科技的眼光和手段从这方面去进行探讨，编写出一部商代生态环境史，不仅具有历史和现实意义，同时对商代一些不知或不太准确的地名，还可能有所发现而确定其地望。

（五）其他事物的探讨：涉及古代科学技术史，有的学者都希望在甲骨文中找到我国最早的相关资料。如春夏秋冬四季之分、地震、长颈鹿、独角犀、蜜蜂、鳄鱼、足球等等。这一类资料如果在甲骨刻辞中有所反映，又经研究有其一定的成果，则为研究我国古代史提供有力的佐证。但是有些具体的事物是否都见于甲骨文中？虽然这些探讨只是初步涉及，有的考释不一定合符卜辞中的原意，但从不同的视角，多方位地去探索也很有启发性。类似的问题今后也要多找一些证据作深入探讨。社会发展需要有更多不同学科的学者来共同探讨，只有这样对甲骨文的研究才更有意义，才会有更多的文章可做，才能编撰出更多既在资料方面丰富多彩，又在表述上生动的商代史，才不至于如个别历史学家所说，"提到甲骨文的书就头痛"。只有编写出能为更多的人接受的商代史，才能够更加促进这一学科的继续发展。

商代史研究与普及的问题：研究商代史、甲骨文不是为研究而研究，研究是提高，是证明历史上事物的产生、发展过程。但研究成果不是为孤芳自赏，不是向别人炫耀自己。在 21 世纪的今天来说，学术研究的成果对业外广大人群来说起不了多大作用，只有将研究成果变成为广大人群所接受、了解的东西才能起到应有的弘扬中华民族文化、增强民族凝聚力的作用。二十年后的今天来谈这一问题可以说是理直气壮，因为在我参加《甲骨文合集》编纂过程中曾多次提及"我们应当配合将来《合集》的出版做些普及的工作"。当年受到的"政治的压力"还是次要的，而"权威的压力"更甚于政治压力。理由很简单："要普及甲骨文？是会闹笑话！一般人哪能懂得？也不是你们能做得了的。"1979 年初我冲破禁令写了《殷墟甲骨文简述》一小书的初稿，但仍遭权威扣押，后经多方争取才将稿本索回，又在同事李学勤、张永山帮助下交到文物出版社，这一本普及性的通俗读物才得以于 1980 年 11 月出版。出版不久后未想到在国内外引起了较多反响，1984 年被日本学者译为日文，改名《龟说的历史》出版①。次年我见到日译者成家彻郎，他说："通俗易懂，我不是学习甲骨文专业也能读懂。"为此我深有体会，这一被权威称为"天书"的甲骨文，只要使之通俗易懂，非专业者也能接受，也能起到普及作用。其后也有一些普及读物出版，但大多是介绍"殷墟"或甲骨文一般知识，今后若能有以甲骨文资料为主，

---

① 据友人告之，韩国一学者也在 1990 年译为朝文出版，至今我未见过。

结合古文献、其他考古资料，综合商代社会生活各方面的通俗易懂、图文并茂的《商代史》或《商代社会生活史》出版，一定会受到读者的欢迎，起到普及作用。

甲骨文研究是否后继有人：早在 20 世纪 80 年代初在报刊上就见到有"甲骨文研究后继乏人"的文章，近年在业内也有此议论。理由很多，其中重要的一条是没有出现过像王国维、郭沫若、董作宾等等这样的专家，的确在 20 世纪 80 年代以来找不出一位研究甲骨文的人可以与老一代的甲骨文专家相比。记得 1975 年郭沫若在故宫参观检选文物展时，有人问郭老："现在研究甲骨文的还有多少人？"郭老回答："我在历史研究所有个甲骨文工作小组，有十来个人，大多数是年轻人。"不久给《甲骨文合集》编纂组传达了此话后大家受到很大的鼓舞。当年据《甲骨文合集》编纂组的了解，国内专业工作者老中青加在一起只有四十二人，对于我这样的后辈来说，能做的只能是继承、发展。因为甲骨文辨认出是商代遗文后，老一代的专家们就是从考释文字开始，结合商代史研究，对甲骨全面研究而创立起甲骨学，如对单字和词的考释，老一代已有大量的成果。能释之单字已基本考释过一次或多次，可以说要新考释出一个多数人公认的字就很难。可是自从 20 世纪 80 年代初《甲骨文合集》和《小屯南地甲骨》等著录出版后，专业和非专业新增的人数已过五十，其中青年人占多数，应当说 20 世纪的 80 年代至 90 年代末，是甲骨文研究的黄金时代。考释过的单字到 80 年代初虽只有一千五百多个，无大分歧者一千二百多个，到 90 年代还考释了一百多个字。当然，近十多年研究生招生在逐年减少。青年学子不是不愿学此门学科，而是学了以后无经济效益，解决不了他们实际问题（如购房、孩子的学费等）。而 80 年代成长起的一些中年专业和非专业者正在发挥研究骨干作用。甲骨文这一学科有其特殊性，也不需要有大批的人去研究，何况现在有良好、宽松的研究环境，甲骨文资料百分之九十都已著录出版，老一代遗留的甲骨文研究成果，大量商周考古出土的资料，这些都是有利的条件，比起过去要好百倍。当然，也有不少的困难，如单字的考释，结合古文献说明商代事物等等，比起早期开垦甲骨文"处女地"时代要难得多。时代在前进，社会在发展，相信今后一定会有学人具有"苦行僧精神"献身此学科，甲骨文的研究就会承传下去。

以上所提供参考的一些问题只是自己所见所闻后的一些想法，可能有许多与实际情形有一定的差距，但作为一个参加编纂郭沫若主编的《甲骨文合集》全过程的老兵，也盼望甲骨文的研究有传承者。20 世纪 80 年代以来的研究成果已证明这一学科不仅后继有人，而且还是"青出于蓝"，研究成果表明许多问题不仅有新的理念，而且还补充和纠正了过去一些不足之处与错误。这里还要表达对郭沫若先生的敬意，《甲骨文合集》一书是由他提出并列入当年中国科学院历史研究第一、二所，1956 年国家编制的《十二远景规划》。原订名《甲骨文全集》，1959 年 3 月根据郭老的建议改名为《合集》，编纂工作也一直得到郭老的关心、指导。《合集》的出版基本上将前八十年分散的甲骨文集中，为研究者提供使用上的方便，释文虽晚出，但也为今后使用资料提供参考。当年郭老所说的《甲骨文合集》工作组的"年轻人"如今大多也近古稀或过古稀之年（有的已作古），这是不可抗拒的自然规律。《甲骨文合集》被业内人士誉为"甲骨学的里程碑"，相信在新世纪中还会有若干个里程碑。

商代世系表

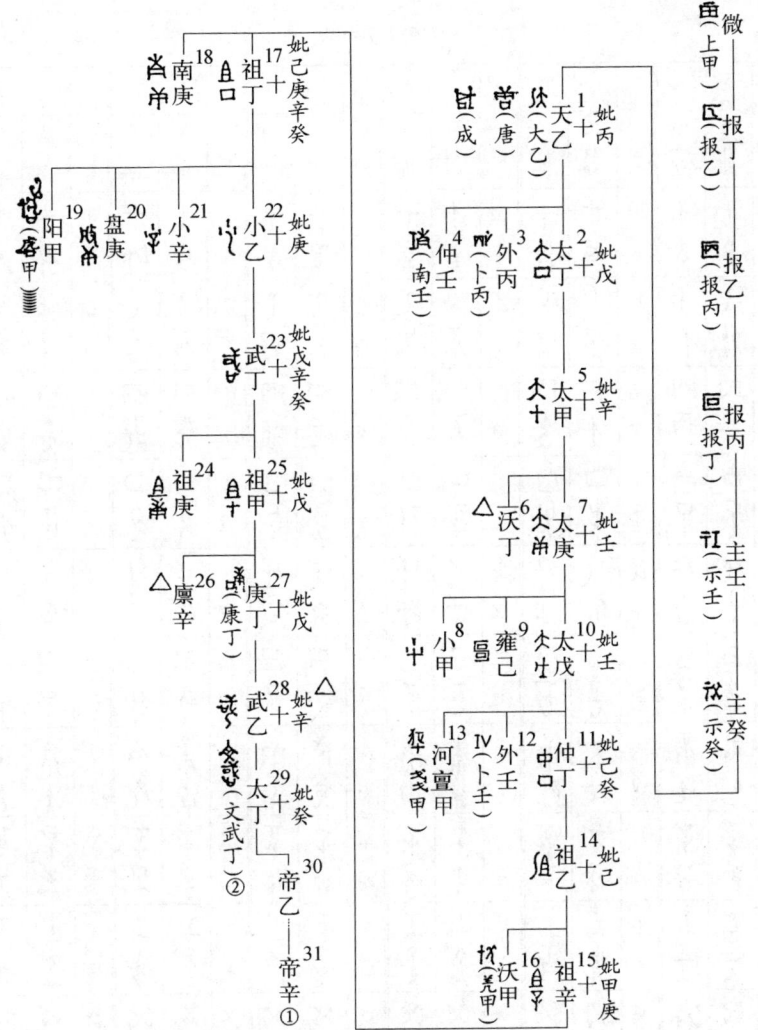

说明

① 为《史记·殷本纪》中的世系。

② 为甲骨卜辞中的世系。

△ 表示甲骨卜辞中未见的王号。

甲骨文干支表

隶定	原形		隶定	原形		隶定	原形		隶定	原形		隶定	原形		隶定	原形	
	第五期	第一期		第五期	第一期		第五期	第一期		第五期	第一期		第五期	第一期		第五期	第一期
甲寅			甲辰			甲午			甲申			甲戌			甲子		
乙卯			乙巳			乙未			乙酉			乙亥			乙丑		
丙辰			丙午			丙申			丙戌			丙子			丙寅		
丁巳			丁未			丁酉			丁亥			丁丑			丁卯		
戊午			戊申			戊戌			戊子			戊寅			戊辰		
己未			己酉			己亥			己丑			己卯			己巳		
庚申			庚戌			庚子			庚寅			庚辰			庚午		
辛酉			辛亥			辛丑			辛卯			辛巳			辛未		
壬戌			壬子			壬寅			壬辰			壬午			壬申		
癸亥			癸丑			癸卯			癸巳			癸未			癸酉		

商代史大事记

先 公 远 祖

夒

只见于殷墟甲骨文，卜辞中称为"高祖夒"。研究者考定不一：有帝喾、帝俊、契等。

河

只见于殷墟甲骨文，卜辞中称为"高祖河"，常与夒、岳同享祀。又是自然神之一，释者认为即黄河。

岳

只见于殷墟甲骨文，卜辞中称为"高祖岳"，常与夒、河同享祀。又是自然神之一，或说即指山神。

契

始祖，《史记·殷本纪》谓："殷契，母曰简狄，有娀氏之女，为帝喾次妃。三人行浴，见玄鸟堕其卵，简狄取吞之，因孕生契。契长而佐禹治水有功。"华夏部落联盟成员之一，为联盟首领舜封于族居之地商（今河南商丘），姓子氏。

昭　明

契之子，居砥石（今河北石家庄以南，邢台市以北。或说在辽河发源之处），夏王朝封为商侯。

相　土

昭明之子，迁居商。相传相土服马驾车。夏王太康失国，有穷后羿代夏政之后，无力顾及东方，相传相土率族众向东发展，其势力抵达今黄海之滨，曾在泰山附近定居，后世称为"东都"。相土曾任夏王朝的司马。

昌　若

相土之子（据《史记·殷本纪》）。

曹　圉

又作粮圉，昌若之子（据《史记·殷本纪》）。

冥

即殷墟甲骨文中的"季"（为多数甲骨文研究者认可），曹圉之子（据《史记·殷本纪》）。曾为夏王杼的水官，勤于治水而死于河中。

《国语·鲁语》："冥勤其官而水死。"《竹书纪年》："商侯冥死于河。"

亥

因字形相似，故古文献中又作振、该、核、胲等。殷墟甲骨文中亥字上面从鸟。卜辞中称"高祖亥""高祖王亥"，冥之长子。为夏王泄时的诸侯，称商侯。驯服牛为负重，与其弟恒率族人赶着牛羊在部落间贸易。至有易氏贸易时，为有易氏君绵臣所杀。

王恒

《楚辞·天问》有"该秉季德"和"恒秉季德"。知为王亥之弟。殷墟甲骨卜辞中称"王恒"。

先 公 近 祖

上甲微

又称微，殷墟卜辞中称"上甲"，王亥之子。王亥被有易氏绵臣杀后，夏王泄命上甲微继王亥为商侯。

《竹书纪年》："殷侯子亥宾于有易而淫焉。有易之君绵臣杀而放之。故殷上甲微假师于河伯，以伐有易，灭之，遂杀其君绵臣。"《国语·鲁语》："上甲微，能帅契者也，商人较焉。"殷墟甲骨卜辞中祭祀直系先公自上甲微开始。

报　乙

上甲微之子。殷墟甲骨文作匚乙，甲骨学中称"先公六世之一"。

报　丙

报乙之子。殷墟甲骨文作匚丙，甲骨学中称"先公六世之一"。

报　丁

报乙之子。殷墟甲骨文作匚口（丁），甲骨学中称"先公六世之一"。

主　壬

报丁之子。殷墟甲骨文作示壬，甲骨学中称"先公六世之一"。

主 癸

主壬之子。殷墟甲骨文中作示癸，甲骨学中称"先公六世
之一"。甲骨卜辞中所称"自上甲六世"，即从上甲微始至主癸
六世。

商 朝

公元前 1600—1300 年（据《夏商周断代工程 1996—2000
年阶段成果报告》）。

汤

又称商汤、成汤、武汤、天乙、天乙汤。殷墟甲骨文中
称唐、成、大乙、天乙。周原甲骨文和金文中称成唐。名履，
主癸之子。商族自契始至汤迁居八次，汤定居于亳（有南亳，
在今河南商丘北；北亳，在今山东曹县两说。又有西亳，在
今河南偃师尸乡沟的商城；郑亳，在今河南郑州商城等说。
后两亳都经考古发掘出商城遗址，两遗址时代都是商初）。夏
桀末年暴虐无道，人民不满，汤任用仲虺和伊尹为左右辅佐
大臣，蓄积力量，扩展势力准备灭夏。先灭为邻之葛（今河
南宁陵北），次灭韦（今河南滑县东）、顾（今山东鄄城东
北），再灭昆吾（今河南濮阳境内，或说在今河南新郑境内），
所谓"十一征而天下无敌"。最后出兵伐夏桀，大战于鸣条
（今河南封丘南，或说在山西运城安邑镇北），夏桀战败逃奔
三嵕（今山东定陶北），后又逃至南巢（今安徽寿县东南）被
擒，流放而死。汤遂建立商王朝。命仲虺为左相，伊尹为右
相辅国政。

太 丁

汤之长子，《史记·殷本纪》："汤崩，太子太丁未立而卒。"殷墟甲骨卜辞中祭祀商之直系先王时太丁的世序列在汤之后，太甲之前，是否做过商王，待今后发现新资料来证实。

外 丙

汤之次子，名胜。殷墟甲骨文作卜丙。

仲 壬

太丁之子，外丙之弟，名庸。殷墟甲骨文中未发现仲壬的庙号，或说卜辞中南壬即仲壬。

太 甲

太丁之子，名至。殷墟甲骨文作大甲。继位后暴虐，乱德，不遵商汤立下治国之法。被辅国右相伊尹囚禁于桐宫（今河南偃师附近），伊尹摄国政。太甲居桐宫三年悔过自责，伊尹遂迎出还政，仍居相位。《史记·殷本纪》谓："帝太甲修德，诸侯咸归殷，百姓以宁。伊尹嘉之，作《太甲训》三篇，褒帝太甲，称太宗。"或说伊尹放太甲后篡位自立，太甲居桐宫七年潜出杀伊尹复位。伊尹被杀后天大雾三日，太甲遂立伊尹之子伊陟、伊奋，命复其父之田宅而中分之（见《竹书纪年》）。

沃 丁

太甲之子，名绚。殷墟甲骨文中未发现沃丁的庙号。伊尹死，沃丁以天子之礼葬伊尹。

太 庚

又作小庚，太甲之子，沃丁之弟，名辨。殷墟甲骨文中作大庚。

小 甲

太庚之子，名高。殷墟甲骨文中亦作小甲。

雍 己

太庚之子，小甲之弟，名伷。殷墟甲骨文中雍己二字为合文。雍己治国无方，人民不满，朝政衰弱，诸侯不朝。卜辞"周祭"中雍己的世序在大戊之后。

太 戊

太庚之子，雍己之弟，名密。殷墟甲骨文中作大戊、天戊，任伊陟、伊奋为相，臣扈、巫咸辅国政。桑穀共生于朝，伊陟劝诚太戊，勤政于王，修德治国，王朝复兴，诸侯归服，九夷来宾。派王孟聘于西戎，命费侯中衍为车正，又作寅车，城蒲姑。《史记·殷本纪》谓："殷复兴，诸侯归之，故称中宗。"《尚书·无逸》谓："肆中宗之享国，七十有五年。"殷墟卜辞中称"中宗祖乙"，可能是古文献中误为大戊称为中宗。卜辞"周祭"中大戊的世序在小甲后，雍己前。

仲 丁

太戊之子，名庄。殷墟甲骨文中作中丁。即位后将王都迁于嚣（一作隞，今河南荥阳市东北。20 世纪 90 年代末在河南郑州市西北约 20 公里的双桥镇发现的小双桥遗址，有建筑基址、祭祀坑和青铜冶铸遗存。因在年代上相当于郑州二里岗上层二期，遗址延续时间较短，故研究者认为就是仲丁所迁的隞都。也有学者认为不是一座都城遗存，而是郑州商城后期王室的祭祀场所）。曾征伐过蓝夷（东夷中九夷之一）。

外　壬

太戊之子，名癸。殷墟甲骨文中作卜壬。姺、邳二方国叛商。

河亶甲

太戊之子，外壬之弟，名整。殷墟甲骨文作戋甲。即位后将王都由嚣迁于相（今河南内黄东南）。彭伯、韦伯助商征伐蓝夷，再征班方。姺侯、邳侯归商。王室争权夺利，国势再度衰弱。

祖　乙

仲丁之子，名胜。殷墟甲骨文中作祖乙、下乙，又称"中宗祖乙""高祖乙"，祖乙二字为合文。即位后将王都迁于耿（一作邢，今河北邢台市）。自20世纪50年代初在邢台市曹演庄一带发现一处商代遗址后，70年代以来先后又发现多处商代遗存，故多数学者认为祖乙迁邢之邢，即今邢台市。《竹书纪年》谓："自耿迁于庇。"李学勤认为："庇的声旁比与井略似，当系形近致误。"（《邢台历史经济论丛·序》，中国人事出版社，1994年11月出版）任命巫咸之子巫贤为相。在巫贤、彭伯、韦伯辅佐下，社会经济发展，王朝复兴。任命高圉（周族先祖）为邠侯。

祖　辛

祖乙之子，名旦。殷墟甲骨文亦作祖辛。

沃　甲

一作开甲，祖乙之子，祖辛之弟，名逾。殷墟甲骨文中作羌甲。

祖 丁

祖辛之子，名新。殷墟甲骨文中作祖丁、小丁、后祖丁。

南 庚

沃甲之子，名更。殷墟甲骨文亦作南庚。即位后将王都迁于奄（今山东曲阜）。

阳 甲

祖丁之子，名和。在殷墟甲骨文中阳甲二字是合文，学者各释不同。《史记·殷本纪》谓："自中丁以来，废適而更立诸弟子，弟子或争相代立，比九世之乱，于是诸侯莫朝。"即自仲丁即位以来，商王室中在王位继承权上出现了兄弟子侄互相争夺，造成了"九世之乱"的局面。王室内乱，互相攻击使国势衰弱，诸侯、方国又不朝。

自汤灭夏建商至盘庚迁殷前共 300 年，即公元前 1600—1300 年（据《夏商周断代工程》夏商周年表）。

盘 庚

祖丁之子，阳甲之弟，名旬。殷墟甲骨文中作般庚。为了振兴王朝，迁都于殷（今河南安阳市小屯村一带），迁都的决定遭到王室中一部分贵族反对，于是在迁都前后对臣民有三次训话，即《尚书》中的《盘庚》三篇。《史记·殷本纪》《正义》引《竹书纪年》谓："自盘庚徙殷，至纣之灭二百七十三年，更不徙都。"动员人民和族众营建新都，任命周亚圉继位为邠侯，应国之君应侯朝盘庚。

小 辛

祖丁之子，盘庚之弟，名颂。殷墟甲骨文亦作小辛。治国无方，国势衰弱，百姓思念盘庚时之政绩。

小 乙

祖丁之子，小辛之弟，名敛。殷墟甲骨文亦作小乙，称小祖乙，后祖乙。将太子下放于民间体验人民疾苦，与"小人"同出入，使知稼穑之艰难；观察诸侯、方国动向。武丁遇上贤人甘盘，拜甘盘为师，请教治国之道；又于服劳役作板筑的胥靡中发现贤人傅说。

自盘庚迁殷经小辛、小乙共 50 年，即公元前 1300—1251 年（据《夏商周断代工程》夏商周年表）。

武 丁

小乙之子，名昭。殷墟甲骨文中亦作武丁，武丁二字作合文。即位后为振兴王朝，借守孝三年不问政事，后称梦中见贤人，召见傅说任为相。以甘盘、祖己辅政。惑后妻之言，流放太子孝己。有飞雉入太庙登鼎耳而鸣，以为不祥，祖己劝其修政行德。社会生产有较快的发展，民众生活安定，国力增强，王朝复兴。为扩大统治范围，征伐不臣服的诸部落、方国，如鬼方、𠮷方、土方、方方、羌方、夷方、虎方、大彭、豕韦等等都先后被征服或被灭亡，使疆域扩大了不少。为了巩固王朝统治，全面发展社会生产，在王畿外的"四土"开辟田猎区和农田，发展畜牧业，在位五十九年使商发展为一个强大的王朝。死后被立庙称为高宗，后世人称为"天下之盛君"。

武丁在位 59 年，即公元前 1250—1192 年（据《夏商周断代工程》年表）。

祖　庚

武丁之子，名曜。殷墟甲骨文亦作祖庚，部分卜辞中祖庚二字作合文。

祖　甲

又作帝甲，武丁之子，祖庚之弟。殷墟甲骨文亦作祖甲，部分卜辞中祖甲二字作合文。致力于报效祖先功绩，改善人民的生活。《尚书·无逸》谓："其在祖甲，不义为王，旧为小人。作其即位，爰知小人之依，能保惠于庶民，不敢侮鳏寡。肆祖甲之享国三十有三年。"《国语·周语下》谓："帝甲乱之，七世而陨。"《殷本纪》亦采此说。

廩　辛

又作冯辛、凭辛，祖甲之子，名先。殷墟甲骨文中未见廩辛的庙号。

康　丁

祖甲之子，廩辛之弟，名嚣。殷墟甲骨文亦作康丁，称康祖丁（祖丁二字为合文）。曾征伐过召方、羊方、叡方等方国。

自祖庚至康丁共 44 年，即公元前 1191—1148 年（据《夏商周断代工程》年表）。

武　乙

康丁之子，名瞿。殷墟甲骨文亦作武乙，称武祖乙。继其父康丁之业绩，继续征伐诸方国。姬周古公亶父自邠迁于岐山下（今陕西岐山下周原），武乙封周古公为周侯，赐以岐下之邑。古公死后由其子季历继为周侯，周伐程取胜，又伐义渠俘其君。季历朝商，武乙授季历征伐大权，并封地和赏赐。为加强王权，藐视神权，以偶人为天神与之博，天神不胜则痛打。又以革囊盛血为天神而射，谓之"射天"。到河渭间打猎被雷电击死。武乙不在卜辞"周祭"中。

在位 35 年，即公元前 1147—1113 年（据《夏商周断代工程》年表）。

文 丁

《史记·殷本纪》误作太丁，武乙之子，名托。殷墟甲骨文中作文武丁。周季历勤劳王事，助商征燕京之戎，文丁命季历为牧师。季历又伐余吾戎、始呼之戎、翳徒之戎，周人势力增强，文丁恐其坐大而不利于商王朝，乘季历来朝献捷时囚禁，季历因此忧愤而死，古文献中称"文丁杀季历"。文丁不在卜辞"周祭"中。

在位 11 年，即公元前 1112—1102 年（据《夏商周断代工程》年表）。

帝 乙

文丁之子，名羡。殷墟、周原甲骨文和金文中皆称作文武帝乙。以王室女嫁周侯姬昌（即文王），封姬昌为西伯，专征伐。曾征伐过昆夷，又城朔方，出重兵征伐东夷。一说帝乙时将王都迁至朝歌（今河南淇县）。帝乙不在卜辞"周祭"中。

在位 26 年，即公元前 1101—1076 年（据《夏商周断代工程》年表）。

帝 辛

又称受辛、纣、商纣、商王纣、商纣王等，帝乙之子，名受。商之末代国王。即位后扩大王都范围，南至朝歌修鹿台、林苑，北至邯郸（今河北邯郸市）和沙丘（今河北广宗县）建离宫别馆。厚赋税以充实鹿台之钱、巨桥（粮仓）之粟。压榨诸侯，为黎（今山西黎城）之蒐。继其父业征伐东夷，大军留戍东南方。聚集逋逃助其为虐，残害民众，压迫百姓。宠妲己，作酒池肉林，为长夜之饮。刚愎拒谏，自恃才能，目空一切。醢梅伯、九侯，脯鄂侯，囚西伯姬昌，逐商容出朝。重用奸臣费仲、恶来。又囚箕子，杀比干，暴虐日盛。周武王姬发出兵伐纣，纣以奴隶充作军队拒周军，大战于牧野（今河南新乡北）。纣军前线倒戈，周军获胜，纣登上鹿台自焚而死，商遂灭亡。帝辛不在卜辞"周祭"中。

在位 30 年，即公元前 1075—1046 年（据《夏商周断代工程》年表）。

甲骨文干支表

隶定	原形		隶定	原形		隶定	原形		隶定	原形		隶定	原形		隶定	原形	
	第五期	第一期		第五期	第一期		第五期	第一期		第五期	第一期		第五期	第一期		第五期	第一期
甲寅			甲辰			甲午			甲申			甲戌			甲子		
乙卯			乙巳			乙未			乙酉			乙亥			乙丑		
丙辰			丙午			丙申			丙戌			丙子			丙寅		
丁巳			丁未			丁酉			丁亥			丁丑			丁卯		
戊午			戊申			戊戌			戊子			戊寅			戊辰		
己未			己酉			己亥			己丑			己卯			己巳		
庚申			庚戌			庚子			庚寅			庚辰			庚午		
辛酉			辛亥			辛丑			辛卯			辛巳			辛未		
壬戌			壬子			壬寅			壬辰			壬午			壬申		
癸亥			癸丑			癸卯			癸巳			癸未			癸酉